百濟 泗沘時代의 佛敎信仰 研究

길기태 지음

서경문화사

머리말

　신앙에는 인간의 내면적인 모습이 투영되어 있다. 그리고 이러한 내면적인 면은 삶의 중요한 지침이 되기도 한다. 이는 신앙이 인간의 희로애락과 함께 하고 있는 데서 찾아진다.

　우리 주변에서 쉽게 접할 수 있는 신앙의 대상으로 불교가 있다. 우리는 산으로 들로 발길이 닿는 곳마다 쉽게 불교를 접할 수 있다. 그만큼 불교는 우리의 생활 가운데 자리하고 있다. 저자도 어릴 때부터 불교와 친숙하게 지낼 수 있었다. 불교를 생각하면 초등학교 시절 소풍 때 다녔던 보석사가 먼저 떠오르는 것은 이 때문일 것이다. 한적한 숲을 지나 나타나는 아름드리 은행나무, 그 앞에 펼쳐지는 사찰의 고요함은 오랜 시간 동안 추억으로 아로새겨져 있다. 이처럼 보석사는 불교와 친숙해 질 수 있는 다리가 되어 주었다.

　백제의 불교는 국제적인 성격을 띠면서 발전한다. 중국과 신라, 그리고 왜로 이어지는 수용과 전래의 과정을 거치면서 전개되고 있는 것이다. 이 과정에서 불교는 정치적으로도 중요한 역할을 수행한다. 왕권과 귀족세력간의 견제와 조화의 관계 설정에 불교가 이용되는 것은 그 예이다.

　그러나 불교라는 종교의 본래 목적은 모든 중생이 깨달음을 얻어 평안함을 갖도록 하는데 있다. 그리고 이러한 중생의 개념 속에는 인간의 평등성이 내포되어 있다. 『涅槃經』에서 설하고 있는 "一切衆生悉有佛性"은 바로 불교가 추구하는 중요한 목적이라 할 수 있다.

　이러한 평등성은 때론 정치적으로 이용되기도 하지만, 결국은 불교가 확산될 수 있는 토대를 마련해 준다고 할 수 있다. 신분제의 그늘 속에서 누구나 佛性을 가지고 있다는 믿음은 현실적인 고통을 감소시켜줄 수 있다. 현세를 긍정하면서 공덕을 쌓아 내세에 정토 왕생할 수 있다는 신앙은 희망을 가져다주기 때문이다. 신앙은 있는 그대로 믿음으로써 모든 중생이 공유하게 된다. 그래서 신앙은 모든 계층에서 받아들여질 수 있는 것이다.

　본서는 저자의 박사학위논문을 수정 보완한 것이다. 제목도 학위논문과 같이 하였다. 굳이 이유를 붙이자면 신앙적인 면을 강조하기 위한 것이다. 백제가 불교를 수용하고, 신앙적으로 전개되는 면면을 살펴보고 있다. 역사 속에서 불교신앙이

전개되는 면을 부각시키고자 하였다.

　백제의 불교신앙을 살펴보는 과정에서 아쉬움도 있었다. 불교신앙을 통해 백제 기층세력들의 움직임도 살펴보고자 하였으나, 깊은 연구가 부족하다. 다만 연구를 진행할 수 있는 출발점을 마련해 놓았다는 것에 만족하고 싶다.

　이 책이 나오기까지 많은 분들의 도움이 있었다. 부족한 저자가 학문의 길에 들어설 수 있도록 이끌어 주신 김수태 선생님의 은혜는 잊을 수 없다. 미흡한 제자로서는 선생님의 가르침을 제대로 마음 가운데 녹아들게 하지는 못하였지만, 학문의 길에서 가져야 할 바른 마음은 마음속에 새겨져 있다. 특히 불교신앙을 역사적으로 어떻게 살펴야 하는지에 대한 가르침은 학위논문을 작성하는데 큰 도움이 되었다.

　그리고 저자의 부족한 논문을 기꺼이 심사해 주시고 조언을 아끼지 않으신 선생님들께 감사한 마음 간절하다. 역사연구의 방법론을 가르쳐주신 양기석 선생님, 불교를 어떻게 공부해야 하는지 방향을 알려주신 남동신 선생님, 그리고 학위논문을 작성하는데 있어 도움을 아껴주지 않으신 장인성 · 송양섭 선생님께 깊은 감사를 드린다.

　그리고 어려운 사정에도 불구하고 이 책의 출판을 허락해 주신 서경문화사 김선경 사장님과 편집부 여러분들의 도움에 감사를 드리며, 시간적으로 많은 고생을 하게 한 편집부 여러분에게 미안함을 금할 수 없다.

　공부하는 동안 늘 웃음으로 격려해 주었던 아내 박혜선, 그리고 산하와 동하에게 고마움을 전한다. 그리고 공부하는 동안 끊임없이 격려해 주신 누님과 매형들께도 감사의 마음을 전한다. 무엇보다 소중한, 내 삶의 신앙이셨던 어머님. 이제는 오직 마음속에서만 불러 볼 수 있는 어머님께 이 책을 바친다.

2006년 10월 10일

길 기 태

백제 사비시대의 불교신앙 연구

차 례

序論

序 論

1. 硏究의 動機

  백제 사비시대의 불교신앙은 지배층의 중요한 신앙의 하나로 자리하고 있다. 왕실을 중심으로 수용된 불교는 웅진·사비시대에 들어서 귀족세력까지 그 신앙의 범위를 넓혀 가면서 신앙 대상층을 점점 확대해 나가고 있다. 특히 사비시대에 들어서 왕실 이외의 계층으로 확산되고 있음은 불상 조성의 주체가 다양화된 것에서 살펴볼 수 있다. 이와 같은 현상은 불교신 앙이 사비시대 백제에 있어 깊은 관심의 대상이 되었음을 말해준다.

  불상의 조성은 신앙하는 자들의 의식이 불교와 연결되어 있었다는 것을 설명해 준다. 그리고 신앙과 관련한 각종 의식도 일정한 뜻을 내포하면서 전개된다. 이러한 분위기는 한편으로 당대인들—특히 지배세력—의 의식 이 불교신앙 속에 내재되어 있음을 말해주는 것이라 할 수 있다. 그런 만큼 불교신앙을 통하여 당시의 정치·사회적인 움직임까지 살펴볼 수 있지 않을까 한다.

  불교신앙을 통하여 백제 사비시대의 정치·사회적인 흐름을 살펴보고자 함은 신앙이 갖는 득성에서도 기인한다. 신앙의 사전직 의미가 부서 등을 굳게 믿어 그 가르침을 따르는 일이라는 것에서 살펴진다. 즉, 신앙은 그 대 상에 귀의하려는 자와 귀의한 자들에 의해 전개되는데, 이 과정에서 정치·사회적인 관계가 형성된다고 할 수 있다. 이러한 관계에 대한 고찰은 백제 의 사비시대를 이해하는데 많은 도움을 줄 것으로 본다. 신앙의 형태가 각 시대의 움직임을 반영하고 있는 것이라 보기 때문이다.

  신앙은 그 대상이 설정되어 있으며, 그것을 신앙하는 주체가 있다. 아울 러 신앙은 심리적으로 안정을 찾고자 하며, 이런 안정은 신앙의 대상자가 처한 상황을 고려한 것이라 할 수 있다. 그리고 불교신앙은 가르침을 실천하 는 또 다른 형태로 볼 수 있다. 불교신앙도 같은 범주에서 이해될 수 있다.

  불교에서의 가르침은 苦에 대한 통찰과 이를 극복하기 위한 수행을 강조한다. 그런데 불교는 불·보살에 의존하여 이타행을 실천하는 방안도 두고 있다. 즉, 대승불교의 단계에서는 부처의 초월적인 능력에 의존하여 해탈에 이를 수 있는 길이 열리게 되는데, 이것이 불교신앙이 자리하게 된 계기가 된다.

대승불교시대에 들어서 불교신앙은 많은 부처들이 존재한다는 생각을 갖게 된다. 재가신자들도 이러한 부처와 보살에 의존함으로써 깨달음의 세계에 들어설 수 있다고 믿는다. 이러한 믿음은 불교신앙의 다양성으로 나타난다.

그리고 이러한 신앙의 전개는 불교를 대중들과 좀더 가까이 다가갈 수 있는 계기를 마련해 준 것이라 할 수 있다. 다양한 부처들이 공존하는만큼 쉽게 접근할 수 있기 때문이다. 이처럼 신앙은 대중에 가까이 다가갈 수 있는 요소들을 가지고 있다. 이 과정에서 신앙은 정치·사회적으로 움직임을 같이 하는 면이 발견된다. 따라서 불교신앙에 대해 역사적으로 접근하는 것은 불교신앙이 당시 사회에서 어떻게 작용하고 있는가를 고찰하는 것으로부터 시작된다고 볼 수 있다. 그리하여 이러한 신앙의 모습은 당시 사회의 모습을 복원할 수 있게 하는 것이다.

백제 사비시대에 전개되는 불교신앙도 대승불교적인 입장에서 찾아볼 수 있다. 그러한 모습의 대표적인 예가 『涅槃經』이다. 그리고 『法華經』 또한 백제 불교신앙의 대승불교적인 모습을 보여준다.

사비시대에 있어서의 불교신앙은 시기를 달리하면서도 다양한 모습으로 전개되는 경향을 보인다. 따라서 각 시기별로 나타나는 신앙의 형태를 체계적으로 살펴보는 것이 중요하다. 그러기 위해서는 이제까지 주목하지 않았던 신앙들에 대한 연구가 진행되어야 할 것이다. 이러한 노력들은 기왕의 연구성과와 유기적인 연결을 가능하게 하여, 백제 사비시대 불교의 전체적인 모습을 체계적으로 이해할 수 있게 할 것이다.

다양하게 전개되는 불교신앙은 신앙마다 독특한 특징을 가지고 있다. 신앙이 가지는 특성이 금석문이나 불상의 형태, 그리고 문헌자료에 이르기까지 다양하게 나타나고 있는 것도 같은 맥락에서 이해된다. 따라서 이러한 증거들을 토대로 불교신앙에 접근한다면, 당시의 신앙을 이해하는데 도움을 줄 것으로 본다.

그럼에도 불구하고 백제의 불교신앙을 연구하는데 있어 어려움이 있다. 불교와 관련한 자료가 매우 제한적이라는 지적이 그러하다. 관련 문헌기록이 매우 소략하며, 그 내용 또한 단편적으로 산견되어 있는 것이 이를 말해준다. 이러한 자료의 영성함은 백제 불교신앙을 체계적으로 이해하는데 있어 한계점으로 부각된다.

이러한 자료의 부족은[1] 백제 불교신앙에 대한 연구의 폭을 넓히는데 있어 장애물로 인식되어 왔다. 이에 따라 불교신앙 연구의 영역이 매우 미미하다는 점을 부인할 수는 없다. 그러나 단편적으로 산견되는 자료일망정, 이를 그 시대의 정치·사회적인 부분과 연결하여 살펴본다면 불교신앙 연구의 한계를 어느 정도 극복할 수 있지 않을까 한다. 그리고 고고미술사적인 자료도 함께 활용할 수 있다면 백제 불교신앙 연구의 영역은 양과 질적인 면에서 확대될 수 있다고 본다.

나아가 동시대 다른 국가들의 불교적 환경을 함께 고찰해 봄으로써 백제 불교신앙 연구의 한계를 어느 정도 극복할 수 있다고 본다. 백제불교가 동시대에 전개되고 있는 중국, 고구려, 신라, 그리고 왜의 불교와 상호 영향을 주고받으면서 성장하고 있는 만큼, 주변국의 불교전개를 통하여 당시의 신앙을 복원하는 것이 가능하다고 하겠다. 이는 불교의 수용 과정에서 일정한 부분은 답습하고, 또한 수용된 불교를 바탕으로 좀 더 발전되는 모습을 보이는 등 서로 관계된 모습이 찾아지기 때문이다. 그런 만큼, 백제 주변국에서 전개된 불교는 백제 불교신앙을 복원하는데 많은 도움을 줄 것으로 기대된다.

1) 이와 같은 연구 분위기는 고구려의 경우도 마찬가지가 아닐까 한다. 그럼에도 불구하고 최근 고구려 불교사를 체계적으로 정리한 학위논문이 발표되어 고구려 불교사 연구에 많은 기여를 할 것으로 기대된다(정선여, 「고구려불교사연구」, 충남대학교대학원 박사학위논문, 2005).

2. 硏究史 檢討

백제불교사에 대한 연구는 그 동안 꾸준히 축적되어 왔다. 불교의 수용연대를 비롯하여 하사설 및 증여설에 대한 비판, 불교수용과 전개 과정, 신앙의 형태, 승려들의 활동, 그리고 불교정책에 이르기까지 다양하게 이루어졌다.

백제 불교는 1950년대에 들어서 역사적인 관점에서의 본격적인 연구의 대상이 되었다. 백제가 불교를 수용하는 목적이 고대국가의 성립과 체제정비기와 일치한다는 점을 들어 그 이념으로 작용하였을 것으로 보았던 것이다.[2]

1960년대에 들어서서 백제 불교사에 대한 연구에서 우선 주목되는 점은 사찰과 관련한 내용이다. 칠악사나 오합사 등에 대한 검토가 그것이다. 洪思俊은 백제사찰의 명칭을 儒敎式, 佛敎式, 地名式, 緣起式 등 4개로 구분하면서 칠악사와 오합사를 지명과 관련이 있는 사찰명으로 분석하고 있다. 그리고 이들 사지에서 발견되는 와당을 통하여 이 두 사찰을 백제사찰로 추정하고 있다.[3]

이 시기에는 부여에서 발견된 반가사유상에 대한 논고와 서산 용현리에서 출토된 금동불상에 대한 연구도 이어졌다.

金永培는 부여 현북리, 부소산, 구아리 등의 지역에서 발견된 반가사유석상 三例를 분석하면서 반가상 양식이 백제에서 기원하여 이것이 점차 발달하여 간만큼, 반가상 연구의 길잡이가 되는 반가사유상으로 평가하였다.[4]

李殷昌은 서산지방의 造像美術이 백제불교사상에 지배된바 크다고 지적하면서, 백제불교사상과 조상미술과의 관계를 서방정토신앙이 그 주류가 되어 있었다고 말하고 있다.[5] 그리고 서산에서 출토된 백제금동여래입상

2) 李基白, 「삼국시대 불교 전래와 그 사회적 성격」, 『역사학보』6, 1954 및 「삼국시대 불교 수용과 그 사회적 의의」, 『신라사상사연구』, 일조각, 1986.
3) 洪思俊, 「백제의 칠악사와 오합사 소고」, 『백제문화』3, 공주대 백제문화연구소, 1969.
4) 金永培, 「부여발견 반가사유석상 삼례」, 『백제문화』3, 공주대 백제문화연구소, 1969.

이 중국 正光佛樣式係 山東派의 특색이 살펴지는 것으로 보아, 서산지역이 일찍부터 중국 본토의 조상미술을 받아들이고 있음을 지적해놓고 있다. 그런데 서산 보원사지에서 출토된 불상은 이제까지 북위와 고구려의 영향을 설명하는 유물로 소개되었으나, 최근 이 불상을 중국 남조불과 연결하여 백제 초기불상의 남북조 복합적인 영향으로 이루어진 것으로 설명되고 있다.[6]

그런데 이러한 연구를 뒷받침할 수 있는 신앙적인 면에 대한 관심은 소홀하였던 것 같다. 서산지역에서 발견된 금동불에 보이는 아미타신앙의 흔적이 백제에서는 쉽게 찾아지지 않는다. 오히려 백제멸망 이후 연기지역을 중심으로 조성된 불비상의 명문을 통해 확연하게 나타나고 있다. 따라서 불상에 나타나는 불상과 신앙을 연결시킬 수 있는 구체적인 연구가 진척되어야 할 것으로 본다.

60년대 백제불교에 대한 연구에서 金東華의 역할을 주목하지 않을 수 없다. 백제시대의 불교사상에 대해 접근하고 있는데,[7] 이 주제를 통하여 불교수용 당시 백제의 사상계에서 일본에의 영향까지 다루고 있다. 특히 율종과 열반학, 그리고 삼론학, 성실학에 대한 백제에서의 연구경향을 소개하면서 백제의 불교사상 연구의 터를 마련해 놓은 것이다.

70년대에 들어서 백제 불교에 대한 연구는 다양하게 전개되고 있다. 이 당시에는 교학은 물론 사찰과 신앙, 백제불교의 일본전파, 그리고 불교조각에 대한 연구 등의 주제에 대해 접근하고 있다.

安啓賢은 백제불교에서 법화불교를 실천불교로서의 성격으로 규정하였으며, 열반경의 경우 계율과 깊은 관련이 있음을 지적하였다.[8] 이 연구는

5) 李殷昌, 「서산 용현리 출토 백제 금동여래상고 -조상양식의 제문제를 중심으로-」, 『백제문화』3, 공주대 백제문화연구소, 1969.
6) 이재중, 「고구려 · 백제 · 신라의 중국미술 수용」, 『한국고대사연구』32, 2003, p.214.
7) 金東華, [백제시대의 불교사상], 『아세아연구』5-1, 고려대 아세아문제연구소, 1962.
8) 安啓賢, 「백제불교에 관한 제문제」, 『백제연구』8, 1977.

이후 백제불교에서 중요한 부분을 담당하는 열반경과 법화경에 대한 불교사상사적인 접근을 가능하게 하였다. 그러나 법화경이나 열반경에서 추구하는 정치·사회사적인 측면에 대한 고찰은 추후의 연구과제로 남겨놓고 있다.

黃壽永은 불교미술사의 관점에서 백제의 불교에 대해 연구하고 있다.[9] 부여지역에서 발견되는 금동불과 석불에 대해 자세히 분석하고 있는데, 金石兩材를 분리해 분석하면서 당시 도읍지를 벗어나 서산과 익산 등 남북으로 불교가 확대되는 모습을 살피고 있다. 특히 석불의 경우 그 연원을 한국 석조미술사의 고찰상한을 올려준 것으로 평가하면서, 당대 중국에 있어 육조대에서 수·당 통일왕조에 연계되는 석불조성의 유행을 그 배경으로 하고 있음을 지적하였다. 또한 불교의 조형으로서 백제의 건축미술에 대해서도 살펴보고 있다.[10] 여기서는 부여와 공주, 익산과 기타지역을 구분하여 백제사찰을 열거하고 있다.

黃壽永은 또한 익산지역의 제석사에 대해서도 살펴보고 있다.[11] 이 지역에서 제석사와 관련한 명문와를 발견되어 제석사의 존재를 확인시켜주고 있다. 이와 같은 내용은 일본 京都大 牧田諦亮이 발견한 「六朝古逸觀世音應驗記の硏究」를 통해서 확인하고 있다. 이후 이 자료는 무왕대 천도와 관련한 주장의 중요한 논거로 제시되고 있다. 그런데 이러한 제석사와 관련한 「관세음응험기」의 자료가 사료로서 취신할 수 있는지에 대한 명확한 결론에는 이르지 못하고 있다. 따라서 이 자료를 사료로 인용하는 데는 엄격한 사료비판이 뒤따라야 할 것으로 본다.

秦弘燮은 백제의 사찰가람에 대해 살펴보고 있다.[12] 공주지역의 가람에

---

9) 黃壽永,「백제의 불교조각」,『백제연구』1, 1970 ;「백제의 불교조각」,『백제문화』7·8, 1975.
10) 黃壽永,「百濟의 建築美術」,『백제연구』2, 1971.
11) 黃壽永,「百濟帝釋寺址의 硏究」,『백제연구』4, 1973.
12) 秦弘燮,「百濟寺院의 伽藍制度」,『백제연구』2, 1971.

대해서는 석굴을 수반하는 산지의 가람형태가 유행하고 있었음을 살피고 있다. 그러나 이러한 주장은 최근 비판을 받고 있다.[13)]

洪思俊은 70년대에 들어서도 사찰연구를 지속하고 있다. 백제의 사찰로 수덕사와 백석사에 주목하고 있는 것이다.[14)] 여기서 수덕사 주변에서 백제시대 平瓦片이 발견되는 것에서 수덕사가 무왕대에는 창건된 것으로 추론하고 있다. 특히 백석사를 고찰하는 과정에서 호국불교로서의 일면을 살펴보고 있기도 하였다. 또한 호암사지와 왕흥사지에 대해서도 관심을 보여주고 있다.[15)]

金東華는 백제불교의 일본전파에 대해 살펴보고 있다.[16)] 성덕태자가 백제로부터 불교를 받아들이면서 가장 긴요하다고 생각한 것이 법화, 유마, 승만 등 三經이었음을 지적하고, 三經의 특징을 설명하고 있다. 더불어 전해진 불경에서 교리사상의 특징을 찾아 백제 사상의 맥을 찾고 있다. 이러한 연구를 바탕으로 후일 백제불교와 일본불교의 관련성에 대한 집중적인 연구가 지속되고 있다.

70년대에 들어서 미륵사에 대한 집중적인 조명이 있었다. 마한·백제문화연구소는 1975년에 『마한·백제문화』를 창간하면서 미륵사와 관련한 연구를 진행하고 있는 것이다. 여기서 金三龍은 미륵사와 미륵신앙에 대한 연구를 발표하고 있다.[17)] 이런 미륵사에 대한 관심은 이후 지속되면서 미륵신앙과 관련한 연구를 단행본으로 정리하고 있다.[18)] 마한·백제문화연구소는 1977년에 발행된 『마한·백제문화』제2집에서는 제석신앙,[19)] 그리고 제3집에서는 관음신앙에 대한 연구가[20)] 진행되는 등 백제의 불교신앙

13) 趙源昌,「公州地域 寺址 硏究」,『백제문화』28, 1999.
14) 洪思俊,「修德寺舊基와 白石寺考」,『백제연구』4, 1973.
15) 洪思俊,「虎岩寺址와 王興寺址考」,『백제연구』5, 1974.
16) 金東華,「百濟佛敎의 日本傳播」,『백제연구』2, 1971.
17) 金三龍,「彌勒寺 創建에 對한 彌勒信仰的 背景」,『마한·백제문화』창간호, 1975.
18) 金三龍,『韓國古代彌勒信仰硏究』, 동화출판사, 1983.
19) 洪潤植,「百濟의 帝釋信仰攷」,『마한·백제문화』2, 1977.

에 대한 연구가 꾸준하게 진행되었다. 한편 柳南相은 백제정신의 특징을 불교의 계율적인 면에서 찾고 있다.[21]

80년대에 들어서서 백제불교에 대한 연구의 주제가 확대되는 모습을 발견할 수 있다. 기존에 연구대상이었던 불상, 사찰, 신앙은 물론 이러한 내용을 포괄하여 백제불교의 종합적인 면을 부각시켜 보기도 하였다.

불상에 대한 연구는 80년대에 들어서도 계속되고 있다. 黃壽永은 반가사유상에 대한 연구를 통해 불상연구의 흐름을 이어가고 있으며,[22] 백제석상의 새로운 자료 2개, 즉 예산사면석불과 익산 부처당이 석불입상 2구를 통하여 백제의 불교미술을 설명하고 있다.

久野健도 백제 불상의 服制에 관심을 보여주고 있다.[23] 久野健은 군수리사지에서 발견된 불상의 원류를 인도에서 찾고 있으며, 서산의 석불 중 여래입상과 같은 服制는 중국의 남제에 그 원류가 있음을 밝히고 있다. 이어 익산에 위치한 석불의 경우 북위에서 시작한 法衣의 制가 南朝의 梁을 경유하여 백제로 전래되고, 다시 일본으로 영향을 끼치고 있음을 밝히고 있다.

秦弘燮 또한 석상 및 무령왕릉, 정림사지, 미륵사지 등의 자료를 통하여 백제미술에 대한 연구를 진행하고 있다.[24] 이어 정림사 출토 삼존불과 부여 규암면 신리 출토 불상, 전북 정읍의 부처당 여래입상, 예산 사면석불 등에 주목하여 불상이 출토지가 확신되는 면을 부각시키고 있다.[25] 한편 鄭永鎬는 일본 觀松院에 소장되어 있는 금동반가상에 대해 분석하고 있으며,[26] 金正基는 백제계 석탑양식의 전형을 찾고 있다.[27]

20) 金煐泰, 「百濟의 觀音信仰」, 『마한·백제문화』3, 1979.
21) 柳南相, 「百濟精神의 歷史的 考察」, 『백제연구』3, 1972.
22) 黃壽永, 「百濟의 半跏思惟像」, 『백제연구』13, 1982.
23) 久野健, 「百濟佛의 服制와 그 源流」, 『백제연구』13, 1982.
24) 秦弘燮, 「百濟美術의 硏究」, 『백제연구』15, 1984.
25) 秦弘燮, 「百濟佛像의 새로운 注目」, 『마한·백제문화』7, 1984.
26) 鄭永鎬, 「日本 觀松院所藏 金銅半跏像」, 『마한·백제문화』8, 1985.
27) 金正基, 「百濟系石塔의 特徵」, 『마한·백제문화』10, 1987.

불교의 사상적인 면에 대한 고찰도 있었다. 柳南相은 백제의 불교사상의 특징을 계율과 미륵신앙에서 찾고 있다.[28] 백제는 계율중심의 불교를 수용하고 있으며, 이는 謙益의 예에서 찾아볼 수 있다는 것이다. 이후 성왕 19년에 수용한 涅槃經 義疏와 玄光의 안락행문을 중심으로 하는 법화묘법 등의 계율사상으로 이어진다고 보고 있다. 미륵신앙은 계율의 수입과 더불어 전개되었는데, 미륵하생신앙을 바탕으로 하고 미래적 이상국토로서의 미륵불국정토를 현실국토인 백제에 구현하려는 현실주의적 종교신앙으로 발전하고 있다고 한다.

그런데 이러한 연구는 백제불교의 계율의 흐름을 살피고는 있으나, 구체적으로 사회에 적용되는 모습에 대해서는 소홀한 면이 없지 않다. 불교가 수용된 것은 그 사회적인 역할이 기대되기 때문이다.

한편 사상적인 면에 백제 사회에 어떻게 적용되어 가는지에 대한 고찰도 있었다.[29] 洪潤植은 백제초기의 신앙은 미륵신앙으로서, 미륵신앙이 요구하는 계율이 율령국가의 건설에 도움이 된다고 밝히고 있다. 시대를 지나면서 이러한 미륵신앙은 미륵상생신앙에서 미륵하생신앙으로 변화하고 있음을 제시하고 이것이 신라의 미륵신앙과의 相異點이라고 분석했다. 그러나 상생과 하생의 신앙적인 요소는 복합적으로 보이고 있는 만큼, 이러한 뚜렷한 구분은 위험성을 내포한다고 할 수 있다.

다음으로 살펴볼 수 있는 것이 신앙이다. 李道學은 호국사찰을 통한 호국신앙에 대해 접근하고 있다.[30] 법왕의 불교이념 확대시책과 관련하여 호국사찰의 성립을 주목하고 있는 것이다. 오합사의 경우 오악 중의 하나인 北岳에 창건되고 있는 사실을 살피고, 이를 삼산과 더불어 호국사찰이 창건되는 모습을 찾아보고 있다. 즉, 국가적 致祭 대상이며 국토보호령으로 인식

28) 柳南相, 「百濟思想의 研究」, 『백제연구』13, 1982.
29) 洪潤植, 「三國時代의 佛敎受容과 社會發展의 諸問題」, 『마한·백제문화』8, 1985.
30) 李道學, 「泗沘時代 百濟의 方界山과 護國寺刹의 成立」, 『백제연구』20, 1989.

된 4方界山에 짝하여 호국사찰이 창건되고 있다는 것이다. 그리고 법왕은 정비된 불교교단을 통하여 정리된 불교이념을 구체적으로 사회 각 방면에 침투시켜, 그것을 주재하는 왕의 지위를 佛의 지위로까지 끌어올려 왕권을 강화하고 있다고 밝히고 있다.

田村圓澄은 미륵신앙을 살펴보고 있다.[31] 백제의 불교를 가람불교와 사택불교를 구분하고, 일본으로의 불교 전래과정을 설명하고 있다. 이어 백제에서 전라남도 지역에서 사원지가 발견되지 않는 것을 예로 들어 불교가 도읍지로부터 멀리 떨어진 지방까지 전파되지 않았음을 밝히고 있다. 특히 '僧尼寺塔甚多'라는 기사의 경우 위덕왕대 부여의 상황을 말하는 것이지 지방의 불교사정을 전하는 것은 아니라는 것이다. 이를 통해 백제불교를 귀족불교로 규정하고 민중불교와는 거리가 있다고 말하고 있다. 여기서 미륵사의 경우 귀족불교의 모습으로 보고 있다.

그런데 田村圓澄의 이 연구는 백제불교의 다양성이 고려되지 않고 있다. 비록 후일에 발견된 예이기는 하지만, 백제불교는 지방으로 확산되는 모습이 발견된다. 능산리사원에서 발견된 목간에 기록된 각종 사찰은 백제 지방사찰로서 역할하고 있었을 가능성이 있기 때문이다. 따라서 이 부분에 대한 집중적인 연구도 이루어져야 할 것으로 본다.

한편 田村圓澄은 이 연구에서 반가사유상에 대해서도 살피고 있다. 소형 반가사유상은 念持佛로 한 개인의 신변에 안치되는 일이 일반적이며, 대형 반가사유상은 많은 사람들의 공통된 예배의 대상으로서 사원 또는 堂에 봉안되었을 것으로 생각하고 있다. 즉, 그 주변에 미륵신앙과 같은 신자집단이 존재하였던 것으로 보고 있다.

金三龍은 미륵신앙에 대한 연구를 이어가고 있다.[32] 고구려와 신라의 미

---

31) 田村圓澄, 「百濟の彌勒信仰」, 『마한·백제문화』4·5, 1982 및 「百濟의 彌勒信仰」, 『백제연구』21, 1990.
32) 金三龍, 「百濟彌勒思想의 歷史的 位置」, 『마한·백제문화』4·5, 1982.

륵신앙의 모습과 백제 미륵신앙의 역사적 위치에 대해 살펴보고 있다. 백제의 미륵신앙은 신라의 미륵신앙보다 더욱 실질적인 면에서 더욱 구체적인 태도를 보이고 있다고 분석하면서, 그 구체적인 예로 미륵사를 들고 있다. 용화산 아래에 彌勒三尊을 모시고 용화세계의 삼회설법을 그대로 구현시킨 것으로 보고 있다.

洪潤植은 익산 미륵사의 창건배경을 통하여 백제문화의 성격을 분석하고 있다.[33] 백제불교에서 여타의 사상은 귀족불교에 머물러 있었던 반면에 彌勒思想이야말로 백제사회에 있어 기층문화와의 조절 내지 그 극복을 통하여 백제문화의 전통적 맥락을 보다 강하게 확립할 수 있다고 주목하고 있다. 미륵사의 창건이 이를 말해준다고 한다. 미륵사는 율령사회 하에서 백제가 禮와 戒 즉, 儒彿一致에 의거 일찍이 미륵상생신앙을 발전시키고, 나아가 백제가 익산지역으로 진출하려 할 때에 일어난 문화운동으로 미륵하생신앙을 전개시켜 나감으로써 창건된 것으로 이해하고 있는 것이다. 芳賀登도 미륵하생신앙과 관련하여 백제의 미륵신앙과 익산 미륵사의 관계를 살펴보고 있다.[34]

승려에 대한 연구도 있었다, 金煐泰는 『日本書紀』에 등장하는 日羅를 승려로 보고 논지를 전개하고 있다.[35] 일본 불교사에서 성덕태자 觀音化身說을 만들어낸 장본인으로 등장하고 있는 日羅가 원래는 加羅人이었으나, 조국을 잃은 후 백제로 망명하여 達率位에 올랐던 인물로 보고 있다.

謙益에 대한 연구도 이어졌다. 小玉大圓은 이능화의 『조선불교통사』에 인용된 謙益과 관련한 자료를 분석함으로써 사료로서의 신빙성을 밝히고 있다.[36] 그러나 이 사료에 대한 신빙성 문제는 여전히 남아있다. 그런 만큼, 이 사료를 인용함에 있어 여전히 신중함이 요구된다고 하겠다.

---

33) 洪潤植,「益山彌勒寺創建背景을 通해본 百濟文化의 性格」,『마한·백제문화』6, 1983.
34) 芳賀登,「百濟における彌勒信仰と益山彌勒寺」,『마한·백제문화』8, 1985.
35) 金煐泰,「百濟 日羅考」,『마한·백제문화』6, 1983.

백제와 일본의 불교관계를 살핀 논고도 있었다. 上田正昭는 백제불교가 일본으로 전해지는 과정에 대해 살펴보고 있다.[37] 그리고 鎌田茂雄과[38] 中井眞孝는[39] 백제와 일본의 불교교류에 대해 연구하고 있다. 鎌田茂雄은 백제의 불교전래는 일본문화발전에 공헌한 바가 있다면서 불교문화에 탐닉한 백제왕실의 화려한 생활이 백제 국력의 쇠퇴를 가져왔다고 평가하고 있다. 그리고 백제멸망 이후 백제사문들이 일본에 많이 넘어오면서 일본 초기불교는 백제승들의 영향을 받았음을 밝히고 있다. 그리고 中井眞孝는 미륵신앙을 중심으로 백제와 일본의 불교교섭관계를 살펴보고 있다.

90년대 들어서 백제불교에 대한 연구는 다양하게 전개되고 있다. 그 중에서 불교미술사에 대한 연구가 두드러지게 전개되었다는 특징을 찾아볼 수 있다.

먼저 黃仁德은 충청과 전라지역 일대에 전해지는 千房寺이야기라는 하나의 독특한 전설을 통하여 백제말기의 역사적 상황을 복원하고 있다.[40] 이 연구에서 천방사전설이 당의 백제침공과 긴밀한 관계 속에서 성립되고 있음을 밝히고 있다. 즉, 당이 백제에 들어온 입구가 되는 군산에서 발생되어 충청도 내륙을 깊이 점령해나가는 과정과 병행하여 같은 유형의 전설이 확대되어 가고 있음을 논증해 보이고 있다.

백제의 불교수용시기에 대한 논란도 있었다. 일본학자들은 백제의 불교수용시기에 대해 452년 또는 524년으로 보고 있다. 이와 같은 주장을 선도한 학자는 末松保和이다.[41] 末松保和는 『日本書紀』권22 추고기에 기록된

---

36) 小玉大圓,「求法僧謙とその益周邊(上)」,『마한·백제문화』8, 1985. 이 글의 下는『마한·백제문화』10, 1987에 실리고 있으며, 종합된 글이『한국사상사학』6, 1994에 다시 실리고 있다.
37) 上田正昭,「百濟와 飛鳥文化」,『백제연구』21, 1990.
38) 鎌田茂雄,「百濟佛敎の日本傳來」,『마한·백제문화』7, 1984.
39) 中井眞孝,「7世紀の日韓佛敎交涉」,『마한·백제문화』7, 1984.
40) 黃仁德,「천방사전설과 백제말기 역사상황」,『백제연구』32, 1990.
41) 末松保和,「新羅佛敎傳來傳說考」,『新羅史諸問題』, 동양문고, 1954, p.210.

관륵의 발언에 대해 '漢으로부터 불교가 백제에 전해져서 今日로부터 겨우 100년이 되었다'고 해석할 수 있다고 밝히고 있다. 이 학설에 동조한 학자로 田村圓澄과 鎌田武雄을 들 수 있다.[42]

이에 대해 李基白은 일본학자들의 설을 비판하고 있다.[43] 이들의 주장은 일본의 입장에서 백제를 본 것이므로 출발부터 잘못되었다고 지적하고, 이러한 일본의 선입견은 하자가 없는『三國史記』침류왕대의 불교수용 기사를 부정하는 쪽으로 이끌었다고 비판했다. 그리고 이들 일본학자들이 논거로 제시한 고고학적 증거의 유무와 관륵의 말에 대한 해석의 문제에 대해서도 일본학자들과는 다르다는 것을 밝히고 있다. 이어 李基白은 일본학자들이 주장하는 하사설에 대해서도 비판하고 있다.[44] 사상을 하사의 대상으로 생각하는 것은 근본적으로 잘못된 발상이라고 전제한 뒤, 백제는 필요에 의해 불교를 수용하고 있음을 분명히 하고 있다.

蔡印幻은 백제불교의 계율사상에 대해 살피고 있다.[45] 백제에 불교를 전해준 동진의 불교는 계율을 준엄하게 지키는 여산의 혜원으로 대표되고 있을 만큼, 계율을 강조하고 있다고 살피고 있다. 그리고 동진불교의 이와 같은 계율적인 분위기가 백제에도 전해졌을 것으로 보고 있다. 이와 같은 백제불교의 분위기는 승려들의 入竺求律로 이어지고 있다고 하였다. 그리하여 백제에 율종이 이루어지게 되었다는 것이다. 이러한 분위기가 이어지면서 열반경과 관련한 대승계율이 정착되고, 이어 일본으로 불교를 전해주고 있는 것이다.

계율과 관련하여서는 미륵신앙도 주목된다. 金杜珍은 미륵신앙과 계율

---

42) 田村圓澄,「百濟佛敎傳來考」,『洪淳昶紀念史學論叢』, 형설출판사, 1977, pp.104~105 및「漢譯佛敎圈の佛敎傳來」,『古代朝鮮佛敎と日本佛敎』, 길천홍문관.
　　鎌田武雄 著 , 장휘옥 譯,『중국불교사』I , 1992, p.71.
43) 李基白,「百濟 佛敎 受容 年代의 檢討」,『진단학보』71 · 72, 1991(『한국고대정치사회사연구』, 일조각, 1996, 재수록).
44) 李基白,「三國時代 佛敎 受容의 實際」,『백제연구』29. 1999.
45) 蔡印幻,「百濟佛敎 戒律思想 硏究」,『불교학보』28, 1991.

의 관계에 집중하여 살펴보고 있다.[46] 미륵사의 창건이 계율과 관계있음을 살피고, 미륵신앙에서 강조하는 계율이 다른 계율보다 엄격하다는 점을 들고 사회적 의미를 분석하고 있다. 백제 미륵신앙이 일찍부터 계율주의로 흐른 것은 율령사회를 성립시킨 백제의 체제정비와 밀접한 관련이 있다는 설명이다.

한편 金仁德은 백제의 삼론고승에 대해 연구하고 있다.[47] 백제말기 수덕사에 주석한 惠顯이 문헌상으로는 백제 내에서 三論을 배워 가르친 승려로는 유일한 삼론고승이라고 밝히고 있다. 이 외에 백제의 삼론고승으로 일본에서 활약한 曇慧, 道深, 慧聰, 觀勒, 義覺, 道寧, 導藏 등을 들고 있다.

백제에 성행하였을 것으로 보이는 법화신앙에 대한 연구가 주목을 끈다. 趙景徹은 특히 법화신앙에 대한 연구를 집중하고 있는데,[48] 웅진시대에는 이미 지배세력을 중심으로 법화신앙을 수용하고 있음을 밝히고, 사비시대까지 이러한 법화신앙이 크게 성행하고 있음을 말하고 있다. 그러나 법화신앙을 설명하면서 사씨세력과 왕권을 연결시키는 부분에 대해서는 좀더 많은 근거가 필요하지 않을까 한다.

姜友邦은 태안 백화산의 마애불의 예를 들어 백제에서의 관음신앙을 강조하고 있다.[49] 태안 마애불의 삼존불 중 가운데 위치한 보살을 관음보살로 보고, 백화산의 명칭을 더하여 이 지역을 관음도량으로 보고 있다.

金周成은 백제 무왕대의 불교에 관심을 보이고 있다.[50] 미륵사와 왕흥사의 건립을 통하여 무왕이 권력을 강화하는 과정을 살펴보고 있는 것이다. 미륵사의 경우 미륵이 귀족세력을 대표하였던 만큼 귀족사찰로 볼 수 있다면서, 이를 국왕주도로 건립하게 된 배경은 무왕이 자신을 전륜성왕으로 격

---

46) 金杜珍,「百濟의 彌勒信仰과 戒律」,『백제사의 비교연구』(백제연구총서 3), 서경, 1993.
47) 金仁德,「百濟의 三論 高僧」,『한국불교학』22, 1997.
48) 趙景徹,「百濟의 支配勢力과 法華思想」,『한국사상사학』12, 1999.
49) 姜友邦,「泰安白華山 磨崖觀音三尊佛攷」,『백제연구총서』5, 1997.
50) 金周成,「백제 무왕의 사찰건립과 권력강화」,『한국고대사연구』6, 1993.

상시키기 위한 의도를 반영시킨 것으로 파악했다. 다만 귀족세력을 무시할 수 없었던 만큼 귀족세력과의 타협 아래 미륵사가 건립되었음을 밝히고 있다. 왕흥사의 건립은 정사암회의와 비교하여 살펴보고 있다. 무왕은 미륵사의 건립을 통하여 귀족세력과 타협을 모색한 뒤 다시 국왕의 강력한 전제권력을 희망하였을 것이고, 이에 따라 정사암회의가 개최되었던 호암사에 대응할 만한 사찰로 왕흥사를 건립하였다는 설명이다. 그러나 왕흥사의 창건과정에서 귀족세력의 심한 반발을 받아야만 했고 그래서 창건이 일시 중단되었다고 보고 있다.

盧重國은 백제 무왕대 지명법사에 대해 연구하고 있다.[51] 지명법사의 활동을 통하여 익산지역에 미륵사가 창건되는 과정을 살펴보고 있으며, 지명법사의 역할을 정치적인 움직임에 맞추어 설명하고 있다. 이러한 배경에서 지명법사가 무왕의 절대적인 신임 하에 불교계 최고의 지도자로서의 위치를 누리고 있었음을 밝히고 있다. 그리고 당시 지명법사는 惠顯과 불교계 주도권을 둘러싸고 대립적인 관계에 있었다고 설명하고 있다. 이처럼 지명법사에 대한 논고는 백제 승려들의 활동이 정치적으로 관련이 있음을 상기시켜 주기도 하였다.

金煐泰는 백제의 고찰 수덕사에 대해 살펴보고 있으며,[52] 趙源昌은 공주지역의 傳百濟寺址 중에서 주미사지, 동혈사지, 서혈사지, 남혈사지 등은 試・發掘結果 통일신라시대 이후의 것들로 확인되었다고 밝히고 있다.[53]

全榮來는 연기지역에서 발견된 碑岩寺石佛碑像에 보이는 眞牟氏에 대해 추적하고 있다.[54] 여기서 眞氏와 牟氏는 동일부족임을 논증하고 있다.

鄭永鎬는 일본에 소장된 백제의 금동불상을 중심으로 하여 한일관계에 대해 살펴보고 있다.[55] 더하여 일본에 전해진 유물에 대해 현지를 찾아 문

51) 盧重國, 「백제의 무왕과 지명법사」, 『한국사연구』107, 1999.
52) 金煐泰, 「百濟 古刹 修德寺의 史的 考察」, 『한국불교학』22, 1997.
53) 趙源昌, 앞의 글, 1999.
54) 全榮來, 「燕崎 碑岩寺石佛碑像과 眞牟氏」, 『백제연구』24, 1994.

헌과 구전 등을 참고하고 실물을 세밀히 조사하여 정확한 판단을 내려야 한다고 조언하고 있다.

이 당시 미술사 연구는 또한 기존의 중국과의 교류관계를 살펴보는 특징을 가지고 있다.[56] 이러한 연구는 마애불에 대한 접근을 통해서도 이루어지고 있는데, 중국과의 교류 속에서 불교미술사도 중국과 일정한 관계 속에서 발전하고 있음을 밝히고 있다.

다음으로 90년대 백제불교에서 빼놓을 수 없는 것인 금동대향로의 발굴이다. 이 향로는 그 연원부터 다양한 의견이 제시되었다.[57] 全榮來는 향로의 기원과 형식변천에 대해 살펴보았다.[58] 부여 능산리사지 출토 향로는 복잡하고 다양한 意匠을 표출하고 있다고 설명하며, 거기에 담긴 주제나 계통성을 한마디로 규정하기는 쉽지 않다고 설명한다. 그러나 이러한 작품을 제작하기 위해서는 隋唐代 綠油 또는 白磁 蟠龍文 향로의 특징을 수용하였으나 한편에서는 中山國의 滿城 漢墓 출토 博山爐의 이미지를 모델로 삼지 않으면 형식창출이 불가능하였을 것이라 말하고 있다.

그런데 여기서 주목해볼 수 있는 것은 향로가 발견된 능산리사원에 대한 관심이다. 능산리사원에 대한 본격적인 성격분석 작업은 金壽泰로부터 시작되었다.[59] 金壽泰는 능산리사원의 창건세력과 배경을 살펴봄으로써 왕권과 귀족세력간의 관계를 고찰하고 있다. 나아가 금석문에 나타난 불교적인 요소를 파악하고자 하였다. 이어 金相鉉은 위덕왕의 성왕에 대한 추복

---

55) 鄭永鎬, 「考古・美術을 통해본 韓・日關係研究試論」, 『백제연구』24, 1994.
56) 金理那, 「백제초기 불상양식의 성립과 중국불상」, 『백제연구총서』3, 충남대백제연구소, 1993.
　　金春實, 「백제 7세기 불상과 중국불상」, 『선사와 고대』15, 한국고대학회, 2000.
57) 금동대향로에 대한 연구성과는 부여박물관이 금동대향로발굴 10주년을 기념해 마련한 학술대회를 통하여 1차적으로 정리되고 있다(『百濟金銅大香爐와 古代東亞細亞』, 백제 금동대향로 발굴 10주년 기념 국제학술심포지엄, 2003, 국립부여박물관).
58) 全榮來, 「香爐의 起源과 型式變遷」, 『백제연구』25, 1995.
59) 金壽泰, 「百濟 威德王代 夫餘 陵山里寺院의 創建」, 『백제문화』27, 1998.

의 의미로서 능산리사원이 창건되고 있음을 살펴보았다.[60]

2000년대에 들어서 백제 불교에 대한 연구는 그 깊이를 더했다고 볼 수 있다.

盧重國은 백제가 웅진으로 천도한 이후 무왕대에 이르기까지 백제와 신라 사이에 행해진 교섭과 교류의 내용을 불교를 통해 살펴보고 있다.[61] 먼저 백제의 흥륜사와 신라의 흥륜사에 주목하고 있다. 백제 흥륜사를 미륵신앙과 연결시키고 있으며, 이 시기 백제에 미륵신앙이 크게 유행하였을 것으로 보고 있다. 그리고 불교 교단 정비작업을 추진한 성왕의 경우 불교계를 통제할 속관의 기구도 두었을 것으로 보고, 이러한 관청으로 내관 12부의 하나인 공덕부를 들고 있다. 또한 백제와 신라는 미륵사의 창건을 통하여 기술을 교류하고 있으며, 미륵사 3금당식 가람구조는 신라의 영향에 의해 이루어진 것으로 보고 있다.

金壽泰는 사비시대 백제 성왕계의 움직임에 주목하고 있다.[62] 법왕의 휘인 孝順의 의미를 불교적인 입장에서의 효로 보고, 이를 성왕계의 결집을 통한 왕권강화의 움직임과 깊은 관련이 있음을 밝히고 있다. 이는 성왕계가 위덕왕대에 능산리사원을 창건한 후 새로운 호국사찰의 필요성을 갖게 되고, 이것이 다시 3산5악에다 호국사찰을 두어 국토재편계획을 달성하고자 하였다는 얘기다. 이어 법왕의 호국사찰 창건은 백제불교가 국가불교적 성격을 가지고 있음을 보여주는 것으로, 백제의 불교가 계율종뿐만 아니라 법화신앙과도 밀접한 관련이 있음을 논증하고 있다.

趙景徹은 성왕대 정치상황에 대해 유교와 불교의 대립을 상정하고 있다.[63] 백제의 성왕은 유교정치이념의 보급에 육후의 도움을 받고 있으며, 불교의 정치이념 확산에는 謙益이 큰 역할을 하고 있다고 보고 있다. 그런

---

60) 金相鉉, 「百濟 威德王의 父王을 위한 追福과 夢殿觀音」, 『한국고대사연구』15, 1999.
61) 盧重國, 「新羅와 百濟의 交涉과 交流」, 『신라문화』17 · 18, 2000.
62) 金壽泰, 「百濟 法王代의 佛敎」, 『선사와 고대』15, 한국고대학회, 2000.
63) 趙景徹, 「百濟 聖王代 儒佛政治理念」, 『한국사상사학』15, 2000.

데 이들은 같은 시기에 활동하게 되고, 성왕은 이들의 견제와 조화 속에 정치체제를 완비해 나간다는 것이다. 그러나 552년 유불대립으로 육후는 본국으로 돌아가고 역사상 처음으로 전개된 유불대립은 불교계의 승리로 마감하게 된다는 논지이다.

그러나 이러한 당시 유교와 불교가 대립되었다고 볼 수 있는 증거는 찾아지지 않는다. 오히려 불교와 유교의 영향을 받은 중국에서 이들의 관계를 살펴볼 때, 조화로운 관계로 살펴야하지 않을까 한다.

趙景徹은 또한 사택지적비를 통하여 백제 사비시대의 불교신앙을 조명하고 있다.[64] 사택지적비의 내용을 법화경과 적극적으로 연결시키고 있으며, 지적과 대통불의 관계를 통해 왕실과의 관련성도 적극적으로 검토하고 있다.

吉基泰는 백제에 있어 사천왕신앙의 존재를 밝히고 있다.[65] 이제까지 살펴지지 않았던 백제의 사천왕신앙에 주목하고, 사천왕신앙이 수용되어 호국신앙으로써 기능하는 모습을 살펴보고 있다. 이어 백제의 불교정책을 度僧을 통하여 살펴보기도 하였다.[66] 여기서는 도승의 범위가 일반인까지 확대될 수 있는 가능성을 보여주고 있으며, 법왕대 칠악사의 기우제를 통하여 그 가능성을 찾아보고 있다.

金鍾萬은 능산리사원에 대한 관심을 이어가고 있다.[67] 이 논고는 능산리사지는 陵寺로서 삼국시대 사원연구에 標識的인 유적으로 남게 될 것이라 평가한 뒤, 능산리사지는 고구려 능사구도를 축소하고 다듬어 백제화한 것으로 보았다.

李南奭은 웅진시대 수원사에 대해 살펴보고 있다.[68] 현재의 수원사지의

---

64) 趙景徹, 「백제 사택지적비에 나타난 불교신앙」, 『역사와 현실』52, 2004.
65) 吉基泰, 「百濟의 四天王信仰」, 『백제연구』39, 2004.
66) 吉基泰, 「百濟 泗沘期의 佛敎政策과 度僧」, 『백제연구』41, 2005.
67) 金鍾萬, 「扶餘 陵山里寺址에 대한 小考」, 『신라문화』17·18, 2000.
68) 李南奭, 「水源寺와 水源寺址」, 『호서사학』32, 2002.

초창시기는 아무리 빨라도 통일신라 말기로 볼 수밖에 없으며, 백제시대 수원사는 평지가람에서 통일신라 말기에 즈음하여 산지가람으로의 변화를 겪은 것으로 추정하고 있다. 그래서 백제의 수원사는 아마도 금학동 사지, 즉 古式의 기와가 수습되며 石佛光背라던가 金銅佛이 수습된 지역으로 추정하는 것이 어떨까 제시하고 있다.

金春實은 백제의 7세기 불교양식의 특징을 살펴보고 있다.[69] 백제 불상의 7세기 양식은 이전 시기에 남조의 불상양식을 바탕으로 성립된 전통양식이 익산 연동리 석불좌상에까지 이어지고 있다고 분석한 뒤, 태안과 서산의 마애불상, 그리고 7세기 백제의 반가사유상에서 北齊 불교양식의 수용을 적극 살필 수 있다고 밝혔다. 이는 위덕왕 이후 북조 국가와 적극적으로 교섭에 나선 결과로 이해하였다. 이를 종합해 보면, 백제의 7세기 불교양식은 초기에는 북제와 수의 불교양식을 적극 수용하여 새로운 양식을 주도하였으나, 국가의 존위가 매우 위급한 상황에서는 수나 당의 양식을 적극적으로 받아들이지 못한 경향을 보이고 있다는 설명이다.

郭東錫은 백제불상의 훼룡문계 화염광배에 관심을 보이고 있다.[70] 백제의 훼룡문계 화염문의 형식은 6세기 후반기의 삼국시대 금동불이나 北齊 이후의 중국불상과는 현저한 차이점을 보이는 특징을 가지고 있는데, 이는 곧 胴體와 肢部를 강조했던 훼룡문 본래의 성격이 점차 변모되어 문양화 내지는 의장화 되었음을 뜻하며, 그 형식의 완성은 7세기 전반에 백제에서 이루지고 있다고 밝히고 있다.

金周成은 연기지역에서 발견된 불상명을 토대로 백제유민의 동향을 살펴보고 있다.[71] 연기지역에서 발견된 7개의 불상 중 명문을 지닌 4개의 불상을 중심으로 명문해독과 불상조상을 주도한 知識, 香徒 등을 구성한 사람

---

69) 金春實, 「百濟 7세기 佛像과 中國 佛像」, 『선사와 고대』15, 한국고대학회, 2000.
70) 郭東錫, 「百濟 佛像의 虺龍文系 火焰光背」, 『신라문화』17 · 18, 2000.
71) 김주성, 「연기 불상군 명문을 통해 본 연기지방 백제유민의 동향」, 『선사와 고대』15, 한국고대학회, 2000.

들의 신분과 활동, 그리고 백제유민의 부흥운동 의지의 변화를 살펴보고 있다. 여기서 金周成은 불교의 신앙단체인 知識과 香徒를 중심으로 백제부흥의 열망을 보여주고 있는 것으로 보고 있다.

　金周成은 또한 불교정책에 대한 연구도 진행하였다.[72] 7세기 백제 왕권의 확립과정을 불교를 통해 살펴보고 있는 것이다. 법왕의 계율시행에 대해 분석하고, 이를 범망경과 연결하고 있다. 미륵사에 대해서는 서동설화에 주목하고 있는데, 서동이라는 인물이 신라의 절세미인 선화공주를 차지하여 백제왕에 되었다는 일종의 영웅설화와 미륵사 창건의 연기설화가 합쳐진 것으로 보았다.

　심경순은 謙益의 구법활동에 주목하고 있다.[73] 겸익의 귀국과 더불어 역경사업이 진행되고 있으며, 여기서의 新律은 불교교단의 정비와 승려들의 계유수행에 있어 중요한 역할을 하였을 뿐만 아니라 나아가 전 국민이 계율을 생활 속에서 실천하게 함으로써 불교가 자연스럽게 국가의 통치이념으로 자리매김할 수 있었다고 밝혔다.

　백제의 승려로서 불교적으로 그리 주목받지 못한 인물이 있다면 道琛을 들 수 있다. 道琛은 백제멸망 후 부흥활동 과정에서 부각되고 있다. 成周鐸은 이러한 道琛에 대해 다각적인 분석을 함으로써 백제말기 불교연구에 도움을 주고 있다.[74] 이 외에 연기지역 불비상에 대한 논고가 있었으며,[75] 예산의 사면석불, 서산의 마애불에 대한 집중적인 세미나도 개최되었다.[76] 한편 익산지역의 불교와 관련하여 金正基는 익산의 미륵사에 주목하고 있

<hr>

72) 김주성, 「백제 법왕과 무왕의 불교정책」, 『마한·백제문화』15, 원광대 마한백제문화연구소, 2001.
73) 심경순, 「6세기 전반 謙益의 求法活動과 그 의의」, 『이대사원』33·34, 2001.
74) 成周鐸, 「백제승 도침의 사상적 배경과 부흥활동」, 『백제의 사상과 문화』, 서경문화사, 2002.
75) 鄭恩雨, 「燕崎 佛碑像과 충남지역의 백제계 불상」, 『백제문화』32, 2004.
76) 공주대 백제문화연구소는 2004년에 예산군과 서산군의 후원으로 각각 『예산 백제 사면석불의 검토』와 『서산지역의 백제문화』를 주제로 학술회의를 개최하였다.

으며,[77] 鄭永鎬는 부여지역의 불교미술과 비교하여 익산의 불교미술을 살펴고 있다.[78] 그리고 石上善應은 6~7세기 동아시아에서의 미륵신앙의 동향에 대해 살펴보고 있다.[79]

또한 백제금동대향로 발굴 10주년 기념 국제학술대회가 개최되어, 백제금동대향로에 대한 다각적인 분석이 이루어졌다.[80]

3. 硏究의 方向과 方法

백제의 불교신앙은 침류왕대에 중국으로부터 전해진 이후 중국불교와 교감하면서 발전하고 있는 모습들이 발견된다. 이러한 흔적은 특히 미술사 분야에서 나타나는데, 불상의 조각 등에서 중국불교의 영향을 찾아지는 것이 대표적이다. 그리고 유학승들의 활동 또한 이러한 불교의 교류를 보여주는 예라 할 수 있다. 이렇게 볼 때 백제의 불교신앙에 대한 고찰은 중국불교와 관련 속에서 살펴야 할 것으로 본다. 이러한 작업은 신앙이 갖는 의의뿐만 아니라 시대적 분위기 또한 비교 검토가 이루어진 가운데 진행되어야 할 것으로 본다.

한편 중국의 불교신앙은 다양한 신앙의 모습을 보여준다. 초기의 신앙은 중국에서 성행하고 있던 불로장생 등의 현세이익을 중심으로 하는 황로신앙과 융합되어 나타난다. 이는 초기의 신앙이 중국 고유의 전통신앙에 입각

---

77) 金正基, 「考古美術史 側面에서 본 益山彌勒寺의 創造性」, 『마한·백제문화』16, 2004.
78) 鄭永鎬, 「益山地域 佛敎美術과 그 意義」, 『마한·백제문화』16, 2004.
79) 石上善應, 「6~7世紀の東における彌勒菩薩信仰の動向」, 『마한·백제문화』16, 2004.
80) 『百濟金銅大香爐와 古代東亞細亞』, 백제금동대향로 발굴 10주년 기념 국제학술심포지엄, 2003, 국립부여박물관. 이날 발표된 발표문들을 종합해 보면, 이기동, 「사비시대 백제의 국내외 정세」 ; 신광섭, 「능산리사지 발굴조사와 가람의 특징」 ; 김종만, 「부여 능산리사지 출토유물의 국제적 성격」 ; 장인성, 「백제금동대향로의 도교문화적 배경」 ; 柳揚, 「大山에 올라 神人을 만나다」 ; 猪熊兼勝, 「百濟·陵寺 출토 향로의 디자인과 성격」 ; 溫玉成, 「부여 능산리사지에 관한 제문제」 등이다.

하여 불교를 신앙하려는 것으로 격의불교적인 모습을 보여준다고 하겠다.

이후 남북조시대에 이르러 석가불신앙이 성행하게 된다. 석가불신앙은 석가모니불을 중심으로 한 신앙으로써 당시 혼란한 사회를 그대로 반영해 주고 있다. 이런 초기의 석가불에 대한 신앙은 이후 석가의 후계자로서 도솔천에서 부처가 되기 위해 대기 중인 미륵보살에 대한 신앙으로 이어진다.

그리고 현세에서 복을 주고 재난을 소멸해 주는 관음보살에 대한 신앙이 전개된다. 관음보살에 대한 신앙은 『觀音經』을 근거로 하여 발전하게 되는데, 이런 관음경은 『法華經』의 보문품과 연결되고 있으며, 질병을 치유해 준다는 약사여래에 대한 신앙 등으로 발전하게 된다.

중국에서 유행한 신앙은 백제에서도 그 모습이 찾아진다. 중국과의 교류가 밀접하게 전개되면서 불교신앙도 영향을 받고 있기 때문이다. 특히 왕실의 지원을 중심으로 불교가 발전하면서 신앙 또한 다양하게 전개되는 양상을 보인다. 유학승들의 활동이나 왕실의 후원이 신앙이라는 구체적인 형태를 띠면서 불교사의 전면으로 나서고 있는 것이다. 그래서 왕실중심의 신앙은 신앙을 통한 왕권의 고양이라는 측면을 보여주고 있다.

중국 남북조시대는 왕권의 교체가 자주 일어날 만큼 혼란함을 보여준다. 따라서 이러한 혼란함이 백제에 어떻게 적용되어야 하는지에 대해 깊은 성찰이 요구된다. 다만 이 당시 남조의 경우 귀족문화가 융성하게 발전하고 있는데, 이러한 귀족문화가 백제에 적용될 수 있는지에 대한 검토도 이루어져야 할 것으로 본다. 실제로 백제는 남조의 문화에 경도되어 있는 모습이 찾아지기 때문이다. 따라서 이러한 관련성을 중심으로 백제의 불교신앙에 대한 접근이 이루어져야 한다.

백제불교의 흐름에서 사비천도는 중요한 시점으로 볼 수 있다. 백제 사비시대는 여러 면에서 웅진시대와는 다른 모습을 보여주고 있다. 이는 천도와 더불어 어느 정도 안정된 사회를 유지하였기 때문으로 풀이된다. 웅진시대의 혼란한 사회분위기와는 사뭇 다르게 평가될 수 있는 것도 이와 무관하지 않다.

이러한 사회적 분위기는 불교신앙을 통해서도 살펴볼 수 있다. 불교를 매

개로 하여 신앙 속에 투영되어 있는 당대의 모습들을 어느 정도 추출해 볼
수 있기 때문이다. 따라서 사비시대 불교신앙의 흐름은 사회적 분위기를
살피는데 있어 유용한 자료가 될 수 있다. 이를 위해 다양한 방법으로 불교
신앙을 살펴볼 필요가 있다.

백제가 불교를 신앙하고 있는 것이 당시의 제도적인 면과 어떻게 부합되
는지도 살펴야 할 것으로 본다. 이러한 모습을 살피는 것은 신앙생활이 제
도의 틀 속에서 일정한 영향을 받을 수 있기 때문이다. 이러한 예로 찾아볼
수 있는 것이 도승이다.

백제는 계율을 강조한다. 그리고 이러한 계율의 강조는 도승이라는 불교
정책으로 나타난다. 그런데 여기서의 도승은 그 대상이 일반백성까지도 참
여할 수 있는 여지가 보이고 있다. 승려가 신앙을 확산시키는데 있어 중요
한 역할을 하고 있다고 한다면, 도승은 신앙확산의 중요한 토대가 된다고
할 수 있다. 이러한 점을 통해 볼 때, 백제의 불교신앙은 사회전반으로 확산
되어 가고 있음을 추론케 한다.

사비시대 불교신앙의 모습은 교학적인 발전정도를 통해서도 확인된다.
성왕은 사비천도 이후 涅槃 등의 經義를 양에 요청하고 있다. 여기서 涅槃
등의 經義라 함은 『涅槃經』만을 의미하는 것이 아니다. 오히려 다양한 성
격의 경전과 주석서들이 백제 불교계에 수용되었을 것으로 본다. 실제로
백제는 사비시대 이후에 『涅槃經』, 『法華經』 등의 경전과 그와 관련한 주석
서들이 사비시대의 불교신앙으로 표출되고 있는 모습이 발견된다. 그런데
이러한 불경들은 수용 이후 꾸준히 발전하고 있는 모습을 살펴볼 수 있다.
이러한 내용은 백제불교의 교학이 일본으로 전해지는 것에서 찾아진다.

다음으로 살펴볼 수 있는 것이 불상 등의 유물이다. 여기서 불상은 신앙
의 형태를 알려줄 수 있는 중요한 단서가 된다. 조성된 불상의 모습이 가지
는 부처나 보살이 신앙의 중심에 있다고 볼 수 있다. 때로는 조성 대상물을
매개로 하여 다른 신앙을 형성하기도 하지만, 조성된 불ㆍ보살상이 그 신앙
과 밀접한 관련 속에서 움직이고 있는 사실은 부인할 수 없다. 따라서 불상
등 불교관련 유물은 신앙의 대상으로서 당시의 모습을 살펴볼 수 있는 중

요한 실마리를 제공해 준다고 할 수 있다.

나아가 불상명 등의 금석문도 이러한 신앙의 형태를 구체적으로 확인해 줄 수 있다고 본다. 석가불상에 기록된 내용이 정토신앙적인 요소를 가지고 있는 것, 망자를 추선하기 위한 내용들이 그것이다. 이러한 내용은 당시 사회가 불교신앙을 통해 얻고자 하였던 바를 추론하는데 큰 도움이 된다.

불교신앙이 어떠하였는지는 사찰의 모습을 통해서도 확인된다. 능산리 사원의 경우 불교신앙이 전개되는 과정의 일정한 부분을 설명해 주고 있다. 능산리 사원이 창건된 배경이나, 내용물, 그리고 이 사원을 통해 이루어지는 정치·사회적인 움직임들은 사찰이 가지는 신앙적인 특징을 그대로 반영해 주고 있는 것이다.

그런데 불교를 신앙하는 모습은 백제만의 독자적인 신앙으로 이해하기는 어려운 점들이 있다. 신앙을 수용한 이후 전개되는 과정에서 백제만의 독자성을 찾아가고 있기는 하지만, 백제가 수용하고 있는 지역의 신앙이 가지는 영향력 또한 전혀 무시할 수는 없기 때문이다. 능산리 사원의 경우에 중국과 관련한 불교유물들이 보이고 있는 것이 그것이다. 그런 면에서 볼 때, 중국 불교신앙과의 비교는 백제 불교신앙을 이해하는데 중요한 요소가 된다고 본다. 발견된 유물의 성격 등을 살펴볼 때 그러하다. 따라서 중국에서 불교신앙이 전개되는 과정이 어떠한지, 그리고 이러한 요소들을 백제에 적용이 가능한지에 대한 다각적인 검토 작업이 선행되어야 하겠다. 이러한 노력은 백제의 불교신앙의 본모습을 찾아가는데 있어 실마리를 제공해 준다.

이처럼 살펴지는 신앙의 모습은 구체적인 신앙형태로 들어가서 그 성격을 유추해낼 수 있다. 석가불신앙은 석가모니불을 대상으로 하는 신앙으로 왕권과 연결되어 지기도 한다. 왕의 권위를 석가불에 빌려 고양하고, 이를 통해 통치권의 정당성을 확보하기도 한다. 따라서 석가불신앙은 불교신앙이 전개되는 과정에서 매우 중요한 기능을 하고 있음을 알 수 있다. 이처럼 구체적인 신앙의 형태는 신앙하는 계층이나 그 사회를 반영하고 있음을 알게 한다.

호국신앙의 경우도 그러하다. 호국신앙은 여러 가지 형태로 찾아지는데, 법화신앙이나 제석신앙, 그리고 사천왕신앙 등이 그것이다. 이들 신앙은 국가의 안녕을 위해 신앙되어지는 일면을 찾아볼 수 있다. 그런데 이들 신앙이 모두 호국신앙으로서만 기능하는 것은 아니다. 법화신앙의 경우 법화승려들의 활동이 지방을 중심으로 이루어지고 있는 것이 그것이다.

약사신앙은 사비시대 초기부터 사회적으로 크게 신앙되었을 것으로 생각된다. 성왕대의 중흥을 위한 각종 전쟁의 수행, 성왕 말기 고구려와 신라와의 전투 등이 수행되는 과정에서 자연스럽게 신앙되지 않았을까 한다. 주술을 통하여 질병을 치유하는 주금의 기능이 기록에 보이는 것은 이를 말해준다.

그런데 이러한 신앙들은 불교 고유의 성격만으로 이해하기는 어렵다. 신앙은 당시의 역사적·사회적 분위기를 내포하고 있다고 보기 때문이다. 그렇다면, 불교신앙의 연구를 위해 당시의 사회적 분위기가 반영되어 있는 각종 불상이나 사찰, 그리고 정치적인 기록까지도 적극적으로 활용해야 할 필요가 있는 것이다.

본 연구는 이와 같은 내용을 바탕으로 사비시대 불교신앙의 흐름을 살펴보고자 한다. 이번 연구는 먼저 제1장에서 백제불교의 신앙적 토대를 살펴보고자 한다. 여기서는 중국의 불교신앙이 백제에 전해져 정착되어 가는 모습을 남조와 북조로 나누어 설명해 보고자 한다.

이어 백제에서 불교신앙이 전개되는 과정에서의 제도적인 모습으로 도승제를 살펴보고자 한다. 도승은 출가와는 다른 의미로 사용되고 있는 점을 알아보고, 이를 통해 위덕왕대의 도승과 법왕대의 도승이 어떻게 전개되고 있는지 알아볼까 한다.

제2장에서는 불교신앙의 국가적 전개과정에 살펴보고자 한다. 『涅槃經』에 대한 이해를 통하여 사비천도 이후 추진된 성왕의 개혁정책의 사상적 배경을 찾아보고자 한다. 사비천도 직후에 『涅槃經』에 관심을 갖게 된 배경이 계율과 불성론에 있음을 알아보고, 이어 석가불신앙과 『涅槃經』이 서로 연결되는 모습도 살펴보고자 한다. 이를 통하여 성왕의 왕권강화의 움직임도 함께 고찰해 보고자 한다. 나아가 이러한 성왕의 석가불신앙이 귀족세력과의 조화 속에서 전개되고 있음도 찾아보고자 한다.

다음으로 미륵신앙의 변화양상에 대해서도 알아보고자 한다. 백제 사비시대의 미륵신앙이 지역마다 성격을 달리하면서 발전하고 있음을 살펴보고자 한다. 웅진과 사비, 그리고 익산지역의 미륵신앙의 가지는 성격이 무엇인지를 살펴봄으로써 사비시대에 성행한 미륵신앙의 의미를 부각시켜보고자 한다.

이어서 天神信仰과 佛敎를 다루어 보고자 한다. 왕실을 중심으로 전개되는 제석신앙과 사천왕신앙을 천신신앙의 관점에서 살펴보고자 하는 것이다. 호국신앙으로도 인식되는 제석신앙과 사천왕신앙의 흔적을 찾아보고, 이 신앙들이 갖는 성격도 아울러 고찰해 보고자 한다. 특히 제석신앙이 익산지역에서 찾아지는 만큼, 제석신앙의 성격을 孝의 관점에서 밝혀봄으로써 무왕의 익산경영 의도를 파악해 보고자 한다. 아울러 백제에도 사천왕신앙이 존재하고 있음을 사료를 통해 확인해 보고, 사천왕신앙이 갖는 성격도 고찰해 보고자 한다.

제3장 불교신앙의 사회적 확산에서는 먼저 법화신앙이 성행하는 모습을 살펴보고자 한다. 나아가 법화신앙의 성행을 법화승려들의 활동을 중심으로 살펴봄으로써, 그 신앙이 지방으로까지 보급되는 과정을 알아보고자 한다. 법화승려들의 활동이 지방에 집중되어 있음과 그 원인을 분석해 보고, 이제까지와는 다른 백제불교신앙의 성격을 도출해 보고자 하는 것이다.

다음으로 주금사의 활동과 약사신앙의 내용을 중심으로 전개해 보고자 한다. 불교의학이 백제에 전래되면서 주금기능이 강화되는 모습, 그리고 이러한 과정은 약사신앙의 전개로 이어지고 있음을 함께 고찰해 보고자 한다. 주금사가 무나 불교와 관련이 있으며, 결국에는 불교에 무가 습합되는 모습을 찾아보고자 한다. 주금사가 불교적으로 약사신앙과 깊은 관련 속에서 발전하고 있는 모습도 살펴보고자 하는 것이다. 이는 전쟁과 질병으로 인한 사회적 혼란을 불교라는 종교를 통해 통합해 나가고자 하는 왕권의 움직임과 맞물려 있다고 생각한다.

이와 같은 과정은 백제 사비시대의 불교신앙의 정치·사회적인 의미를 살펴보는데 도움을 줄 것이다.

I 百濟佛敎의 信仰的 土臺

1. 南北朝 佛敎의 受容

2. 百濟의 佛敎政策과 度僧

Ⅰ. 百濟佛敎의 信仰的 土臺

백제 사비시대는 불교문화가 다양한 분야에서 발전하고 있는 시기라 할 수 있다. 이 시기에는 각종 사찰이 건립되고 있는데, 이러한 내용은 중국의 『周書』에서 "僧尼寺塔甚多"라고 한 기록을 통해 살펴볼 수 있다. 그리고 백제는 涅槃學을 비롯하여 三論學, 成實學 등 교학적인 발전을 이루고, 이를 다시 일본으로 전하는 모습을 찾아볼 수 있다. 여기에 석가불신앙, 법화신앙, 관음신앙, 약사신앙 등 다양한 신앙적인 모습들이 찾아지는 것도 이 시대의 불교문화가 어느 정도였는지를 짐작하게 한다. 이처럼 백제 사비시대는 불교문화가 여러 방면에서 전개되고 있는 것이다.

사비시대의 불교문화는 당시 정치·사회적인 면과 분리하여 살펴볼 수는 없다고 본다. 신앙에는 신앙하는 구성원들의 의지가 담겨 있기 때문이다. 그리고 그 구성원들의 움직임은 당시의 정치·사회적인 흐름과 관련되어 있다고 본다. 그런 만큼, 백제 사비시대에 있어 불교신앙이 정치·사회적으로 어떠한 기능을 하였는지 살펴보는 것은 백제사에서 중요한 의미를 지닌다고 할 수 있다. 따라서 백제가 수용한 불교가 어떠한 과정을 통해 전개되는지 살펴볼 필요가 있다.

백제의 불교가 어떠한 과정을 통하여 수용되고 신앙되고 있는지는 왕실과 관련하여 살펴볼 수 있다. 그것은 국가차원에서 공식적으로 불교를 공인하며 수용하고 있기 때문이다. 물론 국가에서 불교를 공인하기 이전부터 일반 백성들에게는 신앙으로서 유포되었을 가능성은 있다. 그렇지만 이러한 현상은 당시의 국가체제에서 쉽게 확산되어갈 수는 없었을 것으로 본다. 그런 만큼 왕실에서의 공식적인 불교수용이 중요하게 다루어질 수 있는 것이다. 이런 사정을 반영하여 왕실을 중심으로 한 연구가 진척되어 왔다.[1]

백제의 불교신앙은 백제가 수용한 지역에서의 신앙적 성격을 살펴보는 것이 우선일 것으로 본다. 백제에서 신앙되는 불교가 다른 지역으로부터 유입된 외래의 신앙인 점을 고려해야 하기 때문이다. 특히 백제의 불교신앙이 중국으로부터 전해져 수용되고 있는 점을 볼 때, 중국에서 불교가 어떻게 신앙되고 있는지를 살피는 것은 무엇보다 중요하다.

백제불교의 중국불교와의 상관성은 양 지역의 외교관계의 모습을 살피는 것이 무엇보다 중요하다. 무령왕릉에서 살펴볼 수 있는 것처럼, 당시 빈번한 외교관계 속에서 중국의 선진문물을 수용하는 과정이 그려지기 때문이다. 특히 불상의 경우 중국에서의 영향이 반영되어 있는 모습도 발견되고 있다. 따라서 이를 통해 사비시대 불교신앙의 움직임을 추적해 볼 수 있지 않을까 한다.

다음으로 사비시대에 전개되는 불교신앙의 토대를 불교정책과 제도적인 면에서도 찾아볼 수 있지 않을까 한다. 사비시대에 들어서 추진하고 있는 불교정책과 이를 통해 갖추어진 제도적인 틀이 불교를 신앙하는 구성원들의 신앙적인 성격을 밝히는데 있어 중요한 요소가 된다고 보기 때문이다.

또한 왕실차원에서 수용되었다고 하더라도 이러한 불교신앙이 사회적으로 확산되어 가는 과정에서 신앙은 왕실 등 귀족세력 뿐만 아니라 피지배계층까지도 신앙의 동반자로 하였을 것이라 생각된다. 그렇다면 백제인들의 신앙생활이 어떠했는지, 그리고 이러한 신앙생활이 갖는 의미가 무엇인지 함께 고찰해 보아야 할 것이다. 이를 위해 백제 사비시대에 불교신앙이 전개될 수 있는 토대로써 제도적인 측면을 살펴보지 않을 수 없는 것이다. 신앙생활을 영위함에 있어 일정한 제도 속에서 전개되는 모습이 찾아지기

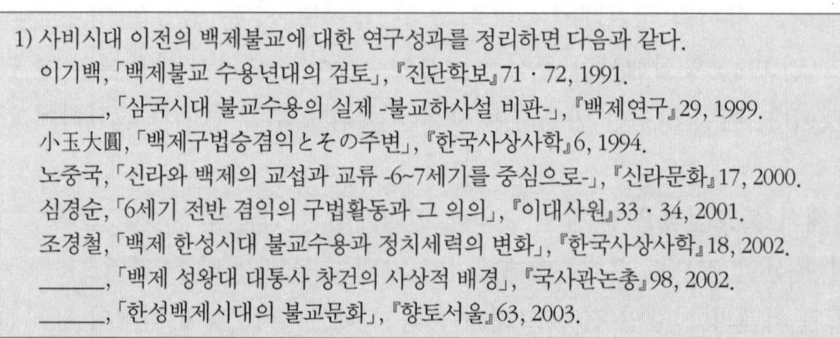

1) 사비시대 이전의 백제불교에 대한 연구성과를 정리하면 다음과 같다.
이기백, 「백제불교 수용년대의 검토」, 『진단학보』71 · 72, 1991.
______, 「삼국시대 불교수용의 실제 -불교하사설 비판-」, 『백제연구』29, 1999.
小玉大圓, 「백제구법승겸익とその주변」, 『한국사상사학』6, 1994.
노중국, 「신라와 백제의 교섭과 교류 -6~7세기를 중심으로-」, 『신라문화』17, 2000.
심경순, 「6세기 전반 겸익의 구법활동과 그 의의」, 『이대사원』33 · 34, 2001.
조경철, 「백제 한성시대 불교수용과 정치세력의 변화」, 『한국사상사학』18, 2002.
______, 「백제 성왕대 대통사 창건의 사상적 배경」, 『국사관논총』98, 2002.
______, 「한성백제시대의 불교문화」, 『향토서울』63, 2003.

때문이다. 이는 도승제와 관련하여 알아볼 수 있다고 본다.

　여기서는 이처럼 백제 사비시대에 있어 불교신앙이 전개될 수 있는 외적 배경으로써 중국의 불교신앙을 수용하고, 이를 백제적인 불교신앙으로 적용해 가는 과정을 살펴보고자 한다. 그리고 내적 배경으로서 제도적인 측면인 도승제에 대해 살펴보고자 한다.

1. 南北朝 佛敎의 受容

1) 南朝文化와 百濟佛敎

　백제 웅진시대는 대외적으로 기존의 나제동맹관계를 긴밀히 하면서 고구려에 공동대처하였고, 중국 남조인 南齊 · 梁과 전통적인 우호관계를 유지하여 고구려를 외교적으로 견제하던 시기이다. 특히 동성왕은 남제와 외교관계를 맺는 등 남조국가에 적극적인 친선을 꾀하고 있는데,[2] 이 또한 고구려에 대한 견제의 성격을 가지고 있다.

　무령왕이 통치하던 5세기 중엽은 한반도를 포함한 동아시아 세계의 국제질서는 각국의 치열한 세력 확장 등에 의해 상당히 복잡한 양상으로 전개되고 있었다. 고구려-중국 북조의 연합세력에 대항하여 백제는 중국 남조와 신라-가야-왜의 연합세력으로 서로 경쟁하고 있었던 것이다.

　이 때 백제가 중국 남조와의 교류를 통해 얻고자 하였던 것은 남조의 정치력을 이용한 고구려의 견제였을 것으로 본다.[3] 그럼에도 불구하고 이 과정에서 백제는 원하는 바의 목적을 달성하지 못하였던 것 같다. 오히려 백제는 문화적인 분야의 교류에 적극적이었던 것 같다. 그래서 중국 남조의 선문문물을 적극적으로 수용하고 있는 것이다.

---

2) 『三國史記』26, 百濟本紀4, 東城王 6년 2월 및 7월.
3) 백제의 이런 모습은 무령왕이 양에 표를 올려 고구려를 수차례 파하고 다시 강국이 되었다고 말하는 것에서 살펴진다.(『三國史記』26 百濟本紀4 武寧王 21년)

이 당시 중국의 남조는 중원에 호한정권이 들어서면서, 귀족세력들이 강남으로 이주하여 귀족문화를 꽃피우고 있었다. 백제는 이러한 세련된 귀족문화를 접하면서 남조의 문화를 받아들이게 된다.[4]

백제문화의 남조적 성격은 무령왕릉을 통해 확인된다. 무령왕릉은 우선 왕릉으로써 왕실문화의 전형을 보여준다고 할 수 있지만, 백제의 귀족세력들은 이러한 문화를 함께 향유하고 있었을 가능성이 있다고 본다.

무령왕릉은 백제의 중국과의 외교관계와 문화수용의 내용을 풍부하게 보여준다. 그리고 당시 중국 문화를 수용하는 속도가 매우 빨랐음도 살펴진다. 이와 같은 내용은 무령왕릉에서 발견된 유물을 통해 확인된다. 五銖錢을 예로 들면, 양무제 普通 4년(523)에 주조된 것이 무령왕릉에서 발견되고 있다. 이는 왕비의 沒年이 526년이라는 사실과 비교해 보면, 백제가 중국 양으로부터 문화를 수용하는 시기가 중국에서 생산되는 시점과 매우 비슷하다는 점을 말해준다.[5]

백제의 이와 같은 문화의 수용 속도는 외교관계를 통해 살펴볼 수 있다. 무령왕은 521년에 중국 양무제로부터 '寧東大將軍' 칭호를 제수 받고 있다.[6] 그리고 526~539년 사이에 제작된 것으로 알려진 梁職貢圖에 백제 사신도 및 題記가 있어 당시의 외교상황을 보여준다.[7] 이처럼 백제는 중국과의 외교관계를 토대로 선진문화를 매우 빠른 속도로 받아들이고 있는 것이다.

백제가 중국의 선진문화를 수용하고 있음은 곳곳에서 발견된다. 공주 송산리 6호분에서 발견된 塼에 '梁官瓦爲師矣'라는 釘書銘이 있는데, 이는 백제문화의 중국 남조문화와의 관련성을 말해주는 것이라 할 수 있다. 이

---

4) 이 당시 중국 남조의 세련된 문화를 수입하고 있는 것은 백제 또한 귀족사회적 성격을 띠고 있었기 때문은 아닐까 한다. 그러나 정치적인 측면에서 볼 때 백제의 기대와는 달리 남조의 역할이 미미하다는 점도 고려되어야 할 것으로 본다.

5) 신종원, 「삼국불교와 중국의 남조문화」, 『강좌 한국고대사』9, 가락국사적개발연구원, 2003, p.112.

6) 『梁書』3, 武帝 普通 2년 12월 및 『三國史記』26 百濟本紀 4, 무령왕 21년.

7) 신종원, 앞의 글, 2003, pp.112~113.

는 양의 瓦塼文化를 수입함으로써 한성기와는 다른 새로운 차원의 와전문화를 전개하고 있음을 설명해 준다.8) 이처럼 백제는 중국 남조의 문화에 대한 관심도가 높았다. 이러한 문화에 대한 관심은 제의체계로까지 진전되어 있었던 것을 볼 수 있다. 이는 무령왕릉을 통해 확인할 수 있다.9)

무령왕릉에서 출토된 유물 중에는 중국 남조의 유물이 특히 눈에 띤다. 남조와의 빈번한 교류 속에서 가능한 일이라 할 수 있다. 무령왕릉은 분묘의 입지, 구조, 頭向 등에서 남조의 경우와 동일하며 묘지의 매지권 형식과 내용, 표기 방식에 이르기까지 남조의 관행을 충실하게 따르고 있다고 한다.10)

여기서 관심을 갖게 되는 것은 무령왕릉에서 출토된 중국제 유물들의 성격이다. 동성왕대의 혼란함을 극복하고 왕위에 오른 무령왕은 안으로 반란 귀족을 억제하여 안정을 취하고, 밖으로 고구려의 남진정책에 밀려 고립된 외교적 상황을 타개하기 위해 해상교통로를 이용하여 중국대륙으로의 진출을 꾀하고 있다. 무령왕은 중국 남조와 교류하게 되는데, 이를 계기로 남조의 왕실묘로 주로 사용된 塼室墳이나 중국 남부에 위치했던 越州窯에서 생산된 도자기들이 대거 한반도로 유입된 것으로 보인다.

백제의 중국과의 교류는 앞서 살펴본 바와 같이 선진문물의 수용이라는 측면도 있지만, 무엇보다 고구려의 세력 확장을 견제하는데 있다고 본다. 이 과정에서 백제는 전방위외교책을 강구하고 있었다. 신라와는 비유왕대

---

8) 권오영, 「漢城百濟期 기와의 製作傳統과 發展의 劃期」, 『古代 東亞細亞 文物交流의 軸 - 中國 南朝, 百濟, 그리고 倭-』, 충남대 백제연구소, 2002 ; 「백제의 對中交涉의 진전과 문화변동」, 『강좌 한국고대사』4, 2003, p.23.
9) 백제에서 중국 남조의 문화에 대한 사상과 제의체계의 관심은 권오영, 앞의 글, 2003, pp.12~25 참조.
10) 왕과 왕비가 행한 三年喪도 당시 중국보다 더욱 교조적이고 철저한 방식이었다는 주장이 있다(권오영, 「古代 韓國의 喪葬儀禮」, 『한국고대사연구』20 및 앞의 글, 2003, p.12). 이러한 주장이 아니더라도 백제는 중국 남조의 문화에 상당부분 경도되었던 것으로 보인다.

에 맺은 나제동맹을 축으로 하여 고구려의 남진에 대처하였다. 왜와는 유사시 청병을 위한 외교적 포석을 두고 있으며, 중국 남조국가인 劉宋과도 전통적인 우호관계를 유지하면서도 고구려와 긴밀한 관계를 유지해 온 북위에도 472년에 고구려 응징을 위한 군사파병을 요청하고 있다.[11]

사상적인 면에서 백제는 양의 영향을 받고 있다. 그 대표적인 예가 五經博士의 존재이다. 여기서 五經博士는 五禮博士, 講禮博士와 동일한 의미로 사용되는데, 五禮(吉·凶·賓·軍·嘉)에 능통한 지식인이며 제왕이나 태자, 귀족에게 자문하고 僧俗間에 사제관계를 맺는 것이 梁·陳朝의 특징이라고 한다.[12]

백제에서의 이러한 오경박사의 존재는 『日本書紀』를 통해서 살펴볼 수 있다. 백제는 무령왕대인 513년에 五經博士 段楊爾를 왜에 파견하고,[13] 516년에는 五經博士 漢高安茂와 교대하고 있다.[14] 그런데 여기서 段楊爾와 高安茂는 모두 중국계로 보인다.[15] 이를 통해 볼 때 五經博士의 존재는 양과 교섭의 산물로 볼 수 있다. 그리고 백제의 오례의 정비에 梁이 큰 역할을 하였음을 알 수 있다. 이러한 단서는 성왕 재위 19년인 541년 양으로부터 毛詩博士를 청하고 있는 모습에서[16] 뒷받침된다.

그런데 여기서 주목되는 사실은 중국의 선진문물이 시차 없이 수용되고 있다는 점이다.[17] 이러한 현상은 무령왕릉에 보이는 백제와 양의 왕릉에 있어서의 구조적인 공통점, 묘지와 매지권의 표현 방식에서의 유사성, 그리고 오수전의 예에서 확인된다. 이러한 사실은 백제의 지배세력들이 양의 문화에 경도되어 있음을 말해준다.

---

11) 『魏書』백제전.
12) 신종원, 앞의 글, 2003, p.109.
13) 『日本書紀』17, 繼體紀 7年 6月.
14) 『日本書紀』17, 繼體紀 10年 9月.
15) 권오영, 앞의 글, 2003, p.26.
16) 『三國史記』26 百濟本紀4 성왕 19년.
17) 권오영, 『고대 동아시아 문명교류사의 빛 무령왕릉』, 돌베개, 2005, pp.219~220.

백제와 양의 긴밀한 관계는 교섭기사를 통해서도 살펴진다. 백제는 무령
왕 12년 이후 무령왕대 3차, 성왕대 4차에 걸쳐 양에 사신을 파견하고 있다.
그런데 이 당시 고구려도 11차례에 걸쳐 양에 사신을 파견할 만큼 기민하
게 외교전을 전개하고 있는 모습이 보인다. 그리고 고구려는 북방의 북위
뿐만 아니라 남방의 송·남제·동진과도 조공관계를 맺었다. 이는 중국의
남북조의 분열을 이용하기 위한 것이었다.[18]

백제가 중국 남조, 특히 양과의 관계를 긴밀히 했던 내용은 웅진말기에
창건된 대통사를 통해 설명될 수 있다고 본다. 대통사의 창건은 『삼국유
사』에서 밝히고 있는 것처럼 양무제와 관련이 있다.

> 또 大通 元年 丁未(527)에 武帝를 위하여 熊川州에 절을 지었는데, 이름을 大通寺
> 라 하였다. (웅천은 公州인데 당시 신라에 속하기 때문이다. 그러나 아마 丁未는 아
> 닐 테고, 中大通 元年 己酉(529)에 세웠을 것이다. 정미년에 흥륜사를 세우고 아직
> 他郡에 절을 세울 겨를이 없었을 것이다 - 原註).(『三國遺事』권3, 원종흥법)

위의 내용은 백제가 성왕대에 대통사를 창건하고 있는 내용이다. 여기서
대통사의 창건은 양무제와 관련되어 설명되고 있다. 그렇다면 위의 기록을
통하여 양과의 긴밀했던 관계를 추론해 볼 수 있다고 본다. 즉, 대통사가 양
무제를 위하여 창건된 것이 아니라 하더라도,[19] 이 당시 백제불교가 양의
佛敎와 연결되어 있는 만큼 관련성을 부인하기는 어렵다.

그런데 중국 남조 양과의 관계는 사비천도 직후인 성왕 19년(541) 이후
점차 멀어지는 모습을 보인다. 성왕의 의욕적인 대중교섭은 侯景의 반란으
로 인하여 양나라가 쇠퇴하면서 중단되고 있는 것이다. 그러나 549년 성왕

---

18) 신형식은 동성왕 10년(488) 위의 침공은 백제의 親南齊 정책에 대한 불만의 보복일 가
   능성이 있다고 설명하고 있다(『백제의 대외관계』, 주류성, 2005)
19) 대통사의 창건과 관련하여서는 『법화경』의 대통여래로 보는 설(조경철, 「백제 성왕대
   대통사 창건의 사상적 배경」, 『국사관논총』98, 국사편찬위원회, 2002)과 『三國遺事』의
   내용을 그대로 취신하는 설(近藤浩一, 「백제시기의 효사상 수용과 그 의의」, 『백제연
   구』42, 2005)로 나누어 볼 수 있다.

이 양에 사신을 파견하였을 때, 후경의 난으로 파괴된 건강성을 목격하고 통곡하였다는 사실은 백제 지배층들이 양의 문화에 대해 얼마나 동경하였는지를 말해주는 사실로 보아도 큰 무리는 없을 듯하다.

이러한 문화적인 교류는 불교에서도 나타나고 있다. 백제에서는 남조의 불교교류와 관련한 유물이 많이 발견되는데, 특히 군수리 금동보살입상, 군수리 석불좌상 등은 모두 중국 남조의 영향으로 이루어진 유물들이다.[20]

이처럼 백제의 불상들에 대한 고찰을 통하여 그 원류가 중국 남조 있음을 찾아볼 수 있다.[21] 특히 사비시대 초기에 가장 활발한 외교관계를 맺고 있었던 양나라의 불상 양식이 전수되었던 것으로 생각해 볼 수 있다.

중국 남조불교가 전해진 면면이 백제불상 등 유물을 통해 확인할 수 있다면, 유물 이외의 특징적인 것으로 무엇을 찾을 수 있나. 이러한 대상 중에서 꼽을 수 있는 것으로 주술이 있다. 먼저 중국 남조에서 주술의 기능을 살펴보면, 남조불교의 주술과 관련한 내용은 열반경을 한역한 曇無讖의 경우에서 찾아진다.

曇無讖은 北朝 佛圖澄의 경우와 마찬가지로 뛰어난 주술능력을 보여주고 있다. 曇無讖은 이와 같은 이유로 당시 서역에서 그를 大呪術師라 불렀다고 한다. 曇無讖의 주술과 관련한 이야기는 그가 왕을 따라 산에 갔을 때, 왕은 목이 말라 물을 찾았으나 구할 수 없자 曇無讖이 돌을 향해 주문을 외워 물이 나오게 한 후, "대왕의 은혜를 느꼈기 때문에 마른 돌에서 샘물이 용솟음친 것입니다."라고 왕의 덕을 칭송하는 장면에서 찾아진다. 왕은 曇無讖의 도술을 기뻐했으며, 그를 융숭히 대우하였다는 것이다.

중국 남조의 주술과 관련한 神異的인 모습은 南齊 太祖 高帝와 관련하여서도 주목된다. 高帝는 당시 승려인 法願과 교류하였는데, 법원은 음양의

---

20) 阮榮春, 「初期 佛像傳來의 南方 루트에 대한 硏究」, 『미술사연구』10, 미술사연구회, 1996, p.15.
21) 鄭永鎬, 「百濟佛像의 原流試論」, 『사학연구』55·56, 1998, p.30.

신비한 술법에 뛰어나고 점이나 관상을 보는 특수한 능력을 가지고 있었다. 高帝는 제위에 오르기 전부터 예언과 점상에 뛰어난 法願과 접촉하였으며, 宋의 順帝로부터 왕위를 선양받는 과정에도 法願이 일정한 역할을 하고 있다.[22]

남조불교의 주술적인 성격은[23] 백제에도 유입되었을 것으로 본다. 그 대표적인 예가 呪禁師이다. 呪禁師는 의학적인 성격이 강하지만, 주술을 사용한다는 점에서 남조불교의 성격과 유사하다는 점을 인정하지 않을 수 없다. 이와 같이 주술적인 성격의 불교가 백제에 유입된 것은 왕권과 관련된 것으로 생각된다. 남조불교에서 주술이 갖는 성격이 왕권과 관련이 있는 것처럼 백제도 주술을 통해 왕권을 고양하는 것으로 이해할 수 있다.

그런데 여기서 주술과 관련하여 빼놓을 수 없는 것이 백제인들의 術數에 대한 관심이다. 백제는 근초고왕대 동진과 외교관계를 맺은 이후, 동진의 뒤를 이어 송·남제와도 교섭을 계속하면서 정신문화에 대한 이해를 점차 심화시켜 나가고 있었는데, 비유왕이 450년에 劉宋에 易林과 式占을 요청하는 기사가 보인다. 이는 당시 백제의 지배층이 중국의 술수에 많은 관심을 가지고 있었음을 말해준다.[24] 南齊의 승려 法願이 음양의 신비한 술법에 뛰어나 왕권과 연결되어 있음도 이와 무관하지 않을 것으로 본다.

술수는 陰陽五行生克制化의 數理를 이용해서 행하는 방법으로 數術로도 칭해지는데, 중국 고대에 있어 학술사상의 중요한 분야 가운데 하나였다.

---

22) 겸전무웅 저, 장휘옥 역, 『중국불교사』3, 장승, 1996, pp.129~130. 이 당시 사문들의 신이력이 왕권과 연결되는 모습이 여러 곳에서 보이고 있다. 劉宋의 武帝가 즉위하는 과정에서 승려 慧義가 개입되어 있는 것이나, 齊의 建元年間(479~482)에 활동한 保誌의 활동들이 그러하다. 이는 당시 왕권이 사문들과 접촉함으로써 승려들의 神異力을 이용하고자 하였던 것으로 볼 수 있다(앞의 책, p.113)

23) 이러한 주술적인 성격이 남조의 특징이라고 보기는 어렵다. 당시 주술은 남조나 북조 어느 곳에서든 전개되고 있었기 때문이다. 다만, 남조에서 이러한 주술이 왕권과 관련하여 전개되는 것이 백제에도 일정한 영향을 미쳤을 것으로 본다.

24) 권오영, 앞의 책, 2005, p.226 및 張寅成, 「백제의 術數」, 『백제연구』24, 1994, p.138(『백제의 종교와 사상』, 서경, 2001, p.89 재수록).

백제도 술수의 기본원리인 음양오행과 술수에 대한 이해가 깊었음은 『周書』「異域傳」백제에 잘 나타나고 있다.[25]

백제에서의 이러한 術數는 주술과 관련되어 있지 않을까 한다. 『三國史記』백제본기의 내용 중 災異와 관련한 내용이 1/3을 차지하고 있다.[26] 여기서 재이는 위정자의 실정을 경고하는 교훈적인 의미를 갖는 전조로 간주되는데, 주로 음양오행설을 이용하여 그 의미를 파악하였다. 그리고 이러한 기능을 담당한 대상은 日者로 나타나고 있다.[27]

그런데 James Frazer의 주술과 관련한 이론에 따르면, 주술이 술수와 공통점을 갖고 있음을 발견하게 된다. 그것은 주술적 세계관이 과학적 세계관과 유사한 점도 찾아진다. 이 두 세계관에 있어 현상의 因果繼起는 불변의 법칙에 의해 결정되며, 그 법칙의 효과가 정확하게 예상되고 계산될 수 있으므로, 완전히 합리적이며 동시에 확실하다는 것이다. 주술사는 기술의 규칙이나, 자기가 생각하는 자연의 법칙에 엄격히 따를 때에만, 힘을 발휘할 수 있다고 본 것이다. 다시 말하면 주술사는 모든 사물의 계기가 규칙적이고 확실하며 불변의 법칙에 의해 결정됨으로서 그 법칙의 운용을 정확히 예측할 수 있다는 것이다.[28]

이러한 정확한 예측성은 술수가 음양오행설에 의해 정확하게 前兆의 내용을 밝히는 것과 맥을 같이 한다고 본다. 술수와 주술이 공통적인 성격을 가지고 출발하고 있음을 엿볼 수 있다. 따라서 백제가 술수에 관심을 갖고 있는 것은 주술과의 관련성을 전혀 부정할 수는 없다고 본다. 이렇게 볼 때 백제 왕실이 불교에 습합된 주술까지도 중국 남조를 통하여 수용하였을 개

---

25) 『周書』「異域傳」百濟, "又解陰陽五行 用宋元嘉曆 以建寅月爲歲首 亦解醫藥卜筮占相之術"
26) 申瀅植, 『三國史記硏究』, 일조각, 1981, pp.184~209 및 「삼국사기에 나타난 백제사회의 성격」, 『백제연구』17, 1986, pp.35~41.
27) 張寅成, 앞의 글, 1994, pp.135~140.
28) James Frazer 著, 김상일 역, 『황금의 가지』, 을유문화사, 2005, pp.82~83.

연성을 갖게 되는 것이다.

다음으로 살펴볼 수 있는 것이 석가불신앙이다. 석가불신앙은 중국 남조의 신앙으로 국한하지 않는다. 그리고 이러한 석가불신앙이 남북조가 다른 형태로 전개되는 것은 아니다. 그럼에도 불구하고 석가불신앙이 남조에서 강조되는 것은 양무제의 전륜성왕적인 성격에서 기인한다. 양무제의 전륜성왕적인 성격은 인도 아소카왕의 경우를 따른 것인데, 아소카왕은 석가모니의 사리를 배분하고 있다.

석가불신앙의 소의경전은 굳이 『法華經』에 국한하여 살펴볼 필요는 없다고 본다. 『法華經』이외에 『涅槃經』에서도 석가불신앙의 모습을 발견할 수 있기 때문이다. 그리고 중국 남조에서는 열반학에 대한 학문연구가 진행되던 시기에 석가불신앙도 함께 성행하고 있음을 찾아볼 수 있다. 중국에서의 열반경에 대한 깊은 관심은 『涅槃經』이 성립되는 배경과 맥을 같이 한다. 그런 만큼, 당시의 석가불신앙과 『涅槃經』도 어느 정도 연결선상에서 살펴야 하지 않을까 한다.

중국에서 석가불신앙을 살펴볼 수 있는 것으로는 사리신앙을 들 수 있다. 불사리는 석가모니의 유골이며 그것을 봉안하는 불탑은 석가모니의 분묘가 된다. 따라서 석탑신앙 또한 석가불신앙의 일면을 보여준다고 볼 수 있다.

중국에서 탑과 관련한 역사는 사리신앙의 역사와 맥을 같이 한다. 중국에서 불교가 전해진 동한 永平 11년(68)에 가장 먼저 白馬寺를 짓고 석가여래 사리탑을 세웠다는 기록이 보인다.[29] 이 기록을 취신한다면 적어도 중국의 석가불신앙은 그 연원이 1세기 무렵까지 소급될 수 있다고 본다.

중국에서 석탑의 건립은 남북조시대에 활발하게 이루어졌다. 특히 『洛陽伽藍記』를 통해 볼 때 수많은 탑이 건립되고 있음을 살펴볼 수 있다. 그리고 이 시대의 중국인들은 불사리를 佛身과 똑같이 여겼으며, 불사리 친견행

---

29) 나철문, 『중국고탑』, 외문출판사, 1994, p.182(신대현, 『한국의 사리장엄』, 혜안, 2003, p.77 재인용)

사 뒤 불사리를 땅에 매납할 때 불타의 임종을 보는 것처럼 슬퍼하였다는 기록이 보인다. 수의 王邵가 황제의 명을 따라 인수사리탑을 세우고 그 과정을 기록한「舍利感應記」에서 찾아진다.[30]

사리신앙을 통해 살펴볼 수 있는 석가불신앙은 남북조시대에 매우 성행하고 있음을 알 수 있다. 이러한 사리신앙은 백제의 경우 위덕왕대 창건된 능산리사원을 통해 확인된다. 능산리사원의 발굴과정에서 발견되는「昌王銘舍利龕」의 존재가 그것이다. 그리고 능산리사원이 성왕의 죽음과 관련이 있다면, 이는 성왕의 죽음을 극복하기 위한 하나의 방편으로서 건립된 것으로 볼 수 있다.

이제까지 관산성 전투의 중요성은 누누이 강조되어 왔다. 그런 만큼, 관산성전투와 당시의 정국을 대입시키는 연구는 축적되어 왔다. 그런데 여기서 간과하고 있는 것은 성왕의 죽음이다. 성왕의 죽음이 정상적으로 이루어진 것이 아닌 까닭에 백제는 손상된 왕권을 회복하기 위해 힘썼을 것이고, 능산리 사원의 창건은 이와 같은 이유에서 마련된 것이라고도 할 수 있다. 다시 말하면, 위덕왕은 성왕의 치욕적인 죽음을 극복하고, 성왕대에 이루어놓은 개혁정책을 추진하기 위해 창왕사리감을 마련하고 석가불신앙을 고양하고 있는 것이라 생각하기 때문이다.

다음으로 살펴볼 수 있는 것이 관음신앙이다. 백제에서 관음신앙이 발현된 불상의 원류가 중국 남조에서 찾아지는 만큼, 중국에서의 관음신앙을 살펴볼 필요가 있다. 중국에서 관음신앙은 法顯에서 찾아진다. 法顯은 399년 인도에 들어가 413년 중국 建業에 귀국하여『佛國記』를 저술하였다.『佛國記』에는 중인도의 대승교도들이 관음·문수에게 공양하는 내용이 있어 인도의 관음신앙이 중국으로 유입되는 과정을 살펴볼 수 있게 한다.

法顯의 관음신앙은 귀국길에서 일어난 사건을 통해 짐작해 볼 수 있다. 그것은 法顯이 해로를 통해 중국으로 들어오는 길에 대양에서 격심한 폭풍

---

30) 신대현, 앞의 책, 2003, p.86.

우를 만났을 때, 관음의 힘으로 풍랑에서 벗어나고자 가지고 있던 물건들을
바다 속에 던지며 한 마음으로 관음의 이름을 불러 풍랑을 가라앉히고 무
사히 귀국하였다는 내용이다..

여기서 法顯이 한 행동은 엔닌이 『入唐求法巡禮行記』에 보이는 내용과
유사하다. 즉, 풍랑을 만난 선원들의 행위와 그 유사성을 찾아볼 수 있는 것
이다. 그것은 선원들이 풍랑을 만나 칼과 도끼 등을 바다에 버리는 행동을
말한다. 이는 관음신앙과 바다와 밀접한 관련이 있음을 말해준다.

중국에서의 관음신앙은 남북조시대에 들어서 금동관음상의 조성으로 나
타난다. 이 때의 금동관음상은 개인의 호지를 목적을 조성된 소규모의 상
이 대부분이다. 이들은 대체로 밑변이 넓은 사각형 대좌 위에 연화좌를 두
고 그 위에 관음입상을 안치하는 형상을 취하고 있다.[31]

육조시대에서 수대에 이르기까지 중국의 관음신앙은 관음상 조성의 내
용을 통해 살펴진다. 그 내용은 망자의 내세에 대한 막연한 희구가 깔려 있
다. 그리고 살아 있는 자의 경우에는 복을 기원하고, 죽은 이에 대해서는 부
처님 곁에 있게 되기를 바란다는 단순한 발원문이 이를 말해준다. 이렇게
볼 때 6세기 후반에 이르기까지 중국에서의 관음신앙은 현세의 기복과 망
자의 추선에 있다고 할 수 있다.[32]

그러나 중국의 관음신앙은 미륵하생을 기원하면서 관음상보살을 조성하
고, 거꾸로 재난구제를 위해 미륵상을 조성하는 예가 발견되는 모습을 통해
존상의 모습과 신앙이 꼭 일치하는 것은 아니라는 것을 염두에 두어야 할
것이다. 이러한 예는 백제에서도 찾아진다. 석가불을 조성하고 정토신앙을
표출하고 있는 것이 그 예이다. 이러한 모습을 통해 조성된 불상과 신앙이
꼭 일치하지 않는다는 것을 알 수 있다. 다만, 조성된 불상이나 보살상에 내
재되어 있는 신앙을 매개로 하여 기원하는 바가 표출되는 가능성은 열어두

---

31) 강희정, 『중국 관음보살상 연구』, 일지사, 2004.
32) 강희정, 앞의 책, 2004, pp.63~64.

어야 할 것으로 본다.

중국에서의 관음신앙은 6세기 후반에 들어서 成佛, 正覺을 기원하는 내용이 부각되게 된다. 이는 불교신앙에서 질적인 변화가 일어나고 있음을 설명해 주는 자료라고 할 수 있다. 그리고 발원의 목적이 초기 망자추선의 목적에서 자기 자신과 집안 권속들의 봉위로 바뀌는 등 관음신앙이 더욱 현실적인 방향으로 옮겨가고 있음을 발견하게 된다.

관음신앙의 현실적인 성격은 백제에서도 발견된다. 그것은 호림미술관에 소장된 백제 양류관음상을 통해서다. 이 양류관음상은 그 원류가 중국의 양에서 찾아진다.[33] 이는 백제의 관음신앙이 남조와 관련이 있음을 알려준다. 그런데 6세기 말에 조성된 것으로 보이는 이 양류관음상은 백제에서의 관음신앙이 약사신앙과 연결되는 면이 발견할 수 있게 한다. 관음신앙의 질병치유적인 기능, 즉 양류관음상을 통한 신앙의 형태가 약사신앙으로까지 연결되고 있는 것이다.

이처럼 백제의 불교신앙은 그 맥을 중국 남조에서 찾아볼 수 있다. 이러한 중국 남조의 영향은 위덕왕 초기까지 이어지는 것으로 보인다. 그러던 것이 위덕왕이 북조와의 관계를 긴밀히 하면서 자연스럽게 그 교류관계를 북조로 확대해가는 것으로 볼 수 있다.

2) 交流의 擴大와 北朝佛敎

중국 남북조시대에 있어 북조의 불교는 남조와는 성격을 달리한다. 이러한 구분은 北魏의 法果와 南朝의 慧遠을 통해 확인해 볼 수 있다. 북위 태조는 法果를 맞이하여 道人統에 임명하고 僧徒를 統監시키고 있다. 뒤를 이은 태종도 법과를 존숭하고 있다. 그런데 법과는 항상 "太祖는 明叡하여 도

---

33) 강희정,「백제 楊柳觀音像考」,『미술자료』70·71, 국립중앙박물관, 2004. 강희정은 호림 미술관에 소장된 양류관음상 2구를 백제의 것으로 보면서, 양류관음상의 원류를 중국 남조에서 찾고 있다.

를 좋아하니 곧 當今의 如來이다. 사문은 널리 예를 다해야 한다."[34]라고 말하고 천자를 우러러보는 것이 부처를 예배하는 것과 동일하다고 주장하였다. 이러한 法果의 주장은 북조불교의 국가적 성격을 강하게 하는 사상적 배경이 되고 있다.[35]

이에 반하여 같은 道安의 문하에서 수학하였던 여산의 慧遠은 王者에 대한 禮敬을 거부하고, 『沙門不敬王者論』을 저술하고 있다. 이는 "國主에 의존하지 않는다면 즉 法事를 세우기 어렵다."[36]는 道安의 태도나 法果의 "當今如來"와는 다른 것이다. 여기서 북조 호족의 專制皇帝 치하에 있어서의 불교와 남조의 貴族制 사회에 있어서의 漢族皇帝 치하의 불교와의 성격 차이가 잘 나타나고 있다고 본다. 이러한 차이는 북조불교가 북위 이후 국가적 색채가 강하게 되고, 주술적, 민중적 경향을 강하게 가지는 계기가 되는 것이라 할 수 있다.[37]

그런데 북조문화에서 중요한 신앙적 표현은 龍門石窟과 雲岡石窟에서 찾아볼 수 있다. 이 두 지역의 석굴 불교문화는 북조인들의 불교신앙이 그대로 각인되어 남겨진 유산이기 때문이다.[38] 이를 토대로 북조불교는 중국 불교사에서 중요한 위치를 차지하게 되는 것이라 할 수 있다. 특히 석굴 불교문화에서 중요하게 다루어지고 있는 것이 石刻記이다. 石刻記는 불상과 더불어 당시의 불교신앙이 어떻게 전개되고 있는지를 보여주는 실증적인 자료가 되기 때문이다.

---

34) 『魏書』釋老志.

35) 이에 대해 비판적인 주장도 나와 있다. 즉 법과가 당시 구족계를 받은 흔적이 없으며, 출가자로서의 자각이 어느 정도였는지 의심이 간다는 설명이다. 그리고 태조 또한 참다운 불교인으로서의 생활방식이나 출가와 재가의 구별을 올바로 자각하지 못했던 것은 아닐까 의문하고 있다(鎌田茂雄 저, 장휘옥 역, 『중국불교사』3, 장승, 1996, p.279). 그러나 당시 북조불교가 승정제도나, 폐불 등의 사건이 발생하는 것으로 볼 때 국가적 성격을 가지고 전개되고 있음은 부인할 수 없다고 본다.

36) 『梁書』5, 道安傳.

37) 鎌田茂雄 著, 鄭舜日 譯, 『中國佛教史』, 경서원, 1985, p.103.

38) 塚本善隆, 『支那佛教史研究』北魏篇, 清水弘文堂, 1969, p.362.

용문석굴에는 크고 작은 부처 97,306개가 존재한다.[39] 이처럼 다량의 불상이 존재하는 만큼, 당시의 신앙을 복원할 수 있는 자료가 많다는 것을 의미한다. 따라서 석굴의 불교문화를 분석하고 이를 통해 당시의 불교신앙을 복원해 낼 수 있는 것이다.

이렇게 풍부하게 남아 있는 북조의 불교문화는 백제에도 전해지고 있다. 그 중 먼저 살펴볼 수 있는 것이 마애불이다. 마애불은 절벽이나 바위의 면에 새겨 조성한 石佛像을 말한다. 백제의 마애불은 서산과 태안의 마애불, 예산의 사면석불 등이 그 예에 해당한다고 할 수 있다. 그런데 이러한 백제의 마애불이 조성된 배경에는 중국 북조의 영향도 받고 있다는 지적을 주목해 보고자 한다.

태안마애불은[40] 태안군 태안읍의 주산인 백화산 山頂 가까이 위치한다. 커다란 바위에 사각형의 龕室을 마련하고 불상을 조성하였는데, 전형적인 삼존불의 형식에서는 벗어나 있다. 그런데 이 태안마애불은 북조의 영향으로 이루진 600년 내지 7세기 전반에 조성된 불상이라는 지적이 있다.[41] 서산마애불은 백제의 7세기 불교조각사를 여는 대표적인 상으로 평가받는다. 그리고 조각의 양식면에서 서산마애불은 양감이 두드러지게 진전되고 있어 北齊나 隋代 佛像樣式의 영향으로 보인다는 지적이다. 물론 여기에는

---

39) 塚本善隆, 앞의 책, 1969, p.365.
40) 泰安磨崖佛과 관련한 美術史的인 연구 성과로는 다음이 참고 된다.
    황수영,「충남 태안의 마애삼존불상」,『동빈 김상기교수 화갑기념 사학논총』, 1962.
    ______,「충남 태안의 마애삼존불상 보」,『고고미술』98 제7권 9호, 고고미술동인회, 1968.
    문명대,「태안 백제마애삼존불상의 신연구」,『불교미술』13, 동국대학교박물관, 1996.
    강우방,「태안 백화산 마애관음삼존불고 -백제관음도장의 성립-」,『백제의 중앙과 지방』(백제연구총서5) 충남대학교 백제연구소, 1997.
41) 문명대,『韓國彫刻史』, 열화당, 1980, pp.85~145. 태안마애불의 중앙에 위치한 보살에 대하여 황수영, 강우방, 김리나가 관음보살로 보고 있는데 반하여, 문명대는 태안마애불이『法華經』의 見寶塔品과 如來壽量品에 근거하여 조성된 三世佛로 보아 중앙의 보살은 미륵보살이라고 주장하고 있다.

앞선 시기인 6세기 이래의 남조 불상양식의 전통도 강조되고 있음이 발견된다는 것이다.[42] 여기서 백제의 마애불이 북조의 영향도 받고 있음을 확인할 수 있다.

한편 사비시대인 6세기 후반경의 작품으로 추정되는 예산의 사면석불은 남조적인 요소 가운데 착의법에서 북위식의 영향이 완전히 벗어나지 못한 면이 있는 특징을 보여주고 있다.[43]

이렇게 볼 때, 백제는 일찍부터 북조문화를 접하고 있었던 것으로 볼 수 있다. 그런데 북조와의 빈번한 문화접촉이 가능하게 하였던 위덕왕대 진행된 외교적인 노력의 결과가 아닐까 한다.

성왕의 뒤를 이은 위덕왕은 재위 14년(567)에 양의 뒤를 이어 일어난 陳에 조공하고 있다. 이어 위덕왕은 북조의 북제와 북주 등 북조와 빈번한 외교관계를 가지면서 북조에 새롭게 접근하고 있다. 위덕왕은 종래 남조 중심의 중국과의 외교관계에서 탈피하여 北朝와의 관계를 중시하여 北齊에서 책봉을 받는 등 활발한 외교를 전개하고 있다.[44]

이러한 외교관계를 반영하여 북조문화가 백제에 유입되는 모습을 찾아볼 수 있는 것이다. 그리고 부여 정림사지에서 출토된 人形 陶俑을 그 모양에서의 유사성으로 北魏의 전래품으로 본다면,[45] 6세기 중엽 이후 혹은 그 이후의 백제미술에 南朝 뿐만 아니라 北朝 등의 다양한 양식적인 요소가

---

42) 김춘실,「百濟 瑞山磨崖三尊佛像」,『서산지역의 백제문화』, 공주대 백제문화연구소 백제문화 학술회의, 2004.

43) 정은우,「예산 백제 사면석불의 미술사적 검토」,『예산 백제 사면석불의 검토』, 공주대 백제문화연구소 백제문화 재조명 심포지엄, 2004.

44) 梁起錫,「百濟 威德王代 王權의 存在樣態와 性格」,『백제연구』21, 1990 및 「백제 위덕왕대의 대외관계 -對中關係를 중심으로-」,『선사와 고대』19, 2003, pp.227~254. 양기석은 위덕왕이 집권초기 耆老勢力들을 적절히 무마해 나가면서 전쟁 등을 통한 방법으로 왕자신의 지배력과 권위를 시도했던 시기를 1기로 보고, 재위 14년(567)을 집권 2기로 보아 활발한 외교활동을 전개하면서 정치적 발전과 왕권신장을 꾀하던 시기로 보고 있다.

45) 尹武炳,『定林寺址發掘調査報告書』, 충남대학교박물관·충청남도, 1981, pp.22~29, 67~68.

수용되었을 것으로 보인다.[46]

사비시대 북조문화로 살펴볼 수 있는 또 다른 예는 능산리사원에서도 찾아진다. 능산리사지 목탑지에서는 塑造菩薩像, 僧像, 塑造花形裝飾, 護法이나 神將像의 頭像 등이 출토되었다. 이 곳에서 출토된 塑造像들은 표현기법이나 제작방법이 중국 北朝의 塑造像들과 유사하여 두 지역간의 불교문화의 교류를 짐작케 한다.[47] 여기서 북조와의 불교교류를 보여주는 塑造像은 北魏 永寧寺의 것과 비교된다. 永寧寺는 北魏 효명제 때에 건립된 불교사원으로 534년에 소실되었다고 한다.[48] 그런데 永寧寺의 발굴과정에서 출토된 머리를 위로 올려 結構하여 좌우 귀 근처의 빰 위에 늘어뜨린 여인의 頭髮形式이 능산리출토 백제금동대향로 奏樂像의 헤어스타일과 유사하다는 주장도 주목된다.[49]

능산리사원에서 주목되는 것으로 「창왕명석조사리감」이 있다. 사리감에 새겨진 昌王 13년(567)은 위덕왕 14년과 같은 해로 볼 수 있는데, 위덕왕은 재위 14년인 567년 성왕의 위업을 기리며 慰靈하기 위해 능산리사원을 창건하고 있는 것이다. 이 과정에서 목탑에 사리를 供養함으로써,[50] 능산리사원의 창건을 완성하게 되는 것이라 할 수 있다.

그런데 사리감에 사용된 '兄' 자가 북위와 북제에서 사용된 예가 밝혀져 있어 주목을 끈다. 그렇다면 백제 사비도성의 왕궁지 기와편과 이 능산리

---

46) 金理那, 「三國時代 佛像樣式硏究의 諸問題」, 『韓國古代佛敎彫刻史硏究』, 일조각, 1989, p.48.

47) 신광섭, 「陵山里寺址 發掘調査와 伽藍의 特徵」, 『百濟金銅大香爐와 古代東亞細亞』, 국립부여박물관 백제금동대향로 발굴 10주년 기념 국제학술심포지엄, 2003, p.55.

48) 신광섭, 앞의 글, 2003, p.55.

49) 나라국립문화재연구소, 『北魏洛陽永寧寺』, 나라국립문화재연구소사료 제47책, 1998(신광섭, 앞의 글, 2003, p.55~56 재인용). 신광섭은 여기서 北魏와 北齊에서 사용예가 밝혀진 舍利龕의 銘文 중 '兄' 자가 百濟 사비도성의 왕궁지 기와편과 능산리사지에서 출토된 것은 위덕왕대 이후 백제와 북조와의 밀접한 교류사실을 뒷받침해주는 考古學的 자료가 되고 있다고 밝히고 있다.

50) 金相鉉, 「百濟 威德王의 父王을 위한 追福과 夢殿觀音」, 『한국고대사연구』15, 1999.

사원에서 출토된 위덕왕대 이후 백제와 북조와의 밀접한 교류사실을 뒷받침해 주는 고고학적 자료라 할 수 있기 때문이다.[51]

　사비시대에 있어 북조문화의 유입이 증가되고 있는 모습은 이 외에도 여러 분야에서 확인된다. 특히 그 중의 하나가 바로 북조계 도자기가 백제로 이입된다는 점이다.[52] 이처럼 불교문화를 비롯하여 다양한 북조계 물품이 유입되고 있는 것은 백제의 대중교섭방식에서의 변화를 의미한다.

　이러한 변화는 왕권 중심의 권력을 강화해 나가는 북조의 개혁과 궤를 같이하여 역사적 경험을 흡수하고자 하는 의지로 풀이된다. 이러한 내용은 남조의 불교가 귀족문화적 요소를 가지고 있는데 반하여, 북조의 불교문화가 황제 즉 여래, 전제왕권적인 왕권중심의 불교문화가 자리하고 있었기 때문이 아니었을까 한다. 위덕왕이 초기의 혼란한 정국을 수습하고 재위 14년 중국과의 대외관계를 복원한 이후 북조중심의 외교관계를 유지하려는 경향을 보여준다는 데서 찾을 수 있다.[53]

　백제가 북조에 대한 접근을 강화하는 또 다른 이유는 남조와의 정치적·군사적 관계에서 큰 도움을 얻을 수 없었다는 점에서 찾을 수 있다. 백제는 개로왕대 한성함락 때나, 관산성전투로 이어지는 한강유역의 점탈에 이르기까지 중국 남조로부터 어떠한 군사적인 도움을 받지 못하고 있는 것은 백제로 하여금 그 문화의 유입로를 북조로 돌리게 하는 원인으로 작용하지 않았을까 추론해 볼 수 있는 것이다.

　다음으로 들 수 있는 것은 남조의 쇠락이다. 위덕왕대는 고구려의 남진을 막기 위해 성립되었던 나제동맹이 신라의 한강유역 차지로 결렬되고, 이 당시 중국 남조국가의 쇠약도 보이고 있다. 이러한 징후가 포착되면서 백제왕실은 외교전략을 전환하게 된 것으로 보이기 때문이다.[54] 이 과정에서

---

51) 신광섭, 앞의 글, 2003, pp.49~56.
52) 이러한 문화의 유입경로에 대해서는 남조를 거치는 것과 북조에서 직접 유입되는 것 모두를 상정해야 할 것으로 본다(권오영, 앞의 글, 2003, P.33)
53) 이에 대해서는 양기석 선생님의 교시를 받았다.

백제는 북조불교의 요소를 받아들이고 있는 것이다.

이러한 배경 속에서 수용되고 있는 북조불교는 그 연원을 무령왕대부터 찾아볼 수 있다. 무령왕릉에 안치된 왕비와 관련해서다. 당시 왕비는 불교신자였음이 밝혀졌는데, 특히 淨土願生者였음이 주목을 끈다. 이러한 요소는 중국 북조와 관련하여 당시 백제의 불교신앙의 일면을 보여준다. 특히 북조와의 관련성이 주장된다. 그것은 왕비의 목침의 도상에 표현된 양식이 북위 용문석굴의 것과 일치하고 있다는 설명에서 뒷받침 된다.[55] 이는 이 왕릉에서 출토된 중국도자기가 越州窯磁로서 양대에 가져온 것이란 것과[56] 대조적이다.

중국 북조의 정토신앙으로 미륵신앙을 찾아볼 수 있다. 중국의 미륵신앙은 특히 북조를 중심으로 하여 발전하고 있음이 발견된다. 중국에서 미륵을 신앙한 인물에 道安(312-385)이 있다. 道安은 미륵상생신앙에 연관성을 가지고 있으며, 중국 미륵신앙의 기원이 이에서 비롯된다고 한다.[57] 道安에 이어 미륵신앙에서 살펴지는 法顯이 있다. 法顯은 인도로의 유학 이후 서역이나 인도에서 전해지는 미륵신앙을 중국에 전파하고 있다. 특히 그의 미륵영험담은 5세기 초기의 중국인의 신앙형성에 큰 영향을 미쳤다는 평가를 받고 있다.

이런 道安이나 法顯의 미륵신앙은 5세기 중엽경의 상생경 한역과 더불어 석가의 후계자이며, 중국인이 존숭하는 천상계에 사는 미륵보살에 대한 중국인들의 귀의가 늘어나게 되고, 이는 북위불교를 중심으로 하여 중국의 미륵신앙은 더욱 융성하게 된다.[58]

---

54) 권오영, 앞의 글, 2003, P.34.
55) 吉村怜, 「百濟武寧王妃木枕に畵かれた佛敎圖像について」, 『美術史硏究』14, 東京(신종원, 앞의 글, 2003, p.113 재인용)
56) 신종원, 앞의 글, 2003, p. 113.
57) 김삼룡, 『한국미륵신앙의 연구』, 동화출판사, 1983, p.47.
58) 塚本善隆, 앞의 책, 1969.

463년 북위가 낙양에 천도하게 되면서 용문산에 대규모 석굴이 경영된다. 그곳에는 많은 석상이 조각되는데, 이 석굴은 수·당대까지 계속되어 현존하는 25석굴에는 9만7천여 석불이 발견된다고 한다.[59] 여기에 조성된 미륵석상을 보면, 북위시대에 35, 당시대에 11 등 총 46위의 미륵상이 조성되어 있다. 그리고 다른 존상과 비교하면, 6세기 경에는 석가와 미륵이 다수를 점하고, 7세기 경에는 아미타상이 압도적으로 다수를 점하는 현상을 발견할 수 있다. 이는 석가불신앙과 미륵신앙이 공존하고 있음을 말해주는 것이라 할 수 있다.

북위 미륵신앙의 특징은 추선적인 상생신앙의 모습이 보인다는데 있다. 이는 太和 19년(495) 長樂王妃가 조성한 미륵상의 명문에 "만약 자식이 재생한다면 천상제불의 곳에 태어나게 해주소서."라는 원문이 기록되어 있는 것에서 추론해 볼 수 있다.[60]

이렇게 볼 때 중국에서의 북위 미륵신앙은 현세의 복을 구하고, 사후는 신선적인 천상세계에 왕생을 바라는 도교적인 정토사상과 연결되어 있다. 천상의 제불에게 행하는 막연한 신앙은 도솔천에 사는 미륵보살의 신앙과 결합되기 쉬운 것으로 북위의 미륵신앙이 상생신앙의 일면을 보여주고 있음을 살펴볼 수 있다.

앞서 남조와 관련하여 관음신앙에 대해 살펴보았다. 신앙이 어느 한 지역과 고착되어 살펴볼 수만은 없을 것으로 본다. 그렇게 본다면 북조와 관련한 관음신앙의 형태도 살펴볼 일이다. 백제가 위덕왕 이후 북조와의 긴밀한 관계를 유지하고 있으며, 이는 관음신앙이 백제에 전해졌을 가능성이 있다고 보기 때문이다.

북위시대의 관음상에는 발원자의 돌아가신 부모나 자식을 위하여 조성한다는 명문이 많지만 북제, 북주시대를 지나 수대 이후로 갈수록 망자추선

---

59) 김삼룡, 앞의 책, 1983, p.48.
60) 김삼룡, 앞의 책, 1983, p.49.

의 목적으로 조성된 관음상에는 관음이 가지는 매개신으로서의 기능, 즉 천상계와 지상계의 중생을 연결시켜 주는 연결자로서의 역할이 주요한 중심개념이 되었던 것으로 보인다.[61]

그런데 이 당시 관음상이 조성된 경우를 보면, 미륵하생을 바라면서 관음보살상을 만든다든가, 거꾸로 諸難에서 구제받기를 바라면서 미륵상을 조성한 예가 여기에 속한다. 백제의 경우도 미륵하생을 바라는 정토신앙이 미륵이 아닌 석가불을 통해 발현되는 경우를 볼 수 있다. 이러한 점에서 북조불교의 영향을 살펴볼 수 있지 않을까 한다.

백제는 중국 남조와 밀접한 관련 속에서 불교문화를 수용하고 있다. 그리고 북조불교의 요소도 흡수하고 있다. 이는 무령왕릉에서 볼 수 있는 것처럼 백제가 직접적이든 간접적이든 북조불교의 영향을 받고 있었던 것에서 가능하였다고 본다. 이러한 영향은 후대에 이르러 북조불교를 자연스럽게 받아들일 수 있는 조건의 하나가 아닐까 한다. 그리고 백제의 북조불교에 의한 영향은 위덕왕대 외교적인 교섭이 진행된 이후 가속화되고 있는 모습이다. 위덕왕은 이러한 북조불교의 성격을 받아들이고 있으며, 이를 통해 왕권과 귀족세력의 관계를 새롭게 정립해 나가고 있는 것이 아닌가 한다.

2. 百濟의 佛教政策과 度僧

백제의 불교신앙은 수용이후 사회 속에 적용되어 가고 있다. 수용 초기에는 신앙의 대상층이 왕실에 머물러 있었지만, 점차 귀족세력으로 확장되어 가는 모습을 찾아볼 수 있다. 그리고 이러한 신앙층의 확대는 사비시대에 들어서 더욱 확산되었을 것으로 본다.

이와 같은 내용은 신라의 예를 통해 확인할 수 있다. 신라는 중고기에 있어 일반민들의 신앙은 업설과 윤회사상이 중심을 이루고 있다. 그래서 내

---

61) 강희정, 앞의 책, 2004, p.63.

세에서 고통스러운 악도를 면하고 현실·내세에서 복을 받기를 기원하는 형태를 취하고 있다.[62] 이와 같은 내용은 백제에서도 적용이 가능하다고 본다. 석가불상의 조성과 관련한 불상명에 "三途遠離八難速生"는[63] 등의 명문을 통해서 확인된다. 이렇게 볼 때, 백제는 업설과 윤회설을 토대로 하여 불교신앙이 확산되어가는 과정을 겪었을 것으로 본다.[64]

이러한 신앙의 확산에는 불교정책적인 면에서 살펴진다. 정책의 추진과 정에서 신앙의 대상이 확대되고 신앙의 내면적인 모습도 살펴볼 수 있기 때문이다. 이러한 모습은 度僧을 통해 살펴볼 수 있지 않을까 한다. 度僧은 국가에서 정책적으로 승려가 될 수 있도록 하는 정책이다. 여기서 승려가 될 수 있는 자격과 그 범위 등에 대한 의문을 갖게 된다. 그리고 정책적으로 승려가 된 이후의 활동이 무엇이었는지도 살펴야 할 것으로 본다. 승려들의 업무 중 일반인들에게 신앙을 확대시키는 것이 포함되어 있을 가능성이 있기 때문이다.

度僧이 실시된 배경에는 다분히 정치적인 이유도 담겨 있는 것으로 보인다. 度僧이 정국의 중요한 사건이나 왕실, 그리고 왕 개인의 문제와 관련하여 이루어지고 있는 것에서 추론해 볼 수 있다.[65] 이와 같은 度僧의 배경은 호국불교라는 성격으로 파악되기도 한다.[66] 그런 만큼, 度僧의 실시과정에

---

62) 金英美, 『新羅 佛敎思想史 硏究』, 민족사, 1994, pp.355~356
63) 甲寅年 釋迦像 光背 - 위덕왕 41년 추정.
64) 윤회전생사상은 신라 진골귀족들의 신분적 특권을 옹호하는 강력한 이론적 뒷받침이 되었다는 주장이 있다(이기백, 「新羅 初期佛敎와 貴族勢力」, 『진단학보』40, 1975 ; 『新羅思想史硏究』, 일조각, 1986, p.91. 이러한 윤회전생사상은 전생에 선업을 닦아 현재의 지위에 있는 만큼, 현실에서 덕을 쌓음으로써 내세에 새로운 신분으로 태어날 수 있는 또 다른 인연을 제공한다고 할 수 있다.
65) 『三國史記』에서 살펴볼 수 있는 度僧과 관련한 기록은 사찰의 창건이나 王이 질병 치유와 관련한 내용이 주를 이루고 있다. 사찰창건과 관련한 기록은 권4 신라본기 제5 진흥왕 5년조와 권24 백제본기 제2 침류왕 2년조, 그리고 권27 백제본기 제5 법왕 2년조 등이다. 그리고 왕의 질병치유와 관련있는 기록은 권5 신라본기 제5 선덕왕 5년조와 권10 신라본기 제10 흥덕왕 5년조, 권11 신라본기 제11 진성왕 2년조 등이다.

서의 정치상황도 함께 살펴보고자 한다.

　이제까지 백제의 불교에 있어 度僧을 천착한 연구는 찾아보기 힘들다. 威德王代와 法王代에 실시된 度僧에 대해 정치적 의미를 부여하는 것[67] 이외에 특별히 주목한 연구는 찾기 힘들다. 다만 앞서 살펴본 바와 같이 법왕대 度僧이 왕흥사 창건과 더불어 진행되고 있는 점에 미루어 호국불교적 성격을 띠고 있다는 연구가[68] 주목될 뿐이다.

　따라서 여기서는 度僧을 중심으로 백제 사비시대의 불교정책의 일면을 살펴보고자 한다.

1) 度僧의 槪念

　僧尼의 득도는 律에 규정된 것으로 수계를 받음으로써 이루어진다. 그런데 여기서 도승은 왕의 허락으로 이루어진다. 즉, 도승은 왕의 허락 하에 출가하는 것을 말한다. 이는 출가가 자유롭게 불교에 귀의하는 것과는 달리 강제적인 면이 부여된다는 점에서 차이가 있다.[69] 이렇게 度僧된 僧尼는 국가가 공인한 승려가 되고, 국가권력의 개입을 의미한다고 볼 수 있다. 이처럼 도승에 국가권력이 개입되어 있다면, 당연히 제도적인 면과 결부된다.

　이는 신라에서 도승의 기록이 보이는 시점과 승정제가 시행되는 시점을 살펴봄으로써 추론이 가능하다. 신라에서 도승과 관련한 첫 기록은 眞興王 5년(544)에 보이고 있다.[70] 이 때 眞興王은 興輪寺가 창건되고 이를 기념하

---

66) 이기백, 「三國時代 佛敎 受容과 그 社會的 意義」, 『新羅思想史硏究』, 일조각, 1986, pp. 28~29.

67) 노중국, 『백제정치사연구』, 일조각, 1988.
　　김주성, 「사비시대 백제정치사 연구」, 전남대 대학원 박사학위논문, 1991.

68) 이기백, 앞의 글, 1986, pp.28~29.

69) 길기태, 「백제 사비시대의 도승과 불교정책」, 『백제연구』41, 2005.

70) 『三國史記』4, 신라본기4, 진흥왕 5년, "春二月 興輪寺成 三月 許人出家爲僧尼奉佛" ; 『三國遺事』3, 탑상 4, 彌勒仙花 未尸郎 眞慈師, "慕伯父法興之志, 一心奉佛, 廣興佛寺, 度人爲僧尼"

여 사람들로 하여금 승려가 되는 것을 허락하고 있다. 그런데 이 때 사용된 용어가 度僧이다.[71] 그런데 신라에서 승정제가 처음으로 시행된 것은 眞興王 11년(550)의 일이다. 이 때 安藏法師가 승관직인 大書省에 임명되고 있는 것이다. 이 때 설치된 대서성은 승정에 국한하지 않고 문서작성 등과 같은 행정업무도 관여하였던 것으로 생각된다.[72] 그리고 이듬해에 고구려에서 신라로 귀화한 惠亮法師를 승통에 임명하면서 본격적인 승정제를 실시하고 있다. 이는 眞興王이 惠亮法師를 임명함으로써 처음으로 승정제를 도입, 정비한 것이라 할 수 있다.[73]

그런데 惠亮法師가 승통으로 임명되는데 있어 거칠부의 도움이 컸을 것이다.[74] 이는 거칠부가 소시적에 승려로 있을 때 고구려에서 惠亮法師와 맺은 인연에서 비롯된다. 그렇다면 거칠부는 惠亮法師를 통하여 고구려 승정제의 일면을 보았을 것이다. 그래서 도승이 실시될 수 있었고,[75] 惠亮法師가 귀화하자 적극 추천하여 승통에 임명할 수 있었던 것으로 생각된다. 이렇게 볼 때, 승정제의 실시는 도승의 발판으로 이루어진 것이라 할 수 있다. 따라서 백제에서 위덕왕 원년에 실시된 도승도 승정제의 테두리 안에서 실시된 것으로 보아도 큰 무리는 없을 듯하다.[76] 이후 법왕대의 도승 또한 이러한 차원에서 진행되었던 것으로 생각된다.

---

71) 그런데 『三國史記』의 기록은 度僧이 아닌 出家란 단어를 사용하고 있으며, 『三國遺事』의 기록은 도승으로 나온다. 이를 통해 볼 때, 度僧의 성격을 설명하는데 있어서 큰 무리가 없을 듯하다.

72) 남동신, 「신라의 승정기구와 승정제도」, 『한국고대사논총』9, 2000, p.151. 이때 승정제의 실시는 度僧制와 전혀 무관하다고 볼 수는 없다. 즉 승정제의 범위 안에 도승의 실시도 포함되어 있을 것으로 보는 것이다.

73) 남동신, 앞의 글, 2000, p.153.

74) 정선여, 「고구려불교사연구」, 충남대 박사학위논문, 2005, p.46.

75) 진흥왕이 도승을 실시하던 해에 거칠부는 대아찬의 위치에 있었다. 그리고 이 때는 법흥왕비가 진흥왕을 섭정하고 있던 시기이며, 법흥왕비는 불교에 깊은 관심을 가지고 있었다. 그렇다면 소시적에 승려로 출가하였던 거칠부는 불교를 매개로 하여 법흥왕비와 교류하였을 것으로 본다. 이러한 교류가 진흥왕 5년 도승으로 이어졌고, 후일 승정제의 발판이 되었던 것으로 생각된다.

백제불교가 체계적으로 발전하고 있음은 위덕왕 24년(577)에 經師·禪師와 함께 律師가 파견되고 있는 것에서 찾아진다. 백제는 이 당시 이미 승려들의 전공분야를 세분할 만큼 발전적인 모습을 보여주고 있는 것이다. 여기서 주목되는 점이 律師이다. 律師는 계율과 관련이 있는 것으로 보인다. 그런데 律과 僧政도 연결되고 있다. 그렇다면 백제 불교에 있어 도승의 모습을 살펴봄으로써 좀더 이해를 깊이 있게 할 수 있지 않을까 한다. 이를 위해 먼저 도승의 의미부터 검출해 보고자 한다.

出家爲僧은 줄여서 出家로 표현한다. 출가는 속세를 떠나 불가의 세계에 귀의한다는 의미를 가지고 있다. 여기서 出家는 스스로의 의지가 담긴, 자율적인 의미까지도 내포하고 있는 표현이라고 할 수 있다. 이와 의미가 통하는 단어로 度僧이 있다. 度僧은 得度爲僧의 줄인 말이다.[77] 得度는 현실세계를 벗어나 해탈의 세계로 나아가는 것으로 곧 出家의 다름이 아니다. 爲僧은 곧 '승려가 되다' 또는 '승려로 삼다' 는 뜻이 있으나 여기서는 '승려가 되게 하다' 는 뜻을 써서 度僧은 '출가시켜 승려가 되도록 한다' 는 말이 된다. 이처럼 度僧에는 의타적인 의미와 강제적인 뜻이 동시에 담겨 있다고 할 수 있다. 이는 度僧이 조선시대에 있어 국가에서 출가를 허용하여 승려가 되는 것을 법적으로 인정해 주는 일종의 제도적인 용어로 사용되고 있는 것에서 더욱 확연해 진다.

이처럼 出家와 度僧이 모두 속세를 떠나 佛家에 귀의한다는 공통적인 의미를 가지고 있음에도, 그 용례에 있어 차이점을 찾아볼 수 있다. 그것은 出家와 度僧에는 어떤 相異한 점이 존재하기 때문으로 풀이된다. 出家와 度僧의 차이점을 살펴보기 위해 먼저 出家와 관련한 기록들을 살펴보고자 한다.

---

76) 위덕왕대에 신하들이 상의하여 100명을 도승하고 있는 것은 당시에 제도적인 장치가 있었음을 말해주는 것이 아닐까 한다. 100명을 도승하는 과정에서 절차를 담당할 부서가 필요하기 때문이다.

77) 김영태, 「朝鮮前期의 度僧 및 赴役僧의 문제」, 『불교학보』32, 동국대 불교문화연구원, 1995, p.5. 이하 度僧의 설명도 김영태의 글을 참고하였다.

A-1. 驟徒는 沙梁사람으로 奈麻 聚福의 아들이다. 기록에 그의 성이 전하지 않는
　　다. 형제가 셋이었는데 맏이는 夫果, 가운데가 驟徒, 막내는 逼實이었다. 驟徒
　　는 일찍이 出家하여 道玉이라는 이름으로 實際寺에 머물고 있었다. 태종대왕
　　때 백제가 助川城에 쳐들어오자 대왕이 군사를 일으켜 출전하였으나 결판이
　　나지 않았다. 이에 道玉은 그 무리에게 말하였다. "내가 들으니 승려가 된 자
　　로서 상등은 道에 정진하여 본성을 회복하는 것이고, 그 다음은 도를 실천하
　　여 남을 이롭게 하는데, 나는 모습만 승려일 뿐이고 취할만한 한 가지 착한 일
　　도 없으니 차라리 종군하여 죽음으로써 나라에 보답함이 낫겠다!" 法衣를 벗
　　어 던지고, 군복을 입고 이름을 취도로 고쳤다. 생각건대 이는 달려가서 兵이
　　되었다는 뜻인 듯하다. 이에 병부에 나아가 三千幢에 속하기를 청하여 드디어
　　군대를 따라 전선에 나갔다. 깃발과 북 소리의 진격 명령에 따라 창과 긴 칼을
　　가지고 돌진하여 힘껏 싸워 賊을 죽이고 죽었다.(『三國史記』47, 列傳 7, 驟徒)

A-2. 居柒夫(혹은 荒宗이라고도 한다)는 성이 金氏이며 나물왕의 5대손이다. 할아
　　버지는 角干 仍宿이고 아버지는 이찬 勿力이었다. 거칠부는 젊었을 때에 사소
　　한 일에 거리끼지 않았고 원대한 뜻을 품어 머리를 깎고 승려가 되어(祝髮爲
　　僧) 사방으로 돌아다니며 구경하였다.(『三國史記』44, 列傳 4, 居柒夫)

　위의 기록들은 모두 신라와 관련된 내용들이다. 사료 A-1은 驟徒가 출가
하여 道玉이라는 법명으로 實際寺에 머문다는 내용이다. 그리고 A-2는 居
柒夫가 승려가 되는 모습을 보여주는 자료이다.

　驟徒는 沙梁人으로서 奈麻 聚福의 아들로 등장하고 있다. 그의 성에 대해
서는 실전된 것으로 나와 있어 정확한 고찰은 어렵다. 다만, 그의 신분내력
을 짐작케 하는 것은 驟徒와 그의 형제들의 행적이다. 驟徒는 환속하고 병
부에 나아가 三千幢에 속하여 전쟁터에 나가고 있다. 그리고 그의 형 夫果
도 幢主로서 싸우다 죽었는데 공로가 으뜸이었다.[78] 驟徒의 동생 逼實도
貴幢弟監이 되어 전쟁터에 나가고 있다.[79] 여기서 驟徒의 형제들이 단위부

---

78) 『三國史記』47, 列傳 7, 驟徒, "時夫果 以幢主戰死 論功第一"
79) 『三國史記』47, 列傳 7, 驟徒, "高句麗殘賊 據報德城而叛 神文大王命將討之 以逼實 爲貴
　　幢弟監"

대의 지휘관인 幢主로서, 그리고 貴幢弟監으로서 활동하고 있는 모습은 당시 驟徒가 지배층의 일원으로서의 신분을 가지고 있음을 짐작케 하는 것이다. 또한 이들 모두가 沙湌의 벼슬을 추중받고 있음도[80] 이를 확인시켜 준다. 이런 驟徒는 승려가 되는 과정에서 그 어떤 방해도 받지 않고 있으며, 환속하는 과정도 자연스럽게 스스로의 의지대로 이루어지고 있음을 위의 사료를 통해 살펴볼 수 있다.

사료 A-2는 居柒夫가 승려가 되는 모습을 설명하고 있다. 여기서도 居柒夫는 스스로 승려가 되길 원하고 있고, 또한 승려가 되고 있다. 이런 居柒夫는 위의 내용에 나와 있는 것처럼 내물왕의 5세손이며, 조부가 각간이자 父가 이찬에 이를 만큼 지배층에 소속되어 있는 신분을 가지고 있다.

위의 사료에서 알 수 있는 것은 승려가 되는 계층이 모두 지배층을 이루고 있다는 것이다.[81] 이들 신분층은 스스로 결정하여 승려가 되는데 있어 누구의 제약도 받지 않고 있다. 그런데 慈藏이 출가할 때 왕의 허락이 있었던 다음의 기록이 주목된다.

B-1. 慈藏大德은 김씨로 본래 진한의 진골인 蘇判 3급의 작명 茂林의 아들이다. 그의 아버지는 淸要職을 지냈으나 뒤를 이을 아들이 없었으므로, 삼보에 歸心하여 千部觀音菩薩에게 나아가서 한 자식 낳게 해주기를 축원했다. "만약 아들을 낳게 되면 내놓아서 法海의 津梁으로 삼겠습니다." 갑자기 그 어머니 꿈에 별이 떨어져 품안으로 들어오더니, 이로 말미암아 태기가 있었다. 낳으니 석가세존과 생일이 같았으므로 이름을 善宗郞이라 했다. 정신과 마음이 슬기로우며 문장의 구상이 날로 풍부해졌으나 속세의 취미에 물들지 않았다. 양친을 일찍 여의고 속세의 시끄러움을 꺼려 처자식을 버리고 전원을 희사하여 元寧

寺를 만들었다. 홀로 깊숙하고 험준한 곳에 있으면서 이리나 범을 피하지 않았다. 枯骨觀을 닦았는데, 조금 피곤하다 싶으면 작은 집을 지어 가시덤불로 둘러막고 그 속에 알몸으로 앉아 움직이면 곧 가시에 찔리도록 하고, 머리는 들보에 매달아 혼미한 정신을 없앴다. 때마침 조정에서 재상 자리가 비어 있어 자장이 門閥로서 물망에 올라 여러 번 부름을 받았으나 나가지 않았다. 왕이 이에 명령하였다. "나오지 않으면 목을 베겠다." 자장이 듣고 말했다. "내 차라리 하루 동안 계율을 지키다 죽더라도, 백 년 동안을 계율을 어기고 살기를 원하지 않는다." 이 말이 위에 들리니 왕은 그의 출가함을 허락했다.(『三國遺事』4, 의해 5, 慈藏定律)

B-2. 옛날에 善宗良이 있었는데, 眞骨貴人이다. 어릴적 살생을 좋아해 매를 풀어 꿩을 잡았다. 이때 꿩이 눈물을 흘리는 것에 감읍하여 이에 마음을 일으켜 出家를 청하여 불가에 귀의하니 법호를 자장이라 하였다.(皇龍寺 九層 木塔「刹柱本記」)

위의 기록을 보면, 선덕왕이 자장으로 하여금 왕실에서 일하기를 바라지만, 자장은 이를 거부하고 승려가 되기를 원한다. 그리고 마침내 선덕왕은 자장의 출가를 허용하고, 자장은 자유롭게 불가에 귀의할 수 있었던 것이다.

그런데 위의 글을 자세히 보면, 자장은 '捨田園爲元寧寺 獨處幽險'이란 표현에서 알 수 있듯이 이미 출가해 있었고, 왕실은 그런 자장이 환속하여 왕실을 위해 일 해줄 것을 요구하고 있는 것이다. 다시 말하면, 자장은 이미 자의적으로 출가수행 중이었음을 말해주는 것이라 하겠다. 따라서 출가의 경우 왕실의 속박을 받지 않는 것으로 이해할 수 있겠다.

이는 사료 B-2에서도 확인된다. 즉 자장은 어릴적 살생을 좋아하여 매사냥을 즐겼는데, 꿩이 눈물 흘리는 모습에 감동하여 출가했다는 것이다. 이는 자장의 출가가 자의적으로 행해졌음을 말해준다.

이러한 출가 승려들이 환속하는 경우도 보이고 있다. 위의 사료 A가 그것이다. 여기서 환속이 가능하다는 것은 출가에 어떠한 제약이 없었음을 의미하는 것으로, 출가의 대상자들의 신분적 속성을 파악하는데 도움을 준다. 이처럼 지배층들은 자유롭게 출가할 수 있었고, 또한 환속할 수 있었다.

당시의 사회적 여건이 이를 용납하고 있었던 것으로 보인다.

　그러면 그 대상이 일반인이었을 경우 出家의 가능성은 얼마나 될까. 일반 백성들은 국가의 경제적 근간을 이루는 주요한 노동계층이다. 그런 만큼 국가에서도 일반 백성들이 승려가 되는 것을 허락하기란 쉬운 일이 아니다. 그러면, 같은 出家의 개념인 度僧을 통하여 피지배층에서 승려가 되는 과정을 살펴보자. 백제에 있어 度僧과 관련한 기록은 다음과 같다.

> C-1. 봄 2월에 漢山에 절을 세우고 10명이 승려가 되는 것(度僧十人)을 허가하였다.(『三國史記』24, 百濟本紀 2, 枕流王 2年)
>
> C-2. 봄 정월에 왕흥사를 창건하고 승려 30명을 두었다.(度僧三十人)(『三國史記』27, 百濟本紀 5, 法王 2年)

　위의 기록은 백제에서 실시된 度僧과 관련한 기록이다. 사료 C-1은 백제 枕流王 2년(384)의 내용이다. 枕流王이 원년에 호승 摩羅難陀의 입국을 환영하고, 이듬해 한산에 佛寺를 창건하면서 10명의 승려를 度僧하고 있다. 사료 C-2는 법왕대 실시된 度僧의 내용을 기록한 것이다. 재위 2년 정월에 왕흥사를 창건하고 승려 30인을 度僧하고 있는 것이다.[82]

　그런데 여기서는 '度僧十人'이나 '度僧三十人'이라는 단순한 표현으로만 나와 있어 度僧의 대상이 왕족인지, 귀족세력인지, 아니면 일반 백성인지에 대해서 불분명하다. 度僧의 대상을 추론하는데 있어 다음의 내용이 주목된다.

> D-1. 봄 2월에 興輪寺가 완성되었다. 3월에 사람들이 出家하여 승려가 되어 불교를 받드는 것을 허락하였다.(『三國史記』4, 新羅本紀 4, 眞興王 5年)[83]

[82] 위의 기록 C를 통하여 度僧이 사찰의 창건과 관련하여서 이루어지고 있음도 추론해 볼 수 있다. 특히 백제의 경우 사찰창건과 度僧은 밀접한 관련을 맺고 있는 듯하다. 그것은 백제의 度僧과 관련한 기록이 모두 사찰창건과 관련이 있는 것에서 추론해 볼 수 있다.

 百濟 泗沘時代의 佛敎信仰 研究

D-2. 신라 제24대 진흥왕의 성은 김씨, 이름은 彡麥宗, 또는 深麥宗이라고도 한다. 양 武帝 大同 6년 경신(540)에 왕위에 올랐다. 왕은 큰아버지 법흥왕의 뜻을 사모해서, 한결같이 불교를 받들어 널리 절을 세우고 많은 사람들에게 허가해서 중이 되게 하였다.(『三國遺事』3, 탑상 4, 彌勒仙花 未尸郎 眞慈師)[84]

위의 내용은 신라 진흥왕 5년(544)의 사실을 말해주고 있다.[85] 흥륜사를 완성하고 度僧하는 모습을 기록하고 있다. 그런데 위의 기록 D-1은 度僧이 아닌 出家란 단어를 사용하고 있다. 그러나 다음의 기록 D-2에서 출가란 단어 대신 度란 단어가 쓰이고 있는 만큼, 度僧의 성격을 설명하는데 있어서 큰 무리가 없을 듯하다.[86]

그렇다면, 위에서 사용되고 있는 人의 의미를 어떻게 해석해야 하는지가 관건이다. 여기서 人은 포괄적 의미가 담겨 있다고 생각한다. 우선 人이란 의미는 왕족이든 귀족이든, 아니면 일반 백성이든 모두 사용할 수 있는 단어이기 때문이다. 따라서 人이란 단어에는 일반 백성들까지도 포함된다고 할 수 있다.[87] 人이란 단어에 일반 백성이 포함하여 해석할 수 있는 근거는 다음의 기록을 통해서도 가능하다고 생각한다.

83) 『三國史記』4, 新羅本紀 4, 眞興王 5年條, "春二月 興輪寺成 三月 許人出家爲僧尼 奉佛"
84) 『三國遺事』3, 탑상 4, 彌勒仙花 未尸郎 眞慈師, "第二十四眞興王, 姓金氏, 名彡麥宗, 一作深麥宗. 以梁大同六年庚申卽位, 慕伯父法興之志, 一心奉佛, 廣興佛寺, 度人爲僧尼"
85) 신라가 불교수용 이후 일반인들의 출가를 허용한 것은 진흥왕 5년의 일이다. 그런 만큼 이 당시는 승려가 되는데 따른 受戒作法에 관한 정확한 지식이 당시의 신라에 요청되었을 것이며, 이 때 智明에 의해 學的 뒷받침이 이루어졌을 것(최원식, 「신라의 보살계 수용과 그 유포」, 『신라보살계사상사연구』, 민족사, 1999, p.37)이란 주장이 주목된다.
86) 그런데, 『日本書紀』29 天武紀 12년 7월조에 "三十人出家"란 기록과, 朱鳥 원년 7월조에 "七十人以出家"란 기록이 보이고 있다. 그러나 이처럼 몇몇의 예외적인 경우에도 불구하고, 度僧이 집단적으로 이루어지는 出家의 표현이라는 점에는 큰 장애가 되지 않을 것으로 생각한다. 『日本書紀』기록에 있어서도 出家는 개인적인 경우로 사용되는 예가 발견되기 때문이다.
87) 人이란 표현을 통하여 볼 때, 度僧의 대상에 왕족과 귀족도 포함되어 있을 것으로 본다. 그러나 이 글에서 중요하게 다루고자 하는 것은 度僧의 대상에 일반 백성들이 포함되어 있을 가능성이다.

E. "만일 (先王의 명복을 빌고자 하는) 원을 풀고자 하신다면 마땅히 國民을 출가
   (度)시킬 것입니다."라고 말하였다. 餘昌이 이에 대하여 "허락한다." 말하며 신
   하에게 곧 그 일을 추진하도록 하였다. 이에 신하들이 상의하여 100인을 度僧하
   고 많은 幡蓋를 만들어 여러 가지 공덕을 쌓았다.(『日本書紀』19, 欽命紀 16년 8
   월)

위의 내용은 백제 威德王代의 度僧과 관련한 기록이다. 여기서 "須度國
民"이라는 표현이 주목된다. 國民이란 단어는 民과 연결된다고 본다. 그리
고 民은 삼국시대 피지배층의 대부분을 구성하며 국가생산과 군사력의 중
심을 구성한 존재이다.[88] 위의 기록은 王의 출가에 대신하여 일반 백성들
을 度僧하고 있는 것으로 해석해도 무난하다고 본다. 따라서 백제의 사비
시대에 있어 度僧은 일반 백성까지도 포함한 것으로 생각하여도 무리가 없
을 듯하다. 특히 여기서 民이란 의미를 내포하고 있는 國民은 앞의 사료 D
에서 사용되고 있는 人의 의미와도 서로 통한다고 생각한다. 이는 『三國史
記』 백제본기 개로왕 21년조(475)조의 "盡發國人"이란[89] 표현이나, 무령왕
23년(523)조에 "徵漢北州郡民"이란 용어의 사용에서도 확인된다.[90]

여기서 民의 개념에 일만 백성을 포함하고 있음을 승려 집단의 구성원과
관련하여서도 주목할 필요가 있다. 하나의 사찰을 경영하는데 필요한 구성
원 모두를 귀족으로 충당한다는 것은 무리가 있다 보기 때문이다. 그렇다

---

88) 조법종, 「삼국시대 民·百姓의 관념과 성격에 대한 검토」, 『백제문화』25, 공주대백제문
    화연구소, 1996, p.98.
89) 國人은 신라에 있어 재지지배자로서의 성격을 지닌 干계층이라는 주장이 있다(남재우,
    「신라상고기의 '國人' 層」, 『한국상고사학보』10, 한국상고사학회, 1992, p.377). 그런데
    이 글에서 살피고 있는 國人은 신라 상고기에 해당하는 시기의 용례이다. 그리고 위의
    사료 D에서 사용되고 있는 단어는 國人이란 단어가 아닌 人이란 단어를 사용하고 있음
    이 살펴진다. 따라서 신라 상고기에 사용된 國人의 예를 여기에 적용하는 것은 무리가
    따른다고 본다. 그리고 진흥왕대 人이란 단어가 사용되고 있는 것은 그 의미가 포괄적
    으로 사용된, 다시 말하면 일반 백성까지도 포함된 용어로 사용된 것으로 봐야 하지 않
    을까 한다.
90) 양기석, 「사회구조」, 『한국사』6 - 삼국의 정치와 사회II -백제-, 1995, pp.232~233.

면 사찰이 경영됨에 있어 각 승려들이 가졌던 속세의 신분도 작용되었을 것이다.[91]

그런데 위의 사료들에서 度僧이 집단적으로 이루어지고 있음을 알 수 있다. 진흥왕대의 사료가 몇 명을 度僧하고 있는지 적시하지는 않았지만, 개인적인 출가를 의미하는 것이 아니라 다수의 度僧을 의미하는 것으로 보이기 때문이다. 또한 백제 침류왕대에 10명, 威德王代에 100명을 각각 度僧하고 있다. 따라서 度僧이란 불교적 행사가 집단적으로 이루어지고 있는 것으로 이해하는데 무리가 없다고 본다.

그러면 度僧은 일반 백성들에게 어떤 의미를 갖는가. 우선 일반 백성들의 생활에서 그 해답을 찾아야 하지 않을까 한다. 당시 불교에 귀의해 승려가 되는 것은 귀족들의 전유물로 여겨졌다.[92] 그것은 귀족들이 학문에 대한 접근이 용이하였고, 지배층을 구성하면서 통치를 위한 사상적인 정책 수행에 유리한 입장에 있었기 때문일 것이다. 그러나 이와는 다른 입장을 가지고 있었던 일반 백성들의 경우 사상적인 면보다는 신앙적인 면에서 승려가 되기를 원하였을 것이다.[93]

그리고 일반백성이 승려가 되는 것은 나름대로 그들의 생활 속에서도 그 원인을 찾아야 하지 않을까 한다. 이는 당시 사원경제가 상당히 발달하였을 것이라는 것에서 그 근거를 찾을 수 있다. 신라 문무왕이 사원경제가 국

91) 승려가 되어도 세속의 신분을 완전히 벗어나는 것은 아니라고 본다. 신라의 경우 원효와 원광의 예를 들 수 있다.

92) 이기백은 신라가 삼국을 통일하기 이전까지 승려가 되는 것은 귀족세력, 즉 지배층에 한한다고 설명하고 있다(이기백, 앞의 글, 1986, p.31, 주86).

93) 일반 백성들에게 있어 불교는 당시 현실사회에 존재하는 다양한 모순의 극복과 신분이동에 대한 갈망, 안락한 삶에 대한 희구 등을 해결할 수 있는 대안이었을 것이다. 그것은 일반 백성들의 마음 속에 불교의 윤회가 자리하고 있었기 때문에 가능하다. 이는 당시의 일반 백성들에게 불교가 가진 업설, 三世輪回說이 전해지면서 전통적 사유의 변화를 가져왔다는 것(김영미, 「원효의 여래장사상과 중생관」, 『선사와 고대』3, 1992, p.181)에서 추론해 볼 수 있다. 이러한 신앙적인 이유로 일반 백성들은 승려가 되기를 원하였을 것이다.

가의 경제적인 토대를 침식하고 있는 것으로 인식하여 "사람들이 절에 재화 田地를 함부로 바치는 것을 금했다"라는[94] 기록에서 추론이 가능하다고 생각한다.[95]

사원경제의 발전은 일반 백성들이 사찰에 접근할 수 있는 길이 열려 있음을 말해준다. 이러한 사회적 여건은 일반 백성들로 하여금 승려의 길로 나아갈 수 있는 길을 열어주었을 것이다. 또한 사원경제가 발달하였음은 사찰 내에서 다양한 업무가 존재하였을 것이고, 사찰노비와 귀족승려 사이에서 중간관리자로서의 승려의 신분을 생각해 볼 수 있기 때문이다.[96]

民과 人으로 표현되는 일반 백성들은 주로 병역과 부역에 종사한 15세 이상의 성인 남자를 가리키는 것으로 이해된다.[97] 또한 농경사회에서 모든 국가경제의 바탕이 토지에 있었으므로, 대부분의 民들은 농경생활에 종사하였다. 물론 이들이 바치는 租와 調 등 세금은 국가경제에 있어 중추적인 것이었다.[98] 그럼에도 불구하고 가뭄과 재해, 질병 등으로 인하여 일반 백성들의 생활은 비참할 수밖에 없었다. 이는 "굶주린 백성들이 서로 살육하

---

94) 『三國史記』6, 新羅本紀 6, 문무왕 4년.
95) 이와 같은 사실을 통하여 백제도 사원경제가 존재하였을 가능성을 상정해 볼 수 있다.
96) 일반 백성들이 度僧을 통하여 승려가 되더라도 승려로서 계율이나 교리의 습득과 같은 사상적 측면이 어떻게 받아들여질 것이냐에 대한 의문이 있다. 그러나 이에 대한 의문은, 승려 내부에서의 신분이 동일하지 않을 수 있다는 것에서 해답을 찾을 수 있지 않을까 한다. 사찰 내 승려도 모두가 같은 업무를 담당하는 것은 아니었을 것이다. 따라서 일반백성이 승려가 되는 경우 이에 합당한 업무가 주어졌을 것이다. 일반민의 경우 승려가 된다 하더라도, 신분적으로나 담당업무 면에서 귀족승려와 같은 개념으로 이해하기는 힘들기 때문이다. 그런 만큼, 일반 백성들이 승려가 되는 경우, 사찰에서의 역할 또한 귀족승려와는 다를 수 있는 가능성을 상정해야 한다. 또한 사찰이 창건되는 과정에서 度僧이 실시되고 있는 점도 승려의 사찰내 신분 및 업무와 관련하여 고려되어야 할 것이다. 그런 만큼, 사찰내 승려들의 신분구조와 업무에 대해서는 차후 자세한 연구가 필요하다.
97) 그러나 승려가 되는데 있어 과연 남자들만 가능하였는지에 대해서는 재고의 여지가 있다. 백제의 예에서 찾을 수는 없지만, 백제불교의 영향을 받은 왜의 경우 초기불교에 있어 尼僧의 존재가 부각되고 있기 때문이다. 따라서 백제도 尼僧의 존재에 대한 연구·검토가 이루어져야 할 것이다.

여 먹는다"는 극단적인 기록을 통해서도 이해된다.[99] 이런 백성들의 어려운 삶은 정창원의 「신라문서」의 기록에서도 살펴진다. 4개 마을 가운데 15세 이상 50세 미만의 남자 인구가 192명으로 여자 인구 248명에 비해 상대적으로 적게 분포하고 있는 것이다. 이와 같은 남녀 인구의 편차는 남자들이 병역이나 역역을 피하여 유랑하고 또한 사망률도 여자에 비하여 높았던 데에 원인을 찾을 수 있다.[100]

이와 같은 일반 백성들의 삶에 대하여 국가는 통제와 위무라는 두 가지의 정책을 수행하게 하였을 것이다. 이때 度僧은 일반 백성들에게 있어 국가 차원에서 행하여지는 위무의 기능으로서 받아들여졌을 가능성이 높다고 생각된다. 왕권과 귀족들에 의해 속박만 받던 일반 백성들에게 度僧이란 탈출구를 마련해 줌으로써 사회의 안녕에 기여할 수 있으며, 통치의 수단으로서도 큰 효과를 발휘하였을 것으로 보기 때문이다. 이는 비록 후대의 내용이기는 하지만, 노비 중에서 해탈의 경지에 이를 수 있는 길이 열려 있었다는 기록을 통해서도 확인된다.[101] 또한 자장이 불법을 전파하던 시기에 나라사람들이 受戒奉佛하는 것이 열집 중 여덟·아홉이었다는 기록에서[102] 그 가능성을 찾아볼 수 있다.

98) 양기석, 앞의 글, 1995, p.233.
99) 『三國史記』23, 百濟本紀 1, 온조왕 33년 및 기루왕 32년.
100) 양기석, 앞의 글, 1995, p.233.
101) 신라의 경우 욱면이 노비였음에도 아미타정토에 갈 수 있었던 것은 당시 일반 백성들도 불교를 자연스럽게 받아드릴 수 있을 만큼, 대중화되었기 때문으로 풀이된다(『三國遺事』5, 감통 7, 郁面婢念佛西昇). 그리고 이러한 내용은 한편으로 불교가 이들 노비들에게 있어서 고된 생활에서의 탈출구로서의 기능을 하였음을 살펴볼 수 있다. 따라서 노비보다 나은 생활을 영위하였던 일반 백성들도 같은 기능으로서 불교를 접하였을 것으로 추론해 볼 수 있다. 이는 度僧이 일반 백성들에게 고된 생활을 탈출할 수 있는 수단으로 이용되었을 가능성을 높게 한다. 다만 욱면이 법당이 들지 못하고 있는 것에 대해서는 자세한 검토가 필요하다.
102) 『三國遺事』4, 의해 5, 慈藏定律.

2) 威德王代의 度僧

威德王代의 度僧과 관련한 사실은 『日本書紀』의 기록을 통하여 살펴볼
수 있다. 그 내용을 살펴보면 다음과 같다.

> F. 백제의 여창이 諸臣에게, "나는 지금 부왕을 위하여 출가하여 수도하려고 한
> 다."고 말하였다. 제신과 백성이 "이제 君王이 출가하여 수도하겠다는 것은 잠
> 시 가르침을 받드는 것입니다. 아, 이전에 충분히 고려하지 않았었기 때문에 후
> 에 큰 화를 부른 것은 누구의 잘못입니까? 백제의 나라는 고구려와 신라가 다투
> 어서 멸망시키려고 하는 바입니다. 처음 나라를 세운 이후 이 나라의 종묘의 제
> 사를 어떤 나라에 시키려는 것입니까? 만일 耆老의 말을 잘 들었더라면 오늘과
> 같은 처지에는 이르지 않았을 것입니다. 청컨대 앞의 잘못을 뉘우치고 출가하
> 는 것을 그만 두십시오. 만일 (先王의 명복을 빌고자 하는) 원을 풀고자 하신다
> 면 마땅히 國民을 출가(度)시킬 것입니다."라고 말하였다. 餘昌이 이에 대하여
> "허락한다." 말하며 신하에게 곧 그 일을 추진하도록 하였다. 이에 신하들이 상
> 의하여 100인을 度僧하고 많은 幡蓋를 만들어 여러 가지 공덕을 쌓았다.(『日本
> 書紀』19, 欽明紀 16년 8월)

위의 내용은 威德王 餘昌이 출가를 결심하고 이를 신하들에게 공표하자,
신하들은 백성과 더불어 餘昌의 관산성 전투 패배를 책망하고 國民으로 하
여금 度僧토록 하자고 제안하고, 威德王이[103] 이를 허락한다는 내용이다.

103) 이 당시 威德王의 신분에 대해서는 아직 왕위에 오르지 못한 것으로 이해하는 연구와
왕으로 이미 즉위한 것으로 이해한 연구로 나누어 살펴볼 수 있다. 아직 왕위에 오르
지 못한 것으로 이해하는 연구는 노중국, 앞의 책, 181쪽과 김주성 앞의 글, 65쪽이 있
다. 그리고 김영태도 「위덕왕 당시의 佛敎」, 『백제불교사상연구』, 1985, pp.64~65에서
즉위한 지 1년이 지나 새삼스럽게 父王의 명복을 받들기 위해 출가 수도하겠다는 것은
이해할 수 없다면서, 이 발언은 發言 前年에 성왕이 전사하자 즉위할 것을 사양하고
출가를 결심하였던 것이 아닌가 추론하고 있다. 이에 반하여 사료 F의 발언의 내용에
君王이란 표현이 들어있는 것으로 보아 이 당시 위덕왕은 왕으로 즉위하여 있었던 것
으로 이해한 김수태, 「백제 위덕왕의 정치와 외교」, 『한국인물사연구』2호, 한국인물사
연구소, 2004, pp.161~164의 연구가 주목된다. 필자 또한 이와 같은 의견이다.

위의 내용에서 등장하는 주요인물로는 餘昌 즉 威德王과 諸臣, 百姓, 그리고 耆老를 들 수 있다. 우선 威德王은 諸臣 등에게 돌아간 聖王을 위하여 스스로 출가하고자 함을 밝히고 있다.[104] 이 내용은 위 사료 F의 전체 내용을 관통하고 있다. 따라서 威德王이 굳이 출가의 의사를 밝히고 있는 배경에 대해서는 깊은 고찰이 있어야 할 것이다.

이제까지의 연구는 위의 사료에 대하여 당시 威德王의 처지가 매우 어려웠음을 말해주는 내용으로 전개되었다.[105] 물론 당시 정국은 威德王에게 불리하였다. 그런데 당시 정국의 움직임에서 威德王이 왕권과 관련한 일련의 행위를 발견할 수 있다. 그것이 바로 出家의 발언과 그로 인해 실시된 度僧이다. 이때 威德王의 출가발언은 자신에게 불리한 정국을 돌파하기 위한 하나의 수단으로 이용되었을 가능성이 있다고 본다. 단순히 성왕을 위해 출가하겠다는 의지의 표현 이면에 당시 정국에 대한 정확한 인식이 깔려

---

104) 위덕왕의 출가는 왕의 위치에서 출가를 고려한 것으로 신라 법흥왕의 출가 및 중국 양무제의 출가와 비교된다. 신라 법흥왕은 王法에 대한 佛法의 우위를 의미하는 것으로 「沙門不敬王者論」 등에서 나온 남조의 전통으로 이해되기도 한다(藤堂恭俊, 「江南と江北の佛敎-菩薩戒弟子皇帝と皇帝卽如來」, 『佛敎思想史』4, 1981, pp.7~10 ; 신종원, 「6세기 신라불교의 남조적 성격」, 『신라초기불교사연구』, 민족사, 1992, p.205 재인용). 그런데 법흥왕의 출가는 국가의 종교정책과 연결되는 것으로, 당시 寐錦으로 불릴 만큼 약했던 왕권이 이 과정을 통하여 大王으로 군림하는 과정으로 이해되기도 한다(신종원, 앞의 책, pp.173~174). 위덕왕의 출가발언 또한 이와 같은 맥락에서 이해되어도 큰 무리는 없을 듯하다.
105) 威德王代를 다룬 거의 모든 연구는 威德王의 출가발언 배경에 대해 관산성 전투 패전 이후 좁혀진 威德王의 입지와 관련하여, 당시 정국이 매우 불리하게 돌아가고 있음을 밝히고 있다. 노중국도 성왕의 사후 신라정벌을 반대했던 耆老들이 威德王을 추궁한 결과 출가를 결심하였다고 이해하고 있다(앞의 책, 1988, 181쪽). 그러나 威德王의 출가발언과 관련하여서는 객관적인 배경에 대한 깊은 성찰이 필요하다고 생각한다. 당시 왕권을 이을 수 있는 존재로 威德王의 동생인 혜왕이 존재하고 있음에도 불구하고, 스스로 왕위를 버리고 출가를 하겠다는 것은 어떤 의미에서는 왕권 수호에 대한 강한 의지가 담겨 있다고 보기 때문이다. 따라서 이 발언을 단순히 정국상황에 대입하여 도식적으로 산출하는 것은 자칫 당시의 정국을 이해하는데 오히려 장애가 될 수 있다고 본다. 그런 만큼, 諸臣에 대한 새로운 해석을 통하여 당시의 정국을 다시 그려야 하지 않을까 생각한다.

있다고 생각하는 것이다. 따라서 그 의미를 적출해 내는 것은 매우 의미 있는 일이 아닐 수 없다.

다음으로 위의 사료에서 등장하는 내용 중 주목할 것은 관산성 전투와 관련한 耆老의 발언이다.

G. 여창이 신라를 치려고 하였다. 耆老들이 간하여, "아직 하늘이 우리를 돕지 아니합니다. 화가 미칠까 두렵습니다."라고 말하였다. 이에 여창이 "늙었구나, 어찌 겁이 많은가."라고 말하였다.(『日本書紀』19, 欽明紀 15년 冬12월)

위의 내용은 耆老의 의견을 무시하고 威德王이 신라와의 전투를 강행하는 모습을 말해준다. 여창은 耆老들이 아직 하늘이 백제와 같이 하지 않아 화가 미칠까 두렵다면서 간언하자, 이를 단순히 늙은이의 겁내는 모습으로 폄하하고 신라에 대한 전투를 강행하고 있는 것이다.

여기서 당시 耆老들의 존재에 대해 살펴볼 필요가 있다. 耆老에 대해서는 '老而賢者'로 보는 것이 타당하다고 본다.[106] 그러나 이들을 단순히 유력한 귀족에 대입시키는 것은 무리가 따른다. 기존의 耆老에 대해서는 사·국·목·연씨 등 대성팔족의 귀족세력,[107] 유력한 귀족[108] 등으로 인식하였다. 그리고 대부분의 글들이 이들의 의견에 동조하는 것으로 보인다.

그러면 이들 耆老의 성격에 대해 살펴보자. 耆老가 天에 대해 언급한 대목이 관심을 끈다. 여기서 天이란 개념은 당시 제천행사를 행하였던 대상의 天으로 생각된다. 天에 대한 개념은 威德王의 청병사로 왜가 간 혜왕과 蘇我氏의 대화에서 등장하는 建邦之神을 통해서 살펴볼 수 있다. 다음의 내용은 蘇我氏가 혜왕에게 말한 내용이다.

106) 노중국, 앞의 책, 1988, pp.180~181.
107) 김주성, 앞의 글, 1991, p.119.
108) 노중국, 앞의 책, 1988, p.181.

H. 蘇我卿은 "… '처음에 나라를 세운 神을 모셔 와서 가서 망하려고 하는 왕을 구
　하면 반드시 나라가 안녕히 되고 백성 또한 안녕하게 되리라.' 라고 하였다. 이
　에 따라, 神을 청하여, 백제를 구하셨다. 이렇게 하여 나라가 안녕하게 되었다.
　따지고 보면, 나라를 세운 신「建邦之神」이란 천지초창의 때 초목도 말을 하였
　을 때에 하늘에서 내려와 나라를 세운 신이다. 요즈음 들으니, 그대 나라에서는
　조상신에게 제사를 안지낸다고「汝國輟而不祀」하는데, 지금이야말로 前過를
　뉘우치고 고쳐서 신궁을 수리하고 신령을 제사지낸다면 나라가 번성하게 될 것
　이다. 그대는 이것을 결코 잊어서는 안된다."라고 말하였다.(『日本書紀』19, 欽
　明紀 16년 춘2월)

　위의 내용은 백제가 관산성 전투에 패함으로써 위기를 자초한 것은 建邦
之神에 대한 소홀함에서 비롯되었다고 밝히고 있다. 이 建邦之神은 백제의
신으로 이해된다.[109] 建邦之神이 백제의 建邦之神이라고 할 때, 耆老가 밝
히고 있는 天은 建邦之神과 연결될 수 있다. 그것은 威德王이 耆老의 간언
을 듣지 않은 것과 建邦之神에 대한 제사를 지내지 않는다는 내용이 서로
통하고 있는 것으로 보기 때문이다.

　여기서 耆老가 언급하고 있는 天의 의미도 상고할 필요가 있다. 당시 耆
老가 밝힌 天의 의미는 단순한 개념으로서의 天이 아니라 기존의 백제인들
의 관념 속에 존재하였던 天의 개념으로 보아야 하지 않을까 한다. 백제인
들의 인식에 자리 잡은 天은 바로 조상신의 개념까지 포함하는 것으로 보
이며, 명산대천에 대한 제사를 통해서도 이天의 의미를 해석해 볼 수 있다.
따라서 耆老의 발언에 등장하는 天은 신앙적인 요소까지 갖추고 있다고 하
겠다. 그것은 耆老가 토착신앙적인 세력에 가깝다는 것을 의미한다. 그런
만큼, 耆老의 신분에 대해서는 단순히 대성팔족의 유력한 귀족세력이라 보
기 어렵다. 오히려 당시 국정을 운영하는데 있어서의 자문을 담당하였던

---

109) 建邦之神에 대한 여러 가지 설에 대해서는 조경철,「백제 사택지적비에 나타난 불교신
　　앙」,『역사와 현실』52, 2004, p.167 참조.

원로들이 아닐까 한다.[110]

다음으로 살펴볼 수 있는 것은 度僧이 國民들을 대상으로 이루어지고 있다는 점이다. 여기서 國民은 앞서 살펴본 바와 같이 일반백성을 포함하고 있는 것으로 보아도 무방하다. 따라서 이 기록은 앞서 살펴본 바와 같이 度僧이 집단적으로, 그리고 일반 백성들을 대상으로 하였다는 것과 일치하는 대목이다.

이러한 내용을 종합하여 고찰할 때, 威德王의 출가발언은 약화된 왕권을 회복하기 위한 움직임 속에서 도출된 것이 아닌가 한다. 다음으로 그 내용에 대해 살펴보기로 하자.

威德王은 당시 불안정한 정국을 정면으로 돌파하기 위해 出家를 결심하고 있다. 그런 만큼 威德王의 出家發言은 당시 정국의 흐름을 살필 수 있는 실마리가 된다. 이에 대한 설명을 위해 다시 한번 사료 F를 인용해 본다.

F. 백제의 여창이 諸臣에게, "나는 지금 부왕을 위하여 출가하여 수도하려고 한다."고 말하였다. 제신과 백성이 "이제 君王이 출가하여 수도하겠다는 것은 잠시 가르침을 받드는 것입니다. 아, 이전에 충분히 고려하지 않았었기 때문에 후에 큰 화를 부른 것은 누구의 잘못입니까? 백제의 나라는 고구려와 신라가 다투어서 멸망시키려고 하는 바입니다. 처음 나라를 세운 이후 이 나라의 종묘의 제사를 어떤 나라에 시키려는 것입니까? 만일 耆老의 말을 잘 들었더라면 오늘과 같은 처지에는 이르지 않았을 것입니다. 청컨대 앞의 잘못을 뉘우치고 출가하는 것을 그만 두십시오. 만일 (先王의 명복을 빌고자 하는) 원을 풀고자 하신다면 마땅히 國民을 출가(度)시킬 것입니다."라고 말하였다. 餘昌이 이에 대하여 "허락한다." 말하며 신하에게 곧 그 일을 추진하도록 하였다. 이에 신하들이 상의하여 100인을 度僧하고 많은 幡蓋를 만들어 여러 가지 공덕을 쌓았다.(『日本書紀』19, 欽明紀 16년 8월).

110) 이때에도 이들은 지배층에 포함된다고 생각한다. 다만 대성팔족이라는 일정한 틀에 적용하는 것은 무리가 따른다.

위의 내용은 앞에서 살펴본 바와 같이 威德王의 출가발언이다. 이 발언은 이 내용의 전체를 관통하고 있으며, 핵심을 이루고 있다. 더불어 이 발언과 짝하여 중요하게 인식되는 것이 바로 諸臣의 존재이다.

諸臣은 威德王이 출가의 결심을 밝히자, 백성들과 더불어 이를 만류하고 있다. 여기서 諸臣은 지배층으로서 귀족세력으로 보아도 큰 무리는 없을 듯하다. 다만 이러한 諸臣은 관용적인 표현으로만 이해할 수는 없다. 諸臣이라는 단어에는 정치적 지향점을 달리하는 세력들이 포함되어 있을 것이라 생각되기 때문이다. 諸臣내 포함된 세력으로는 신라와의 전쟁에 반대했던 세력,[111] 佛敎를 옹호하는 귀족세력, 그리고 聖王代 전제왕권을 구축하는 과정에서 중심적 역할을 하였던 세력으로 나누어 생각해 볼 수 있다. 이 중 威德王에게 비교적 호의적이었던 세력은 佛敎를 옹호하는 세력과 聖王代 전제왕권 구축의 중심세력이 아닐까 한다.

佛敎를 옹호하는 귀족세력은 度僧에 이어 "多造幡蓋 種種功德"과 같이 공덕을 행하는 모습에서 찾아볼 수 있다. 이들 세력은 위덕왕의 출가를 막으면서 100명의 國民을 度僧하고, 이어 많은 공덕을 행하고 있다. 이러한 모습들은 불교옹호 세력이 威德王과 친연성을 유지하고 있었기에 가능한 것이라 생각한다.

聖王代 전제왕권을 구축하는 과정에서 중심적 역할을 하였던 세력은 威德王에게 있어서도 측근세력으로 분류될 수 있다고 본다. 그것은 威德王이 聖王과 더불어 新羅와의 전쟁을 주도하는 것에서 쉽게 추론해 볼 수 있다.[112]

---

111) 이들 세력은 관산성 전투의 패전으로 인해 新羅와의 전쟁 이전보다 상대적으로 큰 영향력을 가졌을 것이다. 그러나 사료 F에서 보이듯이 威德王이 출가를 포기하고 대신 100명을 度僧하고 있으며, 또한 "多造幡蓋 種種功德"과 같은 많은 공덕을 행하는 모습을 통하여 볼 때 諸臣 내의 세력들이 일정한 균형을 유지하고 있었던 것이 아닌가 한다.

112) 이들 세력이 관산성 전투의 패전이후 영향력은 약화되었을 것이지만, 쉽게 축출되지는 않았을 것이다. 당시 신라와의 전쟁을 반대한 세력들 또한 관산성 전투로 인해 큰 손실을 보았으며, 무엇보다도 이들 측근세력들이 22부사라는 행정관서를 체계화 시켰기에 초창기 행정업무의 안정에 필요하기 때문이다.

王의 측근세력은 22부사의 체계화와 관련이 있다. 그리고 22부사의 체계화는 국왕중심의 왕권강화와 연결되어 생각해 볼 수 있다. 22부사라는 행정관서가 제도적으로 정착되었다는 것은 국가의 행정이 귀족세력을 통하지 않고도 가능했음을 말해주는 것이기 때문이다. 이는 한편으로 좌평을 중심으로 하는 귀족회의체의 존재를 무력화시키는 결과를 가져왔을 것이다.[113] 귀족세력의 약화는 물론 또 다른 세력의 등장을 요구했던 것으로 보인다. 이 때 등장하는 세력이 바로 聖王代 전제왕권 구축의 중심세력이 아닐까 한다. 이러한 측근정치의 중추적인 역할을 담당했던 대표적인 인물이 聖王의 股肱之臣으로 표현된 馬武와[114] 梁의 講禮博士 陸詡가[115] 아닐까 한다.

그렇다면, 威德王 즉위당시 諸臣 중에는 바로 이들이 포함되어 있을 가능성이 높다고 하겠다. 威德王은 諸臣 중 王權과 친연성이 있는 세력들의 동조로 점차 왕권을 회복하려는 움직임을 보였으며, 이 과정에서 度僧도 함께 실시된 것이다. 이와 같은 과정을 통하여 威德王은 재위 14년에 왕권의 강화된 모습을 보여준다고 하겠다.

이와 같은 추론은 度僧이 왕권의 강화, 즉 호국불교적인 성격을 갖고 있다는 주장과 맞물려 흥미를 끈다.[116] 度僧이 호국적인 성격을 가지고 있음은 法王이 왕흥사를 창건하면서 30명을 도승하는 장면이나, 新羅 선덕왕이 질병을 치유하기 위해 100명을 도승하는 모습[117] 등에서 찾아볼 수 있다. 이 당시 국왕에 대한 충성이 곧 국가에 대한 충성으로 연결된다는 점에서[118] 국왕의 질병치료나 왕실사원의 창건은 곧 호국적인 성격과 서로 부합

---

113) 노중국, 앞의 책, 1988, p.176.
114) 『日本書紀』19, 欽明紀 11년 춘2월.
115) 『梁書』百濟條.
116) 이기백, 앞의 글, 1986, pp.28~29.
117) 『三國史記』5, 新羅本紀5, 선덕왕 5년조.
118) 김수태, 「백제 위덕왕대 부여 능산리 사원의 창건」, 『백제문화』27, 1998, p.45.

된다고 볼 수 있기 때문이다. 따라서 威德王代의 度僧은 장차 威德王이 실추된 왕권을 회복하는 계기를 마련해준 것이라 하겠다. 다시 말하면, 威德王이 출가와 관련한 발언을 함으로써 약화된 왕권을 회복하기 위한 계기를 마련하고 있는 것이다.

또한 威德王代은 출가발언을 통하여 100명의 度僧을 이끌어 내었으며, 이는 능산리 사원의 창건으로 이어졌다고 생각한다. 능산리 사원의 창건은 威德王의 초기 왕권의 성격을 밝힐 수 있는 실마리를 제공한다. 능산리 사원의 창건은 성왕을 추복한다는 목적 이면에 聖王代 정치를 지향한다는 목적이 담겨 있다고 보기 때문이다.[119] 따라서 여기서 출토된 사리감은 威德王代 왕권의 존재양태를 설명해 주는 귀중한 자료이다. 사리감은 불사리를 넣어둘 수 있는 것으로 사리신앙과 연결될 수 있다고 생각되기 때문이다. 威德王代 들어오면서 사리에 대한 관심이 높아지고 있다. 그것은 威德王이 재위 35년(598)에 왜에 승려를 보내어 불사리를 전해주고 있는 기록을 통하여 확인된다.[120]

佛舍利는 불교국가에 있어서 무한한 의미를 가지고 있다. 불사리는 석가모니 붓다와 신자들, 과거와 현재, 속세와 佛舍利에 의해 상징되는 신성과 기적의 세계 사이에서 자기만의 연결고리이기 때문이다. 사리신앙 의식과 탑 건축에 대한 왕실의 의도는 아쇼카왕의 전통에 있어서 이상적 불교 왕정의 상징적 표현으로서 역시 중요하다.[121] 신라의 경우 진흥왕 37년(576)에 안홍이 불사리를 가져왔다는 삼국사기의 기록이[122] 있는 만큼, 백제에도 불사리가 존재하였을 가능성을 상정할 수 있겠다. 그것은 특히 「창왕명사리감」의 존재와 연결되어 신빙성을 높여준다고 하겠다. 이와 같은 설명

---

119) 김수태, 앞의 글, 2004, pp.171~172.
120) 『日本書紀』21, 崇峻紀 원년 3월.
121) 판키즈 모한, 「신라 중고기의 사리신앙과 왕권의 정당화」, 『2004 금강대학교 국제학술회의 발표요지문』, 2004, pp.182~182.
122) 『三國史記』4, 新羅本紀4, 진흥왕 37년.

은 度僧이 기실 왕권과 밀접한 관련을 갖는다는 데서 가능하다.

3) 法王代의 度僧

다음으로 살펴볼 수 있는 것이 법왕대의 도승이다. 法王代 度僧이 실시되는 배경은 法王의 禁殺生令과 왕흥사 창건, 그리고 칠악사 기우제와 서로 연관되어 있는 것으로 보인다. 이는 당시 불교가 확산되어 가는 과정과도 맥을 같이한다고 볼 수 있다.

法王은 즉위하던 해 불교적인 정책을 내놓게 되는데, 그것이 바로 禁殺生令이다. 다음의 기록은 禁殺生令과 관련한 내용이다.

> I-1. 12월에 영을 내려 살생을 禁하고 민가에서 기르는 鷹鷂를 거두어 놓아주었으며, 어렵도구는 태워버렸다.(『三國史記』27, 百濟本紀 5 법왕 원년)
>
> I-2. 이해 겨울 조칙을 내려 살생을 금하였다. 민가에서 기르는 鷹鷂之類를 풀어주고 어렵도구를 불태워 (살생을) 일체 금지시켰다.(『三國遺事』3, 홍법 3, 法王 禁殺)

위에서처럼 法王은 금살생령을 내리고 민가의 사냥도구와 어렵도구를 불태우고 있다. 그런데 여기서 주목할 것은 사냥도구를 불태우고 있는 대목이다. 위의 내용에서 法王은 살생을 할 수 있는 도구를 제거하라는 명령을 내리고 있다. 이는 모든 동물을 무조건 죽이지 말라는 의미로 해석되지 않는다. 여기서 또한 민가에서 기르던 매와 민가에서 소유하던 漁獵之具라는 점도 주목해야 한다. 즉 민가에 이르기까지 이러한 명령이 실행되기 위해서는 살생을 일체 금지시킬 수가 없을 것이다. 이렇게 볼 때『三國遺事』의 일체금지는 원래의 명령에 포함되지 않는 누군가의 작문에 의해 첨가된 구문이었을 가능성이 있다.[123] 禁殺生令의 목적이 무엇인지 다시 한번 생

---

123) 김주성, 「백제 법왕과 무왕의 불교정책」, 『마한·백제문화』15, 2001, pp.46~47.

각해 볼 일이다.

　法王의 禁殺生令은 『梵網經』에 그 근거를 둔 것으로 보인다. 124) 범망경의 내용을 살펴보면 다음과 같다. 125)

J. 불자들이여, 일체의 칼 몽둥이 활 화살 창 도끼 등 싸움하는 기구를 쌓아두지 말 것이며, 짐승을 잡는 그물, 망, 덫 등 살생도구 일체를 비축하지 말지니라. 보살은 부모를 죽인 이에게도 오히려 원수를 갚지 말아야 하거늘, 하물며 다른 중생을 죽이겠는가. 만일 일부러 일체의 칼, 몽둥이 등을 쌓아 두는 자는 경구죄를 범한 것이다.(「梵網經盧舍那佛說菩薩心地戒品」제10권 下(大正藏 24, p.1005c))

　위의 내용은 범망경의 제10경계인 축살생구계이다. 그런데 범망경은 國王과 國法에 대해 자주 밝히고 있다. 즉 10重戒를 범하면 국왕이나 轉輪王의 位를 잃게 된다는 등으로 왕과 보살계를 직결시키고 있다. 이는 만약 佛子가 國王位나 轉輪聖王位 등에 나아갈 때에 먼저 보살계를 받아야 하며 戒를 받았으면 孝順心・孝敬心을 가져야 한다고 하였다. 보살계를 받으면 모든 鬼神이 왕을 救護하고 諸佛이 歡喜한다고 덧붙이고 있다. 126) 이와 같은 설명은 범망경이 왕권보다 우위에서 불법을 설하고 있음을 알게 한다. 그러나 다른 한편으로 생각할 때, 왕은 利他精神으로 民을 통치하기 때문에 보살계를 받아 왕권을 합리화 시키고 통치행위를 정당화할 수 있게 되는 것이다. 127) 백제는 일찍이 중국 남조의 양과 교류를 빈번히 하였던 만큼, 王者卽菩薩이라는 남조의 사유를 받아들였을 가능성이 높다고 생각한

---

124) 김주성, 앞의 글, 2001, pp.47~48.
125) 범망경은 5세기 무렵에 중국에서 찬술된 것으로, 당시까지 유포되어 있던 여러 경론과 계율을 참조하여 성립된 경전으로 이해된다(大野法道, 『大乘經の硏究』, 理想社, 1954, pp.262~264 ; 최원식, 「태현의 보살계 이해와 현실문제 인식」, 앞의 책, 1999, p.206 재인용).
126) 『梵網經』(『大正藏』24, p.1005a.)
127) 최원식, 「신라 보살계사상의 성격과 역사적 의의」, 앞의 책, 1999, p.256.

다.[128)]

　그런데 위의 내용에서 法王의 禁殺生令은 축생에 한정되어 명령이 내려
지고 있지만, 실질적으로 전쟁도구를 포함하고 있을 가능성도 높여준
다.[129)] 이 때 왕권의 차원에서의 대외전쟁을 위한 무기는 포함하지 않을 것
으로 생각된다. 다만 내부적으로 왕권의 위협적인 귀족세력들의 병권을 제
약하려는 의도가 담겨 있지 않을까 여겨진다. 비록 후대의 일이기는 하지
만, 義寂과 태현은 위의 사료 J에 대하여 『涅槃經』을 예를 들어 正法을 수호
할 목적으로 兵器를 가지고 있는 것을 허용하고 있는 사실이[130)] 주목된다.
이는 왕권과 국가를 수호하기 위해 국가에서 병기를 소유할 수 있음을 뒷
받침해 주는 근거가 된다고 하겠다.

　기존의 연구에서 法王의 禁殺生令은 法王의 불교정책에 맞추어 진행되
었다. 그러나 이를 새로운 각도에서 해석이 가능하지 않을까 한다. 먼저 살
펴볼 수 있는 것이 法王代의 왕권과 관련한 일련의 조치들이다. 그리고 우
선적으로 찾아볼 수 있는 것이 바로 王興寺와 烏合寺의 창건이다.[131)]

　法王의 禁殺生令은 불교적인 차원에서 진행되었지만, 실질적인 내용에
있어서는 오히려 왕권과 더 관련이 있지 않을까 한다. 法王의 왕흥사 창건
과 禁殺生令이 밀접한 관련이 있지 않을까해서다. 그것은 시기적으로 불과
한달 사이에 전개되고 있다는 사실에서 추론하였다. 禁殺生令이 법왕 즉위

---

128) 이 때 법왕이 보살계를 받았는지에 대한 구체적인 내용은 나와 있지 않지만, 그 가능
　　성은 열어놓는 것이 좋을 듯하다.
129) 신라가 범망경을 받아들인 시기는 늦어도 7세기 전후로 이해할 수 있다. 이 당시 원광
　　은 범망경의 10重戒를 알고 있었고, 이는 세속오계의 내용 속에서 살펴지기 때문이다
　　(최원식, 앞의 책, 1999, pp.48~49). 그런 만큼, 백제에도 범망경이 이 당시에는 유포되
　　어 있을 가능성이 많다고 하겠다. 따라서 법왕의 금살생령이 범망경과 관련 있음은 큰
　　무리가 없을 듯하다.
130) 최원식, 「태현의 보살계 이해와 현실문제 인식」, 앞의 책, 1999, p.212.
131) 김수태, 「백제 법왕대의 불교」, 『선사와 고대』15, 2000, pp.9~12. 왕흥사와 오합사가 3
　　산과 5악에 위치하는 것은 이들 사찰이 호국사찰로서 기능하였음을 말해준다. 나아가
　　度僧이 호국적 성격을 가지고 있음과 연결된다.

년 겨울 12월에 있고, 이어 왕흥사 창건이 재위 2년 춘 정월에 일어나고, 동시에 度僧이 전개되고 있는 것은 이들의 관계가 서로 연결되어 있음을 말해주는 것이라 보기 때문이다. 따라서 왕흥사의 창건이 호국적인 기능을 갖는다면, 禁殺生令과 度僧 또한 같은 성격으로 보는 것은 무난하다고 본다.

나아가 신라 문무왕이 통일전쟁을 수행한 후 병기구를 녹여 농기구로 삼았다는 내용과도[132] 같은 맥락에서 살펴야 하지 않을까 한다. 문무왕이 이제는 병기구를 녹여 농기구로 하고자 하는 것은 귀족들의 사병을 억제하겠다는 의도도 다분히 담겨 있다고 보기 때문이다. 이와 마찬가지로 法王은 禁殺生令을 통하여 귀족들의 사병을 억제하고 왕권을 공고히 하고자 하였던 것은 아닐까. 일반 백성들의 생업을 위협하면서 禁殺生令을 수행한다는 것은 오히려 왕권에 큰 장애가 될 것이라 생각하기 때문이다. 禁殺生令 이후 나타난 왕흥사의 창건은 이를 뒷받침한다. 왕흥사는 사찰명에서 알 수 있듯이 왕실의 흥함을 기대하면서 창건된 사찰이다. 왕실의 흥함은 또한 귀족세력에 대한 견제로서 가능한 것이다. 이와 같은 논리로 볼 때, 禁殺生令은 바로 귀족들의 세력을 억제하기 위한 하나의 방편으로 이용된 것이라 할 수 있다.

그와 같은 논리는 法王이 왕흥사를 창건하고 30명을 度僧하였다는 기록과 맞물려 생각해 볼 수 있다. 다음의 내용은 왕흥사의 창건과 度僧에 대한 설명이다.

K-1. 봄 정월에 왕흥사를 창건하고 승려 30명을 두었다.(『三國史記』27, 百濟本紀 5, 법왕 2년)

K-2. 봄 2월에 왕흥사가 창건되었다. 그 절은 강가에 있는데, 채색으로 웅장하고

---

132) 『三國史記』7, 新羅本紀 7 文武王 21년, "鑄兵戈爲農器". 여기서 문무왕이 통일전쟁 이후 兵戈를 農器具로 한 것은 일면 전쟁 종식 이후 농사를 장려하는 것으로 해석할 수 있으나, 한편으로 귀족세력들을 전쟁에 동원하면서 그들이 가지고 있던 사병들에 대한 위협에서 벗어나기 위한 조치의 하나로도 해석할 수 있다고 생각한다.

화려하게 꾸몄다. 왕은 매번 배를 타고 절에 들어가 行香하였다.(『三國史記』
27, 百濟本紀 5, 무왕 35년)

K-3. 또 사비수 언덕에 돌 한 개가 있는데 여남은 명이 앉을 만 하다. 백제왕이 왕
흥사에 가서 부처에게 禮를 드리려 할 때엔 먼저 이 돌에서 부처를 바라보고
절을 하니 그 돌이 저절로 따뜻해졌으므로 돌석이라 한다.(『三國遺事』2, 紀
異, 南扶餘 · 前百濟 · 北扶餘)

K-4. 이듬해 경신년에는 서른 명의 승려를 새로 두고, 그 때 서울인 사비성-지금의
부여-에 왕흥사를 세웠는데 겨우 담틀을 세우고 세상을 떠났다. 무왕이 왕위
를 이어 아버지가 시작한 것을 아들이 경영하여 수십 년에 걸쳐서 낙성시켰
다.(『三國遺事』3, 興法, 法王禁殺)

위의 내용을 보면 왕흥사의 창건과 度僧이 밀접하게 관련이 있음을 알 수
있다. 왕흥사의 창건에 이어 度僧이 실시되고 있음이 이를 말해준다. 이는
사찰의 창건과 度僧이 서로 관련되어 있음도 아울러 말해준다고 하겠다.
그리고 위의 사료에서 왕흥사의 창건과 度僧이 서로 연결되어 있음은 度僧
의 성격을 알게 한다. 왕흥사가 호국사찰이라는 것에서 찾아진다.

위의 사료에서 武王의 불사활동은 성왕계의 불사활동과 관련하여 보다
체계적으로 파악할 수 있을 것이다. 왕흥사 창건이 K-4 기록에 보이듯 法王
의 뒤를 이어 그 아들인 武王이 그것을 완공시킴으로써 法王이 추구했던
정치적 목표를 달성했음을 알려주고 있기 때문이다.[133] 다시 말하면 法王
이 왕권을 강화하는 과정 속에 일어난 일련의 불교정책으로 해석이 가능하
지 않을까 한다. 이 과정에서 度僧이 이루어지고 있다.

사찰의 창건은 불교의 중흥에 그 중심을 두고 있지만, 오합사나 왕흥사의
창건은 왕권의 강화와 밀접한 관련을 맺고 있다. 다시 말하면, 불교적인 정

---

133) 그것은 武王 후기에 들어와서 武王의 전제왕권이 재확립되었다는 사실에서 파악할 수
있을 것이다(김수태, 「백제 의자왕대의 정치변동」, 『한국고대사연구』5집, 1992,
p.91).

책 속에 왕권이라는 세속적인 정책이 포함되어 있는 것이다. 이는 한편으로 칠악사에서 기우제를 지내는 것과도 서로 연관되어 이해할 수 있지 않을까 한다.

　法王은 왕흥사를 창건하고 30명을 度僧한다. 그리고 칠악사에서 기우제를 지내고 있다. 다음의 내용이 그것이다.

> L. 봄 정월에 왕흥사를 창건하고 승려 30명을 두었다. 크게 가물어서 왕이 漆岳寺에 가서 빌었다. 5월에 왕이 돌아가니 諡를 法이라 하였다.(『三國史記』27, 百濟 本紀 5, 法王 2年)

　위의 내용은 法王이 旱災에 대한 대책으로 漆岳寺에 가서 기우제를 지내고 있는 사실을 기록으로 보여주고 있다. 이에 대해서 기존의 연구에서는 기우제의 집전처가 神祠에서 佛寺로 바뀐 것에 주목하여 불교적 이념을 기반으로 안정된 지배질서를 구축하려는 法王의 의지가 마침내 토착적 신앙의례의 변화까지 초래시킨 것으로 설명하고 있다.[134] 그리고 法王의 이러한 불교확대정책은 그 급격한 조치에 비례하여 토착적 신앙기반을 그대로 지키고자 하는 귀족세력들의 거센 반발을 초래하였다고 한다. 즉 보수적인 귀족층들은 산악신앙을 토착신앙의 마지막 보루로 판단하였다는 것이다. 그 결과 法王의 불교이념의 강조를 통한 야심적인 왕권강화책은 귀족세력과의 거센 갈등을 야기했고, 그것이 法王의 재위기간을 불과 만 1년 정도에 그치게 한 그 단명의 요인이 되었다는 것이다.[135]

　그러나 칠악사의 기우제를 다른 방향에서 살펴볼 수 있지 않을까 한다. 그것은 기우제가 갖는 의미를 찾아봄으로써 살펴볼 수 있다. 다음은 法王代 이전에 실시된 기우제의 내용이다.

---

134) 이도학, 「사비시대 백제의 4방계산과 호국사찰의 성립」, 『백제연구』20, 1989, pp.120~121.
135) 이도학, 앞의 글, 1989, p.127.

M-1. 4월에 크게 가물었다. 왕이 東明廟에 빌었더니 비가 왔다.(『三國史記』24, 百
     濟本紀 2, 仇首王 14年)

M-2. 여름에 크게 가물어 벼싹이 타서 마르므로 왕이 친히 橫岳에 제사지냈더니
     비가 왔다.(『三國史記』25, 百濟本紀 3, 阿莘王 11年)

M-3. 5월부터 7월에 이르도록 비가 오지 아니하므로 祖廟와 名山에 祈祭하였더니
     이내 비가 왔다.(『三國史記』2, 新羅本紀 2, 沾解尼師今 7年)

M-4. 여름에 큰 가뭄이 있어 시장을 옮기고 용을 그려 비오기를 빌었다.(『三國史
     記』4, 新羅本紀 4, 眞平王 50年)

　위에서 언급되고 있는 東明廟나 橫岳, 祖廟, 名山에서의 제사 등은 모두
왕을 비롯한 國民들이 누구나 인정하는 것이기에 가능한 것이라 생각한다.
이는 기우제의 형식이 지배층이든 피지배층이든 공히 당연시하는 의식으
로 간주고 있음을 말해주는 것이라 하겠다. 이와 같은 인식은 旱災와 관련
한 행위를 통해서도 살펴진다.
　기우제와 관계있는 천재지변은 旱災이다. 그런데 旱災는 천재지변 중에
서 가장 큰 비중을 차지하고 있다.[136] 그것은 농경사회가 갖는 성격과 일치
되는 면이 있다. 또한 고대사회의 제천의례는 농경의 풍요와 직접적인 관
련을 갖는 것으로 사회의 통합과 연대를 높이는 기능을 하고 있음을 주목
해 볼 필요가 있다.[137] 이렇게 볼 때, 기우제는 왕권에 의해 쉽게 교체될 수
있는 성질의 것은 아니라고 본다. 다시 말하면, 기우제의 형식은 왕을 비롯
한 귀족세력, 그리고 농사에 직접적으로 종사하는 백성들까지도 이에 대한
합의가 이루어져야 가능한 것이 아닐까 한다. 특히 농경사회에서 농경에
종사하는 백성들과의 교감 없이 기우제의 형식을 전환하기란 쉽지 않다고

---

136) 이희덕, 「三國史記에 나타난 天災地變記事의 성격」, 『동방학지』23-24합집, 1980,
　　pp.78~79.
137) 琴章泰, 「제천의례의 역사적 고찰」, 『유학사상연구』4·5, 1992, p.53(위영, 「신라 초기
　　불교의 전개과정 검토」, 『신라문화』20, 동국대 신라문화연구소, 2002, p.24 재인용)

생각한다. 그것은 旱災가 발생하였을 때 정치적 행위를 살펴봄으로써 이해할 수 있다. 즉, 가뭄으로 인한 민간의 피해를 줄이기 위해 하늘에 비를 내려줄 것을 기원하는 행사인 기우제는 남단에서 제천을 하거나, 죄수의 사면 등의 형식으로 진행되었던 것이다. 죄수에 대한 사면을 취하고 있는 것은 백성들을 위무하기 위한 것이며, 곧 기우제를 지냄에 있어 백성과 괴리될 수 없음을 말해주는 것이라 하겠다. 다음은 旱災가 발생하였을 때 왕권이 취한 행동을 살펴본 것이다.

N-1. 큰 가뭄이 들자 (왕이) 中外의 獄囚를 조사하여 가벼운 죄는 용서하였다.(『三國史記』2, 新羅本紀 2, 奈解尼師今 6年)

N-2. 봄과 여름에 날이 가물었으므로 (왕이) 사신을 보내어 郡邑 獄囚를 조사하여 二死를 제외하고는 나머지는 다 용서하였다.(『三國史記』2, 新羅本紀 2, 奈解尼師今 15年)

N-3. 4월에 가뭄이 있어 죄수를 조사하였다.(『三國史記』2, 新羅本紀 2, 味鄒尼師今 19年)

N-4. 봄과 여름에 가물었으므로 왕이 친히 죄수를 조사하여 많이 놓아주었다.(『三國史記』2, 新羅本紀 2, 訖解尼師今 8年)

N-5. 4월에 가뭄이 있어 왕이 친히 죄수를 조사하더니 이내 6월에 이르러 비가 왔다.(『三國史記』10, 新羅本紀 10, 元聖王 11年)

N-6. 봄과 여름에 가물었다. (이에) 죄수를 조사하고 死罪를 赦하였다.(『三國史記』23, 百濟本紀 1, 多婁王 28年)

위의 내용에서 볼 수 있는 것처럼 역대의 왕들은 가뭄이 들어 민심이 흉흉해지면, 이를 위로하기 위하여 사면을 단행하고 있는 모습을 찾아볼 수 있다. 그리고 제천행사를 통하여 민심을 달래고 있다. 이와 같은 행위들은 旱災의 원인을 어디에 두고 있는가에 대한 고찰을 통해 더욱 확연해진다.

旱災의 원인에 대해서는 고려시대 성종의 교서를 통해서도 확인할 수 있지 않을까 한다. 이 교서에 따르면 旱災의 원인은 군주의 부덕한 정치에서 비롯되고 있다. 또한 刑罪와 褒賞의 不公正에 의한 왕의 不德을 꼽고 있다.

그런 만큼 이에 대한 대책도 군주의 근검한 생활태도, 佛事나 자연신에 대한 제사 등을 들 수 있다. 이러한 행위는 자연을 자연 그대로 직시하려는 天人合一觀에 기초하고 있다고 생각된다.[138] 이러한 관념이 사회적 통념으로 자리 잡고 있었다면, 기우제의 행위형식 또한 쉽게 변화할 수 없는 것이라 할 수 있다.

그런데 여기서 주목해 보고자 하는 것은 가뭄이 들어 행하고 있는 제천행사나 대사면과 같은 일련의 조치들은 모두 백성들과 밀접한 관련을 맺고 있다는 것이다. 다시 말하면, 이러한 조치들은 민심을 수습하기 위한 것이다. 민심의 수습을 통하여 왕권을 공고히 하고, 나아가 통치의 한 행위로서 작용하고 있는 것이다.

기우제가 일반백성과 일정한 교감을 통하여 이루어졌다는 것은 旱災에 발생한 유리걸식자들을 강력한 행정으로 출신고장에 정착시키려는 노력에서도 찾아볼 수 있다. 이들 유리걸식자들은 조세의 부담이라는 측면도 있지만, 왕권이 아닌 귀족들에게 귀속되어 사병으로 성장함으로써 장차 왕권을 위협하는 심각한 문제를 야기 할 가능성이 있기 때문이다.[139] 이들 일반백성들은 왕권의 차원에서 보호의 대상이 되었던 것이다.

그렇다면, 이러한 일련의 민심수습책으로서 기우제가 갑자기 사찰에서 진행된 연유는 무엇인가. 이에 대해서는 기존에 巫佛交替로 이해하는 경우도 있지만,[140] 오히려 이는 불교의 확산과 맞물려 생각해 볼 수 있지 않을까 한다. 앞서 살펴본 바와 같이 제천행사의 형식은 사회적 합의가 있어야 가능하기 때문이다. 또한 칠악사에서 기우제를 올리기 전에 법왕은 왕흥사를 창건하고 30명을 度僧하고 있는 것에서도 뒷받침된다. 度僧은 일반백성들을 대상으로 한 것이며, 威德王대의 度僧을 고려할 때 불교는 이미 민중

---

138) 이희덕, 「고려시대 기우행사에 대하여 - '고려사' 오행지를 중심으로-」, 『동양학』11-1, 1981, p.191.
139) 김주성, 앞의 글, 2001, p.43.
140) 이도학, 앞의 글, 1989, pp.120~121.

속에서 자리잡아가고 있었던 것으로 볼 수 있기 때문이다. 따라서 법왕이 칠악사에서 기우제를 지냈다는 것은 불교가 이미 일반 백성들 가운데 대세로 자리 잡고 있었음을 의미하는 것으로 해석해야 하지 않을까 한다.[141] 칠악사에서 기우제를 지내고 있다는 것은 이미 일반 백성들과 교감이 이루어진 것이라 생각되기 때문이다.[142] 일반 백성과의 교감은 곧 불교의 확산을 의미하며, 불교의 확산은 度僧이라는 하나의 방편을 통하여 진행되었을 가능성이 높다고 생각한다.

따라서 法王代 이루어진 일련의 조치들은 서로 연관되어 있으며, 이는 불교의 확산 및 귀족세력의 억제를 통한 왕권의 강화와 밀접한 관련을 맺고 있는 것으로 볼 수 있다. 그런 만큼, 法王의 왕권강화와 관련된 불사활동이 그의 단명에 영향을 미쳤는지의 여부는 보다 새롭게 검토할 필요가 있다고 하겠다.[143]

法王代 실시된 度僧은 威德王代에 실시된 것과는 성격을 달리한다. 威德王代의 度僧이 諸臣과의 타협과정에서 실시된 것에 비하여 法王代의 度僧은 法王의 결정으로 실시되었기 때문이다.

法王이 실시한 禁殺生令은 왕흥사의 창건, 그리고 度僧과 서로 연결되어 있다. 그리고 왕흥사가 호국적인 성격을 가진 사찰이라면, 이들 禁殺生令과 度僧이 호국적인 성격을 갖는 것이라 할 수 있다. 따라서 法王의 일련의 정책들은 호국적인 성격을 가진 왕권의 강화와 관련이 있다고 하겠다. 그

141) 사비시대에 불교가 대중화되었을 것이란 추론은 『三國遺事』3, 홍법, 難陀闢濟條에 아신왕이 "崇信佛法求福"이라 下敎하고 있는 것에서도 가능하다.
142) 이 당시에 백제에서 서민들 사이에 유행하고 있던 신앙으로는 관음신앙과 묘견신앙을 들수 있다(김영태, 「삼국시대 서민들의 불교신앙」, 『한국불교학』12, 한국불교학회, 1987).
143) 김수태는 「백제 법왕의 불교」 주92)에서 법화신앙의 특징이 壽命 연장과 治病에 있다고 한다면 법왕이 병사했을 가능성을 언급하고 있다. 당시 법왕이 불교의 대중화에 힘썼고, 또한 度僧을 실시했다는 점에서 이의 가능성이 매우 높다고 생각한다. 신라의 선덕왕이 치병을 위하여 度僧을 실시하는 예에서 추론의 여지가 있다고 생각한다.

리고 法王이 칠악사에서 기우제를 지내고 있는 것은 일반 백성들까지도 기우제의 형식에 대한 공감대를 형성하고 있었기 때문으로 풀이된다. 그것은 이미 이 시대에 불교가 확산되어 가고 있음을 의미한다. 그리고 이런 불교의 확산에 있어 度僧은 일정한 역할을 하였을 것이다. 度僧이 일반 백성들을 대상으로 하고 있는 것이 이를 뒷받침해준다.

II 佛教信仰의 國家的 展開

Ⅱ. 佛敎信仰의 國家的 展開

사비시대 불교는 계율을 특히 강조하는 모습이다. 백제불교의 계율은 웅진시대 말기에 미륵신앙을 기반으로 하는 계율로 나타나는 데, 사비시대에 들어서는 『열반경』과 『법화경』을 기반으로 하는 대승계율로 발전하고 있다. 사비시대 백제불교에서 이처럼 계율이 크게 강조되는 것은 왕권과 관련하여 살펴볼 수 있다. 『열반경』을 통한 계율의 강조가 그러한 현상을 말해준다. 『열반경』에서 강조하는 계율은 불교신앙의 사회성을 말해주기도 한다. 불교신앙을 통해 사회적 질서를 유지하기도 하고, 사회적 분위가 불교에 반영되어 신앙의 형태로 나타나는 모습이 그러하다. 이는 불교가 가지는 사회성과 역사성에 기인한다고 할 수 있다.

사회성을 반영하는 계율은 사회질서를 유지하는데 있어 매우 중요한 기능을 한다. 여기서의 계율이 승려들에 한정되어 사용될 때는 교단의 질서를 유지하는데 활용될 수 있다. 그러나 사회적으로, 즉 재가신자로 그 범위를 확대할 때 계율은 그 영향력이 커진다. 불교를 국가차원에서 사회적 지도이념으로 한다면 더욱 그러하다.

그리고 이러한 계율의 강조는 신앙과도 관련이 있다고 본다. 계율은 신앙생활 가운데 지켜야할 것들에 대해서도 강조하고 있기 때문이다. 특히 불교의 가장 기본적인 계율인 五戒는 불교를 신앙하는 대상층들에게 기초적인 계율로 작용한다.

이렇게 볼 때 백제의 불교신앙은 계율이 강조되는 가운데 전개되고 있는 것으로 생각해 볼 수 있다. 그리고 계율이 국가차원에서 강조되고 있다고 할 때, 백제 사비시대의 불교신앙도 국가차원에서 전개되는 모습이 살펴진다고 본다. 불교신앙이 국가적으로 전개되는 양상을 살피고자 하는 것도 이와 같은 이유에서 이다.

사비천도 이후 성왕의 개혁추진 과정에서 『열반경』이 중시하고 있는 모습이 발견된다. 성왕은 사비천도 이후 사회적 안정을 꾀하는 과정에서 열반 등의 경의를 수입하고 있는 기록은 이를 말해준다. 여기서 『열반경』은 계율뿐만 아니라 불성도 함께 강조하고 있다.

『열반경』은 석가불신앙과 연결되는 모습도 찾아진다. 『열반경』에서 강조하는 전륜성왕의 모습이 당시 성행하고 있는 석가불 조성과 연결되어 있을 개연성을 볼 때 그러하다. 그리고 석가불신앙은 불교를 통한 왕권의 신성성과 연결되어 진다. 이러한 신성성은 왕권과 다른 귀족세력과의 차별성을 위해 불교신앙을 이용하고 있는 것으로 보인다. 그러나 이러한 차별성이 의미하는 것은 배타적인 것으로 보기는 힘들다고 본다.

이는 백제가 석가불신앙과 더불어 미륵을 신앙하고 있음에서 찾아진다. 그리고 왕권과 귀족세력간의 조화로운 관계를 추구하고 있는 백제의 미륵신앙은 웅진·사비·익산지역에서 독특한 성격을 가지면서 전개되고 있다.

다음으로 왕실과 관련한 불교신앙으로 살펴볼 수 있는 것이 천신신앙이다. 천신신앙은 天의 관념을 불교적으로 표출시킨 것이라 할 수 있다. 그리고 불교에서의 천신신앙에는 제석신앙과 그의 방계 신앙인 사천왕신앙이 있다. 실제로 백제는 이러한 제석신앙과 사천왕신앙의 흔적을 남겨놓고 있다.

이 당시 왕실은 특히 天의 관념을 중시하는 것으로 보인다. 성왕은 사비천도를 단행하면서 왕실을 부각시키고 있는 것으로 보인다. 왕실을 고양하기 위해 골족의식을 심화하고 있는 것이 그것이다. 이러한 성왕의 노력은 天에 대한 관념의 표출로 이어졌을 것으로 본다.

그런데 백제에서 이러한 天에 대한 의식은 그 연원이 오래된다. 불교수용 이전의 신앙체계인 소도의 천군이 제사장으로서[1] 하늘과의 교통을 맡고 있었던 것에서 살펴볼 수 있는 것이 그것이다. 여기서 제사장은 곧 하늘과 인간을 연결시키는 권능을 가지고 있으며, 이를 통해 신성성을 강조하고 있는 것이다. 이처럼 하늘을 숭상하였던 백제로서는 天과 관련한 신앙을 불

---

1) 최광식, 「한국고대의 제의연구」, 고려대학교 박사학위논문, 1989, pp.45~46.
  정경희, 『한국고대사회문화연구』, 일지사, 1990, p.44.
  신종원, 『신라초기불교사연구』, 민족사, 1992, p.54.

교에서 찾았을 것이며, 이것이 곧 제석신앙과 사천왕신앙으로 발현된 것으로 생각된다.

제석신앙은 왕권을 고양함에 있어 중요한 기능을 하였다. 제석을 통하여 왕권이 하늘과 닿아 있으며, 이는 석가불신앙과 연결되기 때문이다. 제석 아래에 위치한 사천왕은 인간계에 가장 가까운 하늘을 관장하는 신들로 토속신앙에서의 天神信仰을 포용, 반영한 정도가 큰데서 말미암는다.[2] 이는 전통적인 천신신앙과 가장 밀접하게 연결되어 있는 신앙으로서 제석신앙과 사천왕신앙을 연계하고 있는 것이라 본다.

이처럼 왕실에서 제석을 신앙하고 있음은 효사상으로 이어지고 있다. 효사상은 성왕계 왕실에서 강조해온 것으로, 성왕으로부터 무왕대에 이르기까지 이어지는 모습을 보여준다.

여기서는 백제에서의 『열반경』에 대한 이해를 살펴보고, 더불어 석가불신앙의 모습도 고찰해 보고자 한다. 그리고 미륵신앙의 전개과정을 지역에 따른 특성을 고찰하면서 살펴보고자 한다. 더불어 天의 관념을 보여주는 제석신앙과 사천왕신앙을 왕권과 관련하여 살펴보고자 한다. 석가불신앙은 『열반경』과 연결하여 성왕이 개혁정책을 추진하는 과정에서 사상적 배경으로 하고 있음을, 그리고 미륵신앙이 웅진·사비·익산 지역에서 전개되는 모습을 찾아보고자 한다. 제석신앙은 효사상의 발현으로서 살펴보고자 한다. 이어 사천왕신앙은 호국신앙의 한 유형으로 살펴봄으로써 백제에 있어 불교신앙과 왕권과의 관계를 도출해 보고자 한다.

1. 『涅槃經』의 이해와 釋迦佛信仰

사비천도 이후 성왕의 개혁과정에 대한 이해는 정치사 중심으로 진행되

---

2) 김재경, 「신라불교와 천신신앙」, 『논문집』13, 경일대학교논문집, 1996, p.784.

어 왔다.[3] 성왕의 개혁에 대한 사상적인 배경이 소홀하게 다루어진 감을 갖는 것도 이와 무관하지 않다. 이러한 분위기 속에서 성왕대 개혁정책과 관련하여 유불정치이념을 살핀 논고가 있어 주목된다.[4] 이 논고는 성왕대의 개혁정책의 배경으로 유교와 불교를 들면서도, 그 관계는 대립적으로 설정하고 있다.

그런데 이 시기 불교 사상적인 맥락으로『涅槃經』도 살펴볼 수 있지 않을까 한다. 성왕이 재위 19년(541)에 梁으로부터 涅槃 등의 經義를 구하는 모습은[5] 불교 사상사적인 측면에서『涅槃經』이 중시되고 있음을 말해주는 것이라 보기 때문이다.

성왕대의『涅槃經』은 계율과 관련하여 일찍부터 주목받아왔다.[6] 김동화는 성왕대 양으로부터 수용되는『涅槃經』과 관련한 주석서에 대해 추적하고 백제에서도『涅槃經』연구가 성행하였음을 밝히고 있으며, 안계현은 성왕대의 기록을 토대로 백제의『涅槃經』이 계율과 깊은 관련 속에서 발전되고 있음을 살피고 있다. 그리고 채인환은 백제에서『涅槃經』등의 義疏 請求를 계율사상의 측면에서 살펴보고 있다.[7] 채인환은 여기서 천축에서 직접 구한 律部의 연구로 인하여 흥하게 된 백제의 律宗이 다시 대승계사상과 만나 전개되고 있는 모습을 보여주는 일이라 하였다. 그런데 이러한 연구들은 교학적인 측면에서 진행된 면이 없지 않다. 따라서 정치·사회적인

---

3) 사비천도와 관련하여 살펴본 최근의 연구성과를 살펴보면 다음과 같다.
  양기석, 「백제 성왕대의 정치개혁과 그 성격-전제왕권의 성립문제와 관련하여-」, 『한국고대사연구』4, 한국고대사학회, 1991.
  김수태, 「백제의 천도」, 『한국고대사연구』36, 한국고대사학회, 2004.
4) 조경철, 「백제 성왕대 유불정치이념-육후와 겸익을 중심으로-」, 『한국사상사학』15, 한국사상사학회, 2000.
5) 『三國史記』26, 百濟本紀4, 성왕 19년.
6) 성왕대 『涅槃經』에 관심을 가진 대표적인 논고로는 김동화, 「백제시대의 불교사상」, 『아세아연구』5-1, 1962 및 안계현, 「백제불교에 관한 제문제」, 『백제연구』8, 1977(『한국불교사상사연구』, 동국대출판부, 1983에 재수록) 등을 들 수 있다.
7) 채인환, 「백제불교 계율사상 연구」, 『불교학보』28, 1991.

흐름 속에서『涅槃經』의 의미를 살펴볼 필요가 있다. 이것은 불교가 현실 속에서 어떻게 적용되는지 알아보고자 함이다.

『涅槃經』은 모든 중생들이 불성을 가지고 있어 부처가 될 수 있다는 佛性論과 함께 戒律을 강조한다. 그리고『涅槃經』과 석가불의 관계가 서로 연결되어 보이는 만큼, 석가와 왕권을 동일시하는 당시의 신앙적인 면에 부합된다고 본다.[8] 따라서『涅槃經』의 정치·사회적인 의미를 살펴보는 것은 사비천도 이후 추진된 성왕의 개혁정책과 백제불교의 흐름을 이해하는데 도움을 줄 것이라 생각한다.

먼저 백제 사비시대에『涅槃經義』가 수용되는 배경을 중국에서의『涅槃經』 이해와 연결하여 살펴보고자 한다. 이어 성왕대 강조되는 계율을 正法護持를 통하여『涅槃經』과 연결시키고, 석가불신앙의 토대도 주목해 보고자 한다. 그리고『涅槃經』에서 설하고 있는 佛性論이 백제사회에서 어떻게 적용될 수 있는지도 알아보고자 한다.

1) 涅槃經義의 수용배경

성왕은 재위 16년인 538년에 도읍을 웅진에서 사비로 옮기고 있다.[9] 천도는 단순히 왕도를 옮기는 것이 아니다. 왕의 거주지이자 동시에 조상신이 깃든 정치적 신성공간의 이동을 의미한다. 따라서 천도는 정치적 목적이 담겨있는 행위라 할 수 있다. 그런 만큼 천도는 해당 사회에 큰 영향력을 미칠 수밖에 없다.

그런데 천도의 특징 중 하나는 바로 왕권강화이다. 왕권강화는 신진귀족

---

8) 신라 진평왕대는 석가와 왕권을 동일시하는 석가불신앙이 보여지고 있다(김두진, 「신라 진평왕대의 석가불신앙」,『한국학논총』10, 1987 및 이기백, 「신라 초기불교와 귀족세력」,『신라사상사연구』, 일조각, 1986). 이는 석가족과 왕족을 동일시하는 것으로 왕권의 강화와 관련이 있다. 그런데 이러한 모습은 석가불을 신앙하는 백제에서도 적용이 가능하다고 본다.

9)『三國史記』26, 백제본기4, 성왕 16년.

세력들에 의해 전제체제의 지지를 받고 있기 때문으로 풀이된다.[10) 그리고
동성왕대 실현되지 못한 천도가 성왕대에 실현되고 있는 것은 이 때에 백
제의 왕권이 확립되었음을 의미한다고 할 수 있다.[11) 그렇다면, 성왕의 사
비천도는 지배체제의 변화와도 관련이 있다고 본다.[12)

한편 성왕이 사비로 천도한 이후 정국은 정치적인 면에서 뿐만 아니라 사
상적으로 큰 변화를 겪지 않았을까 한다. 새로운 수도에서 새로운 정책을
추진하는 과정에서 새로운 사상의 대입이 필요했을 것으로 보기 때문이다.
이때 천도 3년 후 涅槃 등의 經義를 받아들이고 있는 장면이 주목된다. 다
음의 내용이 그것이다.

A-1. 왕이 사신을 梁에 들여보내 조공하고, 겸하여 표문을 올려 『모시박사』와[13)
涅槃 등의 經義 및 工匠·畵師 등을 요청했더니, 梁에서 이를 들어주었다(『三
國史記』권26, 百濟本紀4, 성왕 19년).
A-2. 백제가 涅槃 등의 經疏 및 醫工畵師 毛詩博士를 구해 이를 허락하였다(『南史』
권7, 양무제 大同 7년 12월).

사료 A-1은 성왕 19년(541)에 백제가 양무제에게 조공하면서 표문을 올
리고 있는 모습을 기록해 놓고 있다. 사료 A-2의 내용도 사료 A-1에 대한 중
국 측의 기록을 보여주고 있는 것으로, 聖王이 양무제에게 涅槃 등의 經義
를[14) 요구하고 있는 사실을 기록으로 보여 주고 있다.[15)

---

10) 김영하, 「고대 천도의 역사적 의미」, 『한국고대사연구』36, 2004, pp. 9~12.
11) 김수태, 앞의 글, 2004, p. 49.
12) 성왕의 사비천도는 한성백제부터 세력을 유지하고 있던 해씨와 진씨 세력의 약화를 가져
온 반면, 금강유역에 분포하고 있던 사씨, 연씨, 백씨 등 신진세력들의 진출을 가져왔다.
13) 위 사료에서 毛詩博士를 언급한 위치가 바뀌어 있는 것은 『三國史記』의 찬자가 유교적
인 입장에서 서술하였기 때문으로 생각된다.
14) 열반 등의 경의는 『涅槃經』 뿐만 아니라 기타의 경전도 포함하고 있다고 본다. 그렇다
면 성왕은 당시 불교의 전개과정에서 여러 경전을 섭렵하였다고 할 수 있다. 그렇지만
『涅槃經』이 대표적으로 나온 만큼, 『涅槃經』을 중심 사상으로 이해할 수 있지 않을까
한다.

위의 사료에서 양에 불교관련 경전 및 주석서를 요구하면서, 열반 등의 경의로 표현하고 있는 것은 성왕이『涅槃經』에 대해 관심을 가지고 있었음을 말해주는 것이라 할 수 있다. 그리고 이러한 관심은 당시의 사회적 분위기 속에서 찾아볼 수 있지 않을까 한다. 그렇다면 성왕이『涅槃經』에 관심을 갖게 된 배경은 무엇인가. 이에 대한 궁금증은 중국에서 전개된『涅槃經』의 흐름을 통해 살펴볼 수 있다고 본다.

백제가 중국 남조에 열반 등의 경의를 요구한 것은 남조와의 정치적·문화적 교섭이 빈번했던 점에서 찾아야 할 것이다. 그리고 당시 중국에서는 열반학파가 지리적으로 보아 강남에 盛하여 梁代佛敎의 경우는『涅槃經』중심의 학풍을 유지하고 있었던 것에서 그 영향을 찾아볼 수 있다.[16] 따라서 먼저 성왕이 열반 등의 경의를 요구한 중국에서『涅槃經』연구가 어떠한 흐름을 가지고 있는지 살펴보고자 한다.

중국에서『涅槃經』이 연구되는 과정을 보면, 晉의 義熙 14년(418) 法顯에 의해서『대반니원경』6권이 처음으로 傳譯되었다.[17] 이어 道生(369~434)이『대반니원경』6권을 보고 주장한 頓悟成佛 闡提成佛 佛性當有論 등의 卓說을 둘러싸고 佛身常住와 佛性의 문제에 관한 논쟁이 진지하게 전개되었다.[18] 그 후 곧이어 曇無讖과 慧觀이 각각 40권본(北本)과 36권본(南本)의『大般涅槃經』을 傳譯하게 됨을 계기로『涅槃經』에 대한 관심과 연구가 집중되게 된다.

---

15) 사료 A에 나타나는 모시박사의 존재를 통해 볼 때, 유교를 통한 국가체제의 정비를 생각해 볼 수 있다. 이에 대해서는 조경철, 앞의 글, 2000, 참조. 그러나 이 당시 불교와 유교의 관계를 대립적으로 보는 것에는 의문이 있다.
16) 안계현,「삼국불교의 전개」,『한국불교사상사연구』, 동국대출판부, 1983, p.22.
17)『대반니원경』6권에 대한 한역작업은 법현이 아니라 불타발타라와 보원에 의해 이루어졌다는 주장이 있다. 법현이 이 경전의 번역자로 기록되어 있는 것은 법현의 업적을 기리기 위한 것일 뿐이라 주장이다(겸전무웅 저, 장휘옥 역,『중국불교사』3, 장승, 1996, pp.72~73).
18) 안계현, 앞의 글, 1983, p.22 재인용.

宋代에 惠靜(375~440)과 法瑤가 나와 각각 『涅槃略記』와 『涅槃義疏』를 撰하였고, 다시 梁代에는 또 法雲과 寶亮(444~509)이 나와 각각 『涅槃經義記』와 『涅槃義疏』를 撰하였던 것이다. 그리고 이러한 『涅槃經』과 그 주석서들이 백제로 전해졌을 가능성이 있다.[19]

그러나 백제에 전해진 『涅槃經』과 관련한 구체적인 내용은 찾아지지 않는다. 그런 만큼, 『涅槃經』이 梁에서 어떻게 이해되고 있는지를 살펴보고자 한다. 그리고 백제의 성왕이 계율에 크게 관심을 가지고 있었던 만큼, 『涅槃經』의 계율에[20] 대한 남조, 특히 양무제의 이해에 대해 살펴보는 것도 의미가 있다.[21] 양무제의 『涅槃經』에 대한 이해를 살펴봄으로써 백제에서의 『涅槃經』의 전개과정을 어느 정도 유추해 낼 수 있다고 보기 때문이다.

양무제의 『涅槃經』에 대한 이해를 살피는 것은 당시 왕권과 불교가 어떻게 연결되는 지 살피는 것으로부터 출발한다. 왕권차원에서 불교에 대한 이해가 『涅槃經』과도 연결될 수 있다고 보기 때문이다.

양무제는 전륜성왕과 관련되어 있다.[22] 양무제는 중국의 天子思想을 인도의 아소카왕이 상징하는 바, 즉 전륜성왕 이념에 대입하면서 자신을 菩薩天子로 부각시키고 있다. 이는 불경에 언급된 아소카왕의 信佛精神에 감명을 받은 것으로 본다. 그리고 양무제가 천자로서 다른 신자보다 앞서서 불

---

19) 안계현, 앞의 글, 1983, pp.22~23.
20) 『涅槃經』에서 강조하는 계율은 『四分律』과 상통되는 면이 많다고 한다. 이는 북조에서 『四分律』이 승관제와 짝하여 발전하는 모습에서 찾아진다(남동신, 「자장정율과 사분율」, 『불교문화연구』4, 1995, pp.87~89).
21) 중국 남북조시대 불교학자들의 『涅槃經』에 대한 관심은 크게 북지열반학과 남지열반학으로 구분되어 설명된다. 남지열반학자들은 鳩摩羅什학파에 의해 조직된 大乘般若學의 입장에서 주로 『涅槃經』의 佛性說을 교리적으로 분석한데 비하여, 북지의 열반학자들은 실천수도의 입장에서 『涅槃經』의 大乘律을 적극 권장하고 있었다. 이 경전의 大乘律은 왕자와 승려들에 대하여 불법을 적극적으로 보호할 것을 권장하는 하나의 규범이었다(남동신, 「元曉의 大衆敎化와 思想體系」, 서울대학교 박사학위논문, 1995, p.36).
22) 顔尙文, 『양무제』, 東土圖書公司, 1999, pp.276~278.

교를 지원하기 위해 捨身까지 단행하고 있는 것도 전륜성왕으로서의 의미와 연결된다.

이러한 양무제의 전륜성왕적인 성격은 『涅槃經』과 관련이 있지 않을까 한다. 그것은 전륜성왕과 관련한 正法과 『涅槃經』이 강조하는 정법의 호지가 서로 통할 수 있다고 보기 때문이다.

그런데 이러한 정법의 호지는 계율의 강조로 나타난다. 그리고 이러한 계율에 대해 불교교리에 통달한 양무제도[23] 깊은 관심을 보여주고 있음이 살펴진다. 이러한 관심은 말년에 계율을 엄격히 지키고자 노력하는 모습에서 찾아볼 수 있는데, 이는 양무제가 불교교리에 밝았기에 가능한 것이라 생각된다. 실제로 양무제는 식사는 하루에 한 끼에 그치고 고기를 먹지 않으며, 콩죽과 현미밥만으로 지냈다고 한다. 또한 50세가 되자 房室의 출입을 끊었고 검소한 옷을 입었으며, 술을 마시지 않았고 음악을 듣지 않았으며, 종묘의 제사가 아니면 大會・饗宴・모든 佛事에도 음악을 사용하는 일이 없었다고 전한다.[24]

양무제의 이와 같은 태도는 불교신자로서 계율을 지키는 모습이다. 특히 양무제는 「斷酒肉文」을 발표하여[25] 승려들이 고기를 먹고 술을 마시는 것을 금지하려고 하였다. 이러한 양무제의 조치는 육식을 금하는 내용이 기록되어 있는 『涅槃經』과 관련이 있다. 양무제가 이러한 내용이 담겨 있는 『涅槃經』의 「四相品」을 光宅寺의 法雲에게 강의하게 하고 있는 기록이 이를 뒷받침해준다. 양무제는 "불경 가운데 究竟의 說은 일체의 고기를 끊는다."는 신념에 따라 승려들이 고기를 먹는 것을 엄격히 금하고 있는 것이다.[26] 이를 통해 볼 때 양무제의 『涅槃經』에 대한 이해는 계율과 밀접한 관

---

23) 겸전무웅 저, 장휘옥 역, 앞의 책, 1996, pp.198~205.
24) 『南史』7, 梁本紀中 第七.
25) 道端良秀, 「梁武帝の斷酒肉文」, 『中國佛教思想史の硏究』, 平樂寺書店, 1979, pp.292~309.
26) 겸전무웅 저, 장휘옥 역, 앞의 책, 1996, p.206.

련이 있다.

양무제의 계율에 대한 관심은 『涅槃經』을 통하여 불교국가의 교학적 기초를 다지고 있다는 주장과도[27] 맞물려 이해된다. 양무제는 『般若經』과 더불어 『涅槃經』의 義疏編纂을 통하여 불학적인 기초를 다지고 있는 것이 그것이다.

양무제의 계율과 관련하여 孝도 주목된다. 양무제는 『孝經』에 깊은 관심을 가지고 있었는데, 父 蕭順之를 위해 창건한 大愛敬寺의 愛敬이 『孝經』 天子章·士章에서 명명되었다는 점이 이를 설명해 준다. 그리고 양무제는 효를 강조하면서 『涅槃經』의 계율도 함께 중시하고 있는 듯하다. 이는 興和 中(539~542)에 東魏의 遣使들이 來朝하였을 때, 이들을 大愛敬寺에 초대하여 『涅槃經』 등의 講經을 열고 이에 참여시키는 모습에서 살펴볼 수 있다. 또한 양무제는 부모에의 孝를 실천하기 위해 『涅槃經』의 계율사상에 영향을 받아서 菜食主義와 離殺生戒를 취한 것을 볼 수 있다.[28] 이러한 양무제의 태도는 『涅槃經』의 계율과 유교의 효가 서로 연결되었을 개연성을 말해준다고 할 수 있다.

양무제는 戒律과 더불어 佛性論도 강조하고 있다. 양무제는 佛性과 관련하여 眞神佛性說을 주장하고 있다.[29] 양무제의 眞神佛性說은 眞如나 眞神을 가지고 불성의 體로 하는 학설이다. 여기서 양무제의 成佛 근거는 不滅不斷인 神明에서 구하고 있다. 양무제는 이러한 神明은 如來藏의 自性淸淨心이고, 생멸흥폐하는 무명인 신명은 번뇌로 덮인 眞如라 한다.

그런데 여기서 주목되는 것은 무제가 주장하는 眞如는 신명과 무명으로 나누어질지언정, 공히 존재하고 있다는 것이다. 그리고 양무제의 神明이 不滅不斷인 것에 주목해 보면, 이는 『涅槃經』에서 강조하는 佛身常住와 통

---

27) 顏尚文, 앞의 책, 東土圖書公司, 1999, pp.153~160.

28) 近藤浩一, 「백제시기의 효사상 수용과 그 의의」, 『백제연구』42, 2005, pp.121~122.

29) 정병삼, 「보덕의 불교와 7세기 삼국 사회」 『보덕화상과 경복사지』, 전북대 전라문화연구소, 2003, pp.49~50.

할 수 있다고 본다. 여기서 양무제의 一闡提에 대한 생각을 살펴볼 수 있다. 양무제의 眞神佛性說을 통해 볼 때, 一闡提에게도 佛性이 존재할 가능성이 있다고 보기 때문이다. 이는 양무제가 一闡提의 성불가능성을 말하고 있는 것이라 생각된다.

한편 중국에 있어 一闡提의 成佛은 쉽게 성립되지 않았다. 一闡提의 성불 문제에 대한 논란은 『涅槃經』의 한역과정부터 전개된다.[30] 晉 義熙 14년 (418)에 『대반니원경』6권이 한역되자, 道生은 '一闡提의 成佛義'가 이 경의 文底에 내포되어 있음을 발견하고 一闡提人도 成佛을 얻을 수 있다고 주장하고 있다. 그러나 이 경에는 一闡提의 성불과 관련한 내용이 명확히 되어있지 않아 道生은 당시의 대중들로부터 배척받게 되어 蘇州 虎丘寺로 쫓겨가게 되는 것이다.

이처럼 一闡提가 논란의 대상이 되었던 것은 내포하는 의미가 善根을 끊고, 믿음이 없고, 현세의 이익만을 탐하여, 열반과 보리를 이룰 수 없는 사람으로 이해될 수 있기 때문이다. 좀더 구체적으로 설명하면 一闡提는 『涅槃經』이 성립되던 당시 교단의 위기의식을 불러일으키고, 교단을 혼란에 빠뜨리고 있었던 邪惡한 무리들을 지칭한 것으로 이해되고 있었다.[31] 그래서 『涅槃經』에서는 一闡提는 도저히 구제할 수 없는 자로 정의하기도 한다.[32] 一闡提의 성불문제가 지속적으로 논란이 되어왔던 것도 이러한 이유에서이다.

양무제는 『涅槃經』을 중시하고 있다. 그래서 寶亮에게 509년에 『涅槃義疏』를 찬술하게 하고 그 序文을 작성하고 있다. 그리고 자신이 『涅槃經』을 강의하기도 하고 寶海에게 명하여 佛性의 뜻을 논하도록 하였다.[33]

양무제는 『涅槃經』에서 설하고 있는 계율과 불성론을 함께 강조하고 있

---

30) 김동화, 앞의 글, 1962, p.13.
31) 박경준, 앞의 글, 1992, pp.218~220.
32) 「菩薩品」(『대정장』12, p.659a).
33) 정병삼, 앞의 글, 2003, p.50.

는 모습을 살펴볼 수 있다. 그리고 이러한 양무제의『涅槃經』에 대한 이해
는 성왕 재위 19년 涅槃 등의 經義를 수입하는 과정에서 수용되었을 것으
로 본다.

2) 正法護持와 왕권

  백제 성왕은 계율을 강조하고 있다. 겸익이 구율을 위해 인도에 유학하
고, 귀국할 때에 계율과 관련한 경전을 가지고 오자 그를 흥륜사에 주석케
하는 모습이 그러하다. 특히 성왕은 겸익이 가져온 경전에 대한 번역작업
과 더불어 新律을 제정하는 모습 등을 살펴볼 수 있다.[34] 이러한 모습에서
천도 이후에도 성왕대 계율은 미륵사상과 연결하여 살펴져 왔다.[35] 그런데
성왕대 계율은 앞서 살펴본 바와 같이『涅槃經』도 주목할 필요가 있다. 대
승경전으로서『涅槃經』에서 설해지는 계율도 성왕과 관련이 있다고 보기
때문이다.

  성왕과『涅槃經』계율의 관련성은 계율이 갖는 의미에 주목해 봄으로써
이해할 수 있지 않을까 한다. 이를 위해『涅槃經』에서 강조되는 계율의 의
미를 분석해 봄으로써 성왕과『涅槃經』계율의 관련성을 찾아보고자 한다.

  『涅槃經』의 계율에서 강조되는 것으로 正法 護持가 있다. 正法은 부처의
말씀을 의미한다. 그리고 法은 부처에 의해 설해진 만큼 절대적이라 할 수
있다. 다시 말하면, 정법은 곧 부처의 말씀이자 부처로 보아도 되지 않을까
한다. 그렇다면 정법은 석가와 동일한 의미로 사용될 개연성이 있다. 이 때
정법은 세속의 국왕에 의한 정법정치론과 관련하여 주목된다. 정법정치론
과 관련하여서는『金光明經』왕법정론품을 통해서 살펴볼 수 있다.

---

34) 이능화,「미륵불광사사적기」,『조선불교통사』. 이 자료는 小玉大圓이 전반적인 검토를
　　통해 내용 면에서 백제 당시의 여러 가지 상황을 照合해본 결과 커다란 모순점이 발견
　　되지 않는다는 평가를 내리고 있으나(「百濟求法僧謙益とその周邊」,『한국사상사학』6,
　　한국사상사학회, 1994), 보다 엄격한 사료비판이 요구된다.
35) 김두진,「百濟의 彌勒信仰과 戒律」,『백제연구총서』4, 1994, p.53.

B-1. 국왕이 정법을 올바로 시행하면 天衆들이 모두 기뻐하며 백성과 국왕을 보호
　　해주고 모든 별들과 해와 달의 운행이 제대로 이루어지고, 風雨가 순조로워져
　　서 苗實이 잘 결실을 맺어 굶주린 백성들이 없게 되고, 국토는 항상 풍요와 안
　　락을 누리게 된다.

그리고 정법을 수호하는 국왕에 대해『增一阿含』권51에서는

B-2. 대왕이시여, 法으로써 다스리고 非法으로서 다스리지 마소서. 理로서 백성을
　　다스리고 非理로서 백성을 다스리지 마소서. 대왕이시여, 正法으로서 백성을
　　다스리는 사람은 죽어서도 하늘에 태어나는 것입니다.

라고 밝히고 있다. 위의 내용은 국왕이 정법으로서 백성을 다스려줄 것을
요청하는 장면이다. 국왕이 정법으로서 백성을 다스리면 天衆들이 백성과
국왕을 보호해 주고, 국토에 안락을 줄 뿐만 아니라 죽어서도 하늘에 태어
난다는 설명이다. 이는 비록 조건이 있기는 하지만 세속의 국왕권과 정법
이 서로 연결될 수 있는 가능성을 보여준다고 생각된다.[36)]
　　그런데 정법을 통한 정치론은 계율과 관련이 있다. 앞서 살펴본 바와 같
이 정법의 호지는 계율을 통해 유지된다. 그리고 여기서 계율은 정법을 호
지하는 하나의 방편이 되는 것이다. 그렇다면『涅槃經』이 정법의 호지에
얼마나 적극적인 모습을 보여주는가.『涅槃經』은 정법을 파괴하는 이를 보
면 보다 적극적인 태도를 취하여야 함을 강조하고 있다. 아무리 선한 비구
일지라도 정법을 파괴하는 일을 묵시한다면 이는 바로 佛法의 원수임을 강

---

36) 세속의 국왕권과 정법이 어떠한 작용을 하는지는 상황에 따라 달라질 수 있다고 본다.
　　불법 우위의 국가에서는 국왕권에 불법에 의존하게 되고, 세속적인 국왕의 권한이 강한
　　국가에서는 불법이 세속적인 국왕권에 의지하게 되는 것이다. 그러나 점차 세속의 국
　　왕권이 전제화되면서 불교는 국왕의 보호에 의존하게 되었고, 그만큼 불교교단은 국왕
　　의 눈치를 살피게 된다(남동신,「한국 고대불교의 국가관·사회관」,『역사비평』겨울호,
　　1993, p.206).

경한 어조로 설명한다.[37] 이처럼 『涅槃經』은 正法의 호지에 강경한 입장이다. 정법의 호지를 가장 우선하고 있는 것이다. 그리고 이런 『涅槃經』의 정법수호의 의지는 국왕과 관련하여서도 언급하고 있어 주목된다.

> C. 王이나 四部大衆들이 마땅히 모든 학인들을 권면하여 계율과 선정과 지혜로 하여금 점점 나아가게 할 것인데, 만일 이 세 가지 법을 배우지 아니하면서 게으르고 계행을 범하고 바른 법을 파괴하는 이가 있으면 임금과 대신과 사부대중들은 마땅히 엄하게 다스려야 할 것이다.[38]

정법을 파괴하는 자에 대해 왕과 대신과 사부대중이 엄하게 다스려야 한다는 내용이다. 여기서 왕의 존재가 보이는 것에 주목해 보면, 정법의 파괴자에 대한 처벌권은 교단뿐만 아니라 교단이 속한 국가에도 있음을 발견하게 된다.[39] 정법을 수호하기 위해 국가차원에서의 수호의지가 발현되고 있는 것이다. 그런데 위의 내용은 이러한 정법의 호지를 위해 갖추어야 할 것으로 계율과 선정과 지혜를 들고 있다. 그리고 이 세 가지를 배우고 점점 나아가야 할 것을 주문하고 있다. 정법의 호지를 위해 계율이 필수적임을 강조하는 내용이다.

이처럼 『涅槃經』에서 계율이 강조되고 있는 것은 이 경전이 성립되던 시기의 사회적 상황에서 찾아진다. 『涅槃經』이 성립되던 당시는 혼란의 시기였다. 이러한 혼란을 종식시키는데 있어 교단의 힘만으로는 어려움이 따랐고, 따라서 국가차원의 개입이 필요하였을 것으로 본다. 결국 정법의 호지를 위하여 세속적인 국가권력이 개입할 수 있는 가능성이 있게 된 것이다. 그리고 이러한 세속적인 권력을 통한 정법의 호지는 계율과 선정, 그리고 지혜를 조건으로 하고 있다.

37) 「長壽品」(『대정장』12, p.620c).
38) 「長壽品」(『대정장』12, p.621a).
39) 세속적인 국왕이 교단에 대한 처벌권을 갖는 것은 정법의 수호를 위한 것이라 할 수 있다.

그렇다면 정법의 호지를 위해 사용되고 있는 방법들에는 무엇이 있나. 정
법을 수호하기 위해 사용된 방법들은 상당히 적극적이다. 그리고 현실과
상당히 부합되는 면도 있다.

> D-1. 오계를 받지 않았더라도 정법을 보호한다면 大乘이라고 할 수 있다. 정법을
> 수호하는 이는 도검이나 병장기를 들고 法師를 호위할 것이다.[40]
>
> D-2. 왕이나 대신이나 장자나 우바새들이 법을 수호하기 위해서는 비록 칼이나 작
> 대기를 가지더라도 그 사람은 계행을 갖는 이라고 말할 수 있다.[41]

正法을 지키기 위해서는 칼과 작대기를 드는 것이 허용되고 있다. 이는
法의 중요성을 강조하는 대목이라 하겠다. 그런데 여기서 주목되는 점은
法을 지키기 위해서는 五戒를 받지 않고서도 도검이나 병장기를 가질 수
있다는 내용이다. 五戒는 우바새들이 지켜야 할 가장 기본적인 계율이다.
그럼에도 불구하고 五戒조차도 법을 지키기 위해서는 받지 않아도 된다는
내용은 정법이 모든 것에 우선한다는 것을 의미한다. 따라서 『涅槃經』의
계율이 정법의 호지를 위해서라면 五戒를 수지하지 않고 도검 등을 가지고
살생하는 것을 인정하는 것으로 볼 수 있다. 이러한 『涅槃經』의 정법호지
에 강한 의지는 『涅槃經』이 성립되던 시기의 사회적 분위기를 반영한 것으
로 볼 수 있다. 이는 『涅槃經』에서 밝히고 있는 정법호지계가 시대정신을
반영하고 있다는 주장에서도[42] 뒷받침된다.
　여기서 왕과 정법은 어떤 상관성을 갖는지 주목하고자 한다. 군주제 국가
에 있어 불교는 정법의 우월성을 주장함으로써 국가를 정법실현의 수단으
로 삼는다는 주장이 있다.[43] 이는 곧 佛法이 국가의 권한에 대한 견제뿐만
아니라 그 통치를 규제하는 정법의 개념을 제시하는 것이라 할 수 있다. 그

---

40) 「金剛身品」(『대정장』12, p.624a).
41) 「金剛身品」(『대정장』12, p.624a-b).
42) 신성현, 앞의 글, 1994, p.146.

런데 이러한 내용은 역사상 전륜성왕이라 불리는 아소카왕의 정치이념과 상통한다. 아소카왕은 정법에 의한 통치를 추구하고 있다. 아소카왕은 인도 대륙을 통일하고 정법을 주장하여 고대 인도의 제국이념을 완성시키고 있다. 이렇게 볼 때, 왕권과 정법은 밀접한 관련을 가지고 있다고 할 수 있다.

그런데 계율은 정법의 호지와 더불어 참회도 강조하는 모습이 있어 주목된다.

> E. 선남자여! 만일 비구가 계율을 범하고도 교만한 생각으로 덮어두고 참회하지 않는다면 이 사람은 참으로 파계한 것이겠지만, 보살마하살이 법을 보호하기 위해 계를 범하는 것은 破戒라고 이름하지 않는다. 왜냐하면 교만한 생각은 없고 죄를 드러내어 참회하는 까닭이니라.[44]

법을 보호하기 위해 계를 범한 것은 파계라 하지 않는다. 이에 대한 근거로 제시하고 있는 것이 바로 懺悔이다. 비구는 법을 지키기 위해 계를 범했다 하더라도 교만하지 않고 참회하는 마음이 있기 때문에 파계하지 않는다는 것이다. 이러한 설명은 정법의 중요성을 강조하는 한편으로 참회를 통해 속죄하는 마음이 함께 하고 있음을 말해준다. 다시 말하면 정법의 호지를 위해 계율이 무엇보다 중요하다는 것이 강조되지만, 정법의 호지를 위해서라면 계율을 범할 수도 있다는 설명이다. 그리고 이러한 모순점은 참회를 통해 보완해주고 있는 것이다.

이렇게 볼 때, 성왕이 계율을 강조함으로써 얻고자 하였던 것은 正法護持가 아닐까 한다. 그리고 정법의 호지는 왕권과 연결된다고 본다. 이는 정법과 석가가 서로 연결될 수 있다는 것에서 착안된다. 그리고 이러한 의미는 성왕이 석가불신앙을 고양하고 있는 것에서 더욱 분명해진다.

---

43) 판키즈 모한, 「6세기 신라에서의 아소카상징의 수용과 그 의의」, 『한국사상사학』23, 2004, p.199.
44) 「四依品」(『대정장』12, p.641a).

3) 釋迦佛信仰의 고양

『涅槃經』에서의 계율은 특히 정법을 강조하는데, 이러한 정법의 강조는 전륜성왕과 연결된다.[45] 그리고 이와 관련하여 석가불신앙도 살펴진다.[46] 특히 『涅槃經』에서 석가불신앙을 주목하는 것은[47] 『涅槃經』이 석가모니가 涅槃에 임하여 설한 경전이기 때문이다. 그리고 백제 사비시대에는 석가불에 대한 신앙이 강조되는 모습이 자주 보이고 있다.

백제에 석가불이 신앙되었음은 성왕이 왜에 불교를 전하는 과정에서 釋迦像을 보내고 있는 것에서 찾아진다.[48] 여기서 불상으로 석가상이 제작되고 있는 것은 중요한 의미를 지닌다. 당시 불상은 단순한 미술품이 아닌 신앙의 대상물로 만들어졌으며, 석가불이 신앙의 대상이 되는 것은 불교수용 초기 여래의 대표적인 존재로 믿어졌기 때문이다.[49] 그렇다면 이러한 석가불신앙은 왕권과의 관련 속에서 살펴질 수도 있다 하겠다.

백제에 있어 석가불신앙의 연원은 성왕대에서 찾을 수 있다. 그리고 석가불신앙과 왕권이 관련되어 있다면, 이는 성왕과 석가불의 관계를 살펴보는

---

45) 판키즈 모한, 앞의 글, 2004, p.200, 판키즈 모한은 여기서 아소카왕대 쇠퇴한 불교가 아소카왕의 정치이념을 모방하여 불교식 전륜성왕의 사상적 체계를 윤색하였고, 불교를 후원한 아소카왕을 전륜성왕으로 추앙한다고 살피고 있다.

46) 『涅槃經』의 教義 중 그 첫째가 석가가 涅槃에 들어갔더라도 결코 죽어 없어진 것이 아니며 실은 영원의 생명에 빛나는 金剛不壞의 몸이라는 것에 기초한 것이다(노용필, 「普德의 佛教守護運動과 涅槃思想」, 『보덕화상과 경복사지』, 전북대 전라문화연구소, 2003, pp.113~114). 이렇게 볼 때 『涅槃經』은 석가불신앙과 관련을 갖는다고 할 수 있다.

47) 석가불신앙과 관련한 경전으로 『法華經』만을 들 수는 없다. 석가불신앙이 성행하게 된 배경의 경전으로 『法華經』 이외에도 다양한 경전을 찾을 수 있기 때문이다. 그 중 『涅槃經』도 주목된다. 여기서 석가불신앙을 『涅槃經』과 연결하여 살펴보는 것은 성왕이 양으로부터 열반 등의 경의를 요구하고 있으며, 『涅槃經』을 통하여 추구하는 목적이 석가불신앙과도 연결되어 있다고 보기 때문이다. 특히 당시에 석가불이 크게 신앙되고 있는 모습도 이와 같은 맥락에서 이해된다.

48) 『日本書紀』19, 欽明紀 12년.

49) 이기백, 「신라 초기 불교와 귀족세력」, 『진단학보』40, 1975(『신라사상사연구』, 일조각, 1986, p.80 재수록).

방법으로 그 해답을 찾을 수 있다고 본다. 이를 위해 聖王이란 명칭이 갖는 의미에서 출발해야 하지 않을까 한다.

백제의 聖王은 전륜성왕으로 알려져 있다.[50] 이는 聖王이라는 이름에서 추론한 것이다. 轉輪聖王은 왕 중의 大帝王으로서 武力을 쓰지 않고 正法으로서 세상을 다스린다. 마치 수레바퀴가 굴러서 이르지 않는 곳이 없어 聖王의 威德은 천하의 水陸을 막론하고 두루 미쳐서 태평스러운 정치가 이루어진다는 것을 상징하는 표현이라 하겠다.[51]

이런 전륜성왕은 부처와 깊은 관련이 있다. 부처와 전륜성왕은 항상 수레의 두 바퀴처럼 불가분의 짝을 이루며 상호보완적인 역할을 한다. 따라서 둘은 본질적으로 서로 다른 별개의 개념으로 사용되는 것은 아니다. 다만 전륜성왕이 부처의 세간적인 측면을 반영하는 것이라 할 수 있다.[52] 이러한 근거는 부처와 전륜성왕이 모두 32대인상을 갖추고 있다는 점, 동일한 방식으로 장례를 치른다는 점, 전륜성왕과 부처를 기리는 탑을 똑같이 네거리에 세운다는 점 등의 공통점에서 찾아진다. 아울러 전륜성왕의 七寶와 부처의 七覺支가 서로 대비되는 점도 둘의 공통점을 부각시켜 준다.[53]

그런데 여기서의 부처가 바로 석존, 즉 석가불과 관련이 있다. 전륜성왕과 석존이 공히 장례를 치르는 방식이 같다는 것은 이의 가능성을 시사해 준다. 나아가 석존이 전생에 전륜성왕이었으며, 그것도 여섯 번이나 전륜왕이 되었다고 설하고 있는 중아함 사주경의 내용은[54] 이런 가능성을 한층

<hr>

50) 김영태, 『삼국시대불교신앙연구』, 불광출판사, 1990, pp.143~144. 김영태는 미륵신앙의 관점에서 성왕과 전륜성왕을 연결시키고 있다.
51) 장지훈, 「불교의 정치이상과 전륜성왕」, 『사총』44, 1995, p.49.
52) 부처와 전륜성왕은 출세간과 세간을 대표하는 존재로 이해할 수 있다. 이러한 이해는 양자간의 공통점을 반영하는 것이며, 전륜성왕이 궁극적으로 부처와 연결된다고 볼 때, 둘의 관계를 분리해서만 생각할 수는 없다고 본다.
53) 박경준, 「전륜성왕에 관한 몇 가지 문제」, 『동국논총』35, 동국대 인문과학연구소, 1996, p.22.
54) 대정장 1, p.518b.

높여준다. 특히 전륜성왕과 석가불이 연결되는 경전이 『열반경』류인 것에서도 뒷받침된다.[55] 이러한 배경은 사비시대에 석가불이 많이 제작되는 것과 연결될 수 있다고 본다. 따라서 이 당시 백제에서 석가불이 신앙되어 지고 있으며, 당시 부처가 곧 석가불임을 확인할 수 있다.[56]

백제의 사비시대, 특히 성왕대에는 석가불신앙이 성행하였음을 살펴보았다. 그런데 성왕대에는 『涅槃經』이 중요한 경전으로서 역할을 하고 있다. 그리고 앞서 살펴본 전륜성왕은 『涅槃經』과도 관련이 있다. 이렇게 볼 때, 석가불신앙과 『涅槃經』이 서로 연결되어 있음을 알 수 있다.[57]

그런데 여기서 『涅槃經』이 백제에 수용되던 시기에 동아시아에서 석가불이 신앙되고 있음이 찾아진다. 다음의 내용이 그것이다.

> F. 河南王이 사신을 보내 조공하고 말과 方物을 바치며 釋迦像과 아울러 經論 14가지를 구하였다. 이에 詔書를 내려 釋迦像과 아울러 涅槃·般若·金光明 講疏 103권을 주었다(『南史』7, 양무제 大同 6년 5월조).

위의 자료에서 관심을 끄는 것이 바로 석가상이다. 이는 석가불신앙이 당

---

55) 전륜성왕과 관련하여 주목되는 것이 신라 선덕왕이다. 선덕왕은 이름이 덕만인데, 이는 『涅槃經』의 덕만우바이에서 따왔다는 것이다(남동신, 「원효의 대중화와 사상체계」, 서울대대학원 박사학위논문, 1995, pp.24~26). 남동신은 『열반경』 계통의 경전인 대방등무상경의 선덕바라문에서 선덕바라문은 석가모니에 의해 전륜성왕이 되리라는 예언을 받았을 뿐만 아니라 그 때의 이름 阿叔加는 바로 역사상의 전륜성왕 아소카왕을 지칭한다고 밝히고 있다.

56) 전륜성왕과 부처가 동격인 존재로 나타나는 것은 불교교단의 안위를 국왕 개인의 의지에 점점 더 의존해야 하는 불교 교단 측의 의도가 담겨 있다는 주장이 주목된다(남동신, 앞의 글, 1993, p.207).

57) 석가불신앙이 『열반경』과 관련이 있음은 사리신앙을 통하여서도 살펴볼 수 있다. 석가모니의 열반 이후 사리분배과정에 대해 잘 정리해 놓은 것은 열반경류의 경전이다. 특히 불탑과 사리의 공양 및 그 공덕에 대한 기술이 많다(신대현, 『한국의 사리장엄』, 혜안, 2003, p.44). 백제의 경우 위덕왕대에 능산리사원에서 찾아지는 창왕명사리감의 존재가 보이고 있다.

시 동아시아에서 유행하고 있었음을 설명해준다고 할 수 있다. 석가상이 조성되는 것은 석가상을 통하여 신앙적으로 얻고자 하는 바가 있다고 보기 때문이다. 그리고 하남왕은 양에 석가상과 아울러 경론 14가지를 구하고 있는데, 양이 하남왕에게 보낸 조서 속 경전의 순서를 보면 백제와 마찬가지로 『涅槃經』이 가장 먼저 등장하고 있다는 점이 주목된다. 『涅槃經』이 역시 당시 동아시아에서 중요한 경전으로 이해되고 있었지 않을까 하는 추론을 가능하게 하기 때문이다. 이는 양에서 『涅槃經』에 대한 연구가 깊이 진행되고 있는 것과 무관하지 않을 것이다. 그리고 양무제가 『涅槃經』에 대해 많은 관심을 가지고 있었던 것에서도 그 원인을 찾아볼 수 있다. 양무제의 『涅槃經』에 대한 관심은 보량의 『涅槃義疏』의 서문을 쓰고 있는 것에서도 찾아진다.[58]

성왕대 석가불신앙은 『涅槃經』이 성왕으로부터 관심을 받고 있는 것과 같은 선상에서 이해된다. 『涅槃經』의 계율에서 강조하는 정법의 호지와 왕권이 서로 연결되듯이, 석가불신앙도 왕권과 연결하여 살펴볼 수 있는 것이다. 성왕은 이를 통하여 왕권을 고양하고 있는 것이라 생각한다.

성왕이 석가불신앙을 통하여 왕권을 고양하고 있는 것은 개혁정책의 추진과정에서 살펴볼 수 있다. 성왕의 개혁정책은 사비천도 이후에 본격적으로 추진된다.

우선 살펴볼 수 있는 것이 구태묘에 대한 제사의 강화이다. 구태묘에 대한 제사는 부여족 전체에 대한 제사인 동명묘 제사에서 부여씨의 조상에 대한 제사로의 전환을 의미한다. 이는 다시 말하면, 왕족인 부여씨가 골족의식을 강조하고 있는 것이라 할 수 있다. 그렇다면, 성왕이 사비천도 직후에 『涅槃經』을 강조하고 있는 것도 여기에 내포된 석가불신앙을 통하여 골족의식을 고양시키려는 의도와 맥을 같이 한다고 할 수 있다.

---

58) 양무제는 전륜성왕과도 관련이 있다. 이렇게 볼 때, 양무제의 전륜성왕적인 성격은 『涅槃經』과도 관련이 있음을 알 수 있다.

성왕의 석가불신앙은 지방통치 조직의 개편을 통해서도 살펴진다. 백제는 방-군-성 체제에 의한 새로운 지방관인 군령과 성주를 파견하는[59] 등 영역화를 꾀하고, 안라에도 이들을 배치하고자 한다. 백제가 이 지역에 지방관을 파견하고 있는 것은 왕권 중심의 중앙집권적 정치체제의 정비를 의미한다. 이는 신라가 법흥왕대 지방관을 파견하고 있는 모습에서[60] 추론해 볼 수 있다.

성왕이 추진한 사비천도는 성왕 자신이 왕권 및 중앙집권적 지배질서의 강화를 도모해 나가기 위해 단행한 것이라 할 수 있다. 그런 만큼, 천도 이후 진행되는 성왕의 일련의 정책은 『涅槃經』에 나타난 계율을 통한 정법의 호지, 그리고 석가불신앙을 사상적 배경으로 하고 있음을 알 수 있다.

성왕은 일찍부터 계율에 대해 많은 관심을 가지고 있었다. 사료 A에서 살펴볼 수 있는 것처럼 성왕은 양으로부터 불교관련 내용을 받아들이면서 『涅槃經』을 우선하고 있는 모습이 그러하다. 『涅槃經』에 대한 관심은 앞서 살펴본 바와 같이 정법의 호지를 위한 계율을 중시하고 있는 모습에서 그 이유를 찾아볼 수 있다. 따라서 『涅槃經』의 계율은 성왕이 사비천도 이후에 추진한 정치개혁의 사상적 배경으로서 관련이 있을 것으로 본다.

성왕대에 추진된 정치개혁은 백제사에서 고대 중앙집권국가를 확립한다는 의미부여와 함께 한국 고대사상 고대 집권국가의 한 개혁모델을 제시해 준다는 평가와[61] 맞물려 이해할 수 있다. 그리고 이러한 정치개혁은 성왕이 추진한 사비천도와 관련이 있다. 사비천도는 웅진시대에 야기되었던 지배세력들간의 대립과 갈등을 극복하고 왕권 중심의 정치운영을 모색하기 위하여 성왕 자신의 결단력과 沙宅己婁로 대표되는 천도지지 귀족세력의 이해관계가 서로 합치되어 이루어진 결과로 생각할 수 있다.[62] 이렇게 볼

---

59) 김수태, 「百濟 聖王代의 郡令과 城主」, 『백제문화』31, 공주대 백제문화연구소, 2002.
60) 이기백, 앞의 글, 1986.
61) 양기석, 「백제 성왕대의 정치개혁과 그 성격 -전제왕권의 성립과 관련하여-」, 『한국고대사연구』4, 1991, p.76.

때 성왕대 석가불신앙은 귀족세력과 조화로운 관계를 유지하는 것으로 볼 수 있다. 이러한 관계는 위덕왕대로 이어지고 있는 것이다.[63]

4) 佛性論과 百濟佛敎

백제 사비시대에 보이는 『涅槃經』은 계율과 더불어 佛性論도 강조한다.[64] 佛性論은 일체중생이 불성을 가지고 있음을 말한다. 또한 『涅槃經』은 不滅의 사상을 밝히고 있는데, 이는 부처가 상주한다는 사상으로 발전하며, 다시 일체 중생이 모두 불성을 가지고 있는 것으로 전개된다. 그리고 『涅槃經』은 불성의 자각과 계율이 늘 함께 한다고 밝히고 있다.[65]

그래서 중국의 天台大師는 이 『涅槃經』을 扶律談常의 가르침으로 보았다.[66] 扶律이란 것은 계율을 살린다는 의미를 가지고 있다. 그리고 談常이라는 것에서 『涅槃經』이 佛身常住를 설하는 점을 찾을 수 있다. 이처럼 『涅

---

62) 양기석, 앞의 글, 1991, pp.79~80.

63) 위덕왕대의 왕권과 귀족은 조화로운 관계로 설정될 수 있다. 귀족세력으로 상징되는 미륵보살이 널리 유행하고 있는 것에서 찾아진다(김수태, 「百濟 威德王代 扶餘 陵山里 寺院의 創建」, 『백제문화』27, 1998, p.49). 이는 聖王代에도 적용이 가능하다고 본다. 聖王代에도 석가불과 미륵이 함께 신앙되는 모습이 보이기 때문이다. 성왕이 왜에 석가불상을 보내는 것이나, 초기에 겸익을 통하여 미륵신앙의 모습을 보여주는 것이 그러하다. 그리고 『涅槃經』에서 강조하는 佛性은 평등과 연결된다고 할 때, 왕권과 귀족세력과의 관계는 갈등보다는 조화로 봐야하지 않을까 한다.

64) 백제가 성왕 19년인 541년에 양으로부터 열반경을 수입하고 있으며, 연대는 알 수 없지만 강남에 유학간 백제승이 吉藏의 『涅槃經疏』14권(또는 20권)을 전부 입수하여 귀국하는 바람에 정작 중국에서는 이를 구해볼 수 없었다고 한다. 그런데 吉藏의 『涅槃經疏』는 전해지지 않다가 최근에 복원되었는데, 그 사상은 반야공사상에 입각하여 涅槃·佛性을 해석하는 것이라 한다(남동신, 앞의 글, 1995, pp.36~37). 한편 고구려의 승려 보덕이 백제로 이주한 것도 보덕이 불성론에 입각한 남지열반학의 영향을 받았기 때문으로 해석되기도 한다(정선여, 『高句麗 佛敎史 硏究』, 충남대대학원 박사학위논문, 2005, p.113).

65) 신성현, 1994 앞의 글, p.2.

66) 신성현, 「대승열반경의 계율관 -정법호지의 계를 중심으로-」, 『한국불교학』17, 한국불교학회, 1992, p.408.

槃經』은 계율과 佛身常住, 즉 佛性을 강조하고 있다.

『涅槃經』의 불성론은 『北本涅槃經』권7 「여래성품」에 일체 중생에게 불성이 있다고 설하는 것에서 찾아진다. 또한 『南本涅槃經』에서도 확인되는데, 「正邪品」에서 시작하여 다음의 「사제품」, 「사도품」, 「여래성품」으로 이어지고 있다. 그리고 이러한 佛性論이 『涅槃經』의 중요한 사상으로 자리하게 된 것은 『涅槃經』의 성립되던 시대적 배경과 관련이 있다.

『涅槃經』이 성립되던 당시에는 교단이 극히 혼란스러웠다. 이러한 상황은 『涅槃經』계통의 경전들에서 쉽게 찾아볼 수 있으며, 이는 外道나 一闡提, 그리고 三種僧에 대한 언급을 통해 확인된다. 그리고 이 당시 인도는 강력한 중앙집권적 국가였던 마우리아왕조가 멸망한 이후 여러 지방에서 소국가가 성립하는 등 사분오열되고 있었다. 이러한 혼란은 4세기 굽타왕조가 인도를 통일하면서 겨우 안정을 찾았으나, 사람들의 가치관이 점차 상실되면서 사치와 타락의 사회로 변화해갔다. 사회와 교단은 새로운 사상과 윤리를 요구하게 되었고, 『涅槃經』은 이러한 사회적 요구로 이루어지게 된 것이다.[67]

이렇게 볼 때, 『涅槃經』의 佛性論은 사치와 타락의 사회를 안정된 사회로 변화할 수 있는 사상적 배경으로서 기능한다. 이는 한편으로 佛性論이 사회통합의 의미를 담고 있다고 볼 수 있다. 佛性論이 사회통합과 관련이 있다고 할 때, 一闡提의 성불문제가 대두된다.[68] 이러한 문제의 출발은 一闡提가 지니는 의미에서 찾아진다. 一闡提는 善根을 끊어 버리고 도저히 敎化・救濟할 수 없는 인물을 가리킨다. 따라서 一闡提의 문제는 교단 내의

---

67) 박경준, 「대승열반경에 나타난 일천제 성불론」, 『한국불교학』 17, 1992, pp.217~218.
68) 일천제는 산스크리트어인 icchantika의 音譯語이다. 일천제 외에도 一闡提柯, 一闡提迦, 一闡提底迦, 一顚迦로 번역되기도 하며, 때로는 闡提로 약칭되기도 한다. 즉, 善根을 끊고 生死에 애착하는 사람, 도저히 구제 불가능한 열반의 성품이 전무한 闡提를 뜻한다(박경준, 「일천제의 성불에 관한 연구」, 동국대학교 대학원 석사학위논문, 1982, pp.15~16).

위기상황 등 『涅槃經』이 성립되던 시기의 사회와 교단의 사정을 설명해 주
는 것이라 할 수 있다.[69]

앞서 一闡提도 佛性이 있음을 살펴보았다. 그렇다면 一闡提가 佛性을 가
질 수 있는 배경은 무엇인가. 『涅槃經』에서 밝히는 佛身常住 사상은 一切
衆生悉有佛性으로 대표되는 如來藏思想을 가능케 한다. 如來法身의 상주
와 같은 덕성을 통해 如來藏思想이 성립되는 것이다. 『涅槃經』은 이러한
一切衆生悉有佛性을 주장하기 위해 석가모니의 入滅이라는 장면을 택하여
여래는 멸하지 않고 상주한다는 점을 분명히 한다.

이처럼 如來常住의 공덕으로 일체중생에게 모두 불성이 있다면 굳이 一
闡提에게만 佛性이 없다고 하는 것은 이론적으로 모순 된다. 一切衆生悉有
佛性에서 밝히고 있는 것처럼 모든 중생은 佛性을 가지고 있기 때문이다.
여기서 一闡提 또한 중생에 포함된다고 볼 수 있기 때문에 『涅槃經』에서 밝
히고 있는 모든 중생에 불성이 있다는 표현은 一闡提에게도 해당된다고 볼
수 있다. 따라서 『涅槃經』은 현실적인 문제로 말미암아 비록 一闡提의 無
佛性을 설한 곳도 있지만, 一切衆生悉有佛性이라는 『涅槃經』 자체의 논리
성에 비추어 一闡提의 성불이 가능하다.[70]

실제로 一闡提가 불성이 존재하고 있다는 것은 보살품에서 찾아볼 수 있다.

G. 일천제는 비록 佛性이 있다 하더라도 한량없는 죄업에 얽히어서 벗어나지 못함
　　이 마치 누에가 고치 속에 들어있는 것 같나니, 이런 업으로 말미암아 菩提의
　　묘한 인연을 내지 못하고 生死에 헤매면서 그칠 날이 없느니라.[71]

여기서 "아무리 佛性이 있더라도"의 표현은 一闡提도 불성을 가질 수 있
다는 긍정적인 내용을 포함한다. 다만 그러한 佛性을 자각할 수 있느냐의

---

69) 박경준, 앞의 글, 1982, p.11.
70) 박경준, 앞의 글, 1992, pp.236~237.
71) 「菩薩品」(『대정장』12, p.660b).

문제일 뿐이다. 이는 一闡提라 하더라도 佛性을 지니고 자각하면 곧 生死에서 벗어날 수 있다는 것이다.

이처럼 佛性은 一闡提를 포함한 모든 중생에게 존재한다. 그런데 이러한 佛性을 자각하는 것은 또 다른 문제로 제기된다. 모든 중생이 아무런 拘碍 없이 佛性을 자각하는 것이라 볼 수 없기 때문이다. 여기서 계율의 문제가 대두된다. 즉, 佛性의 自覺은 戒律을 지님으로써 발견할 수 있으며, 戒律은 정법을 지키는 계율이 되어야 한다는 戒律論이 등장하는 것이다.[72] 다시 말하면, 一切衆生에 佛性이 있다고 하여도 반드시 戒를 지닌 후에야 볼 수 있으며, 계를 지녀야 깨달음을 이룰 수 있다는 설명이다. 이러한 내용은 『涅槃經』如來性品을 통하여 살펴볼 수 있다.

> H. 중생이 금계를 호지하지 않고서야 어떻게 佛性을 보게 되겠는가. 일체 중생에게 비록 불성이 있지만은 요컨대 戒律을 잘 지닌 후에나 볼 것이며, 불성을 본 연후에야 아뇩다라샴막삼보리를 이룰 수 있다.[73]

『涅槃經』에서 밝히고 있는 一切衆生 悉有佛性은 모두가 계율을 잘 지닌 후에라야 자각이 가능하다는 얘기다. 이는 佛性論과 戒律이 서로 연결되어 있음을 말해준다. 더불어 계율의 중요성을 함께 설하고 있는 것이기도 하다. 이러한 내용은 당시 성왕이 추구하는 정치적인 개혁과 맞물려 이해할 수 있지 않을까 한다.

성왕은 천도 이후 지속적으로 정치적 개혁을 추진하고 있다. 그리고 성왕의 개혁정책은 귀족세력과의 일정한 관계 속에서 지속될 수 있었다고 본다. 그러나 이러한 성왕의 개혁정책이 성공을 거두기 위해서는 지배체제의 변화만으로 가능한 것은 아니라고 본다. 이를 뒷받침해줄 수 있는 사상적

---

72) 신성현, 앞의 글, 1994, p.2.
73) 「如來性品」(『대정장』12, p.405a).

인 배경을 필요로 하지 않았을까 해서다. 성왕은 개혁을 추진하는 과정에서 사상적인 정책을 통하여 臣民들의 사상을 하나로 통일하고, 이를 통치에 반영시킬 필요성을 인식하였을 것이라 생각하기 때문이다. 이 과정에서 『涅槃經』이 강조되었을 것으로 본다. 그리고 一闡提의 성불문제도 중요한 문제로 부각되었을 것이다. 一闡提가 成佛할 수 있음은 사회통합을 가능하게 하였을 것으로 본다.

성왕대 수용된 『涅槃經』의 불성론은 백제불교에서 중요한 의미를 지닌다.[74] 신라에서 원효의 불성론이 불교의 확산으로 이어졌던 것은 모든 중생이 불성이 있음을 강조함으로써 가능했다고 할 수 있다. 불성론이 불교신앙이 확산되는데 있어서 중요한 토대가 되고 있는 것이다. 다만 성왕대에 『涅槃經』에서 설하는 모든 중생의 범위를 일반 백성으로까지 확대할 수 있는지에 대해서는 의문이 있다.[75]

백제의 불성론이 갖는 평등성은 백제말기에 백제로 이주한 고구려의 승려 보덕과 관련하여 살펴볼 수 있다. 보덕이 대중 앞에서 강설했던 『涅槃經』에서 대표되는 대목은 「如來性品」의 '明無明無二說'이라 하는데, 이 說은 明과 無明이 둘이 아니라는 것이다. 그리고 여기서의 無二는 바로 平等不二를 뜻하며, 『涅槃經』은 곧 평등사상을 말해주는 것이라 할 수 있기 때문이다.[76]

보덕은 『涅槃經』의 평등사상을 가지고 백제로 이주하게 되는데, 이는 백제 또한 이러한 『涅槃經』의 평등사상이 널리 퍼져있었기 때문에 가능한 것이 아니었을까 한다. 다시 말하면, 성왕대의 『涅槃經』의 수용이후 백제말

---

74) 모든 중생이 불성을 가지고 있다는 것은 신앙적인 면에서 불교가 확산되어질 수 있는 토대를 마련해 준 것이라 할 수 있다. 그리고 이러한 불성론이 강조되는 것이 신라의 경우 원효에게 집중되고 있지만, 불성론을 수용할 수 있는 기반은 이전부터 다져져왔다고 할 수 있다. 다만 백제의 경우 성왕대에 이미 지배층에서는 불성론이 수용되었을 것으로 보이는 만큼, 신라와는 다른 과정을 거쳤을 것으로 생각된다. 이는 고구려의 보덕이 백제로 이주할 수 있었던 것에서 찾아진다.

기에 이르기까지 저변이 확대되어 있었던 것이라 할 수 있기 때문이다.[77]

　백제에서 『涅槃經』의 계율은 신앙생활과 밀접하게 관련이 있다.[78] 이는 백제 불교계의 『涅槃經』 연구가 계율을 중심으로 크게 성행하였던 것에서 찾아진다. 그리고 불성론의 강조 또한 백제 불교계가 『涅槃經』을 이해하는 중요한 요소가 되었을 것으로 본다. 그리고 백제의 『涅槃經』 연구가 성왕대에 이미 시작되었고, 그와 같은 연구가 꾸준히 진행되었다면 보덕화상이 백제로 남하한 650년경에도 백제의 『涅槃經』 연구가 상당히 진척되어 있었을 것으로 본다.

　백제의 『涅槃經』에 대한 이해가 말기에 이르러 어떠하였는지는 보덕과 신라의 예를 통해 살펴볼 수 있지 않을까 한다. 보덕은 고구려에서 백제로 이주하고 있으며, 신라는 보덕에게서 『涅槃經』을 수학한 원효가 아미타신

---

75) 신라는 중고기에 있어 일반민들도 업설과 윤회사상을 중심으로 하는 불교신앙을 수용하고 있다. 그리고 이들의 불교신앙의 모습은 내세에서 고통스러운 악도를 면하고 현실·내세에서 복을 받기를 기원하는 형태를 취하고 있다(金英美, 『新羅 佛敎思想史 硏究』, 민족사, 1994, pp.355~356). 이러한 과정을 통하여 불성론이 일반 민중에게로 전파될 수 있었다고 본다. 그리고 이와 같은 과정은 백제에서도 적용이 가능하다고 본다. 석가불상의 조성과 관련한 불상명에 "三途遠離八難速生(甲寅年 釋迦像 光背-위덕왕 41년 추정)" 등의 명문을 통해서 확인된다. 이렇게 볼 때, 백제에도 업설과 윤회설이 이미 전파되어 있었다고 할 수 있다. 그리고 『涅槃經』이 수용되었다면, 더불어 불성론도 공존하고 있었던 것으로 본다. 원효가 일체중생의 불성을 강조하며 아미타신앙을 확대 전파하기 위하여 열반사상을 체계화했다는 것에서도 살펴볼 수 있다(정병삼, 앞의 글, 2003, p.53). 다만 이러한 불성론이 언제 일반 백성들에게까지 수용되었을까 하는 것이 문제로 남는다. 여기서 살펴볼 수 있는 것이 연기지역의 불비상과 관련한 아미타신앙이다. 연기지역에서 발견된 「癸酉銘三尊千佛碑像」은 673년에 제작되었는데, 기록에 보이는 250인 중에는 일반 백성도 포함되어 있을 것으로 추론할 수 있기 때문이다. 그렇다면 백제의 불성론은 늦어도 의자왕대에 이르러 일반 백성들에게까지 전파된 것으로 볼 수 있지 않을까 한다.

76) 노용필, 앞의 글, 2003, p.111.

77) 여기서의 평등은 해탈할 수 있는 기회의 평등을 의미하는 것으로 본다. 현실에서의 평등보다는 죽음 이후에 전개되는 세계에서의 평등할 수 있는 기회를 의미한다고 본다(곽승훈 선생님의 교시를 받았다).

78) 안계현, 「삼국불교의 전개」, 『한국불교사상사연구』, 동국대학교출판부, 1983, p.23.

앙을 통하여 기층민들에게 불교를 전파하고 있다.[79] 여기서 보덕이 남하한 것은 백제가 이미 『涅槃經』을 깊이 연구하고 있었기 때문일 것으로 본다.

그리고 보덕에게서 『涅槃經』을 수학한 원효가 아미타신앙을 통하여 기층민들에게 다가섰다면, 백제의 경우도 크게 다르지 않을 것으로 본다. 실제로 백제는 멸망 이후 연기지역에서 아미타신앙의 흔적이 보이고 있다. 그렇다면 백제도 『涅槃經』의 불성론과 아미타신앙을 연결시켜 기층민들에게 불교신앙을 유포하였을 가능성도 찾아볼 수 있지 않을까 한다.

이는 다른 한편으로 보덕화상의 『涅槃經』사상이 이들에게 전파되었을 것으로 생각된다.[80] 특히 『涅槃經』의 핵심사상이 佛身常住, 悉有佛性, 闡提成佛이라는 것에서 이 지역 기층민들과의 유대관계를 생각해 볼 수 있다. 즉, 『涅槃經』은 누구나 성불할 수 있다는 사상을 가지고 있으며, 보덕화상을 비롯한 그의 제자들은 이와 같은 『열반경』의 사상을 전파하고 있었을 것이라 생각되기 때문이다.[81]

2. 彌勒信仰의 變化樣相

삼국시대 미륵신앙은 지배층, 특히 귀족세력과 연결되어 발전하고 있는 것으로 이해되고 있다.[82] 이는 미륵이 바라문 출신의 탄생설화를 가지고 있는 것에서 살펴진다. 더욱이 미륵신앙은 석가불신앙과 더불어 하나의 질

---

79) 원효는 중생이 자신의 불성을 믿지 않고 미혹에 빠져 있으므로 佛의 자비력에 의지할 것을 권유하였는데, 바로 현재불로서 중생구제를 서원한 아미타불에 귀의하도록 하였던 것이다. 그리고 원효는 16觀이나 염불 등의 수행에 의해 서방정토 극락에 왕생함으로써 부처를 만나 성불을 보장받는다고 하였다(金英美, 앞의 책, 1994, p.344).
80) 보덕화상의 열반경사상 뿐만 아니라 유마경사상도 함께 전파되었을 것으로 생각된다. 보덕화상은 열반경, 방등경, 유마경 등에 깊은 연구가 있었으며, 그의 제자 수정이 유마사를 창건하고 있는 것에서도 알 수 있다.
81) 정병삼, 앞의 글, 2003, p.84.
82) 田村圓澄, 앞의 글, 1990, p.114.

서 속에서 조화를 이루고 있는 것으로 이해되어 왔다.[83] 백제의 미륵신앙
도[84] 국왕과 귀족세력이 일정한 질서 속에서 조화를 추구하는 것으로 이해
된다.[85] 이는 미륵신앙이 귀족불교의 전형으로 이해되는 것에서 뒷받침 된
다.[86]

미륵신앙은 계율과 관련하여서도 발전하고 있다.[87] 백제의 계율은 형식
에 흐를 정도로 엄격하게 적용되고 있는데, 미륵신앙과 관련이 있다는 설명
이다. 이 설명은 法王의 禁殺生令도[88] 미륵신앙과 연결시키고 있다. 이런
계율은 율령과 연결된다. 그래서 백제의 미륵신앙은 율령사회와 관련하여
이해되기도 한다.[89] 중국의 제도를 수용한 백제가 율령격식을 반포한 성왕
이후 백제 불교에 있어 계율의 발달을 초래하였다는 것이다.

백제 미륵신앙은 정치적인 관계로 이해되기도 한다.[90] 미륵신앙이 보이
는 시기의 왕권과 연결시키는 것에서 이해될 수 있다. 이와 같은 이해는 미

---

83) 이기백,「신라 초기 불교와 귀족세력」,『신라사상사연구』, 일조각, 1986, pp.85~86.
84) 백제 미륵신앙에 대한 대표적인 연구 성과를 살펴보면 다음과 같다.
　　김영태,「백제의 미륵사상」,『마한·백제문화』4·5, 1982.
　　황수영,「백제의 미륵반가사유상」,『백제연구』, 1982.
　　金三龍,『韓國 彌勒信仰의 硏究』, 동화출판공사, 1983.
　　田村圓澄,「百濟의 彌勒信仰」,『백제연구』21, 1990.
　　김두진,「백제의 미륵신앙과 계율」,『백제사의 비교연구』, 백제연구총서3, 1993.
　　장지훈,『한국고대미륵신앙연구』, 집문당, 1997.
85) 이러한 관계는 서산마애불에 보이는 석가불과 미륵보살의 관계를 통해 설명되어진다
　　(이기백, 앞의 글, 1986, p.76). 김수태 또한 백제에서의 석가불과 미륵의 관계를 조화의
　　관계로 보고 이를 국왕과 귀족세력의 관계로 연결시키고 있다. 특히 위덕왕대에 귀족
　　세력으로 상징되는 미륵신앙이 널리 유행하고 있는 것은 이러한 관계를 짐작케 한다
　　(김수태,「백제 위덕왕대 부여 능산리 사원의 창건」,『백제문화』27, 1998, p.49).
86) 田村圓澄, 앞의 글, 1990, p.114.
87) 김두진, 앞의 글, 1993, pp.71~75.
88) 『三國史記』27, 百濟本紀 5, 법왕원년.
89) 김삼룡, 앞의 책, 1983, p.132.
90) 김주성,「백제 무왕의 사찰건립과 권력강화」,『한국고대사연구』6, 1993.
　　김수태,「백제 무왕대의 정치세력」,『마한·백제문화』14, 1999.

륵이 용화수 아래에서 정각을 이루고, 3회의 설법을 통해 중생을 구제하는 모습과 무왕의 부인인 선화공주의 발원에 의한 것을 무왕이 완성하는 모습에서 찾고 있다. 그리고 백제의 미륵사 창건은 백제의 이상적인 미륵불국토의 구현으로 이어지기도 한다.[91]

한편 백제사회에 미륵신앙이 유행하게 된 배경으로 전쟁과 자연재해 등 天災를 들기도 한다.[92] 이러한 사회적 분위기 속에서 새로운 사회를 열망하는 민중들의 세력을 키우고, 이에 힘입어 새로운 지배세력이 등장했다는 설명이다. 그리고 백제의 미륵신앙은 미륵불이 산 밑 큰 연못에서 출현하고 있는 점을 들어 농경문화를 배경으로 하는 토착문화와 혼합되어 있다고 주장하기도 한다.[93]

그런데 백제의 미륵신앙은 지역을 달리하면서 각각의 특성을 가지고 전개되고 있는 모습이 찾아진다. 이러한 가능성은 웅진지역과 사비지역, 그리고 익산지역에서의 미륵신앙이 각각 그 성격을 달리하면서 전개되고 있을 가능성에 대해 언급되는 것에서 주목해볼 필요가 있다.[94] 그리고 이러한 백제의 미륵신앙은 정토신앙적인 요소와 융합되어 있음도 찾아진다. 불상명에 나타나는 기록들은 미륵신앙으로 통하여 정토에 왕생하고자 하였던 백제인들의 마음을 읽어볼 수 있게 한다.

여기서는 이처럼 지역적으로 달리하면서 전개되고 있는 백제의 미륵신앙이 어떠한 성격을 가지고 신앙되어지는지 그 구체적인 모습을 살펴보고자 한다. 이를 위해 웅진과 사비, 그리고 익산지역의 미륵신앙의 특징을 살펴보고자 한다. 이어 미륵신앙과 정토신앙의 관계도 고찰해 보고자 한다.

---

91) 김영태, 앞의 글, 1982, p.243.
92) 장지훈, 앞의 책, 1997, pp.85~94.
93) 장지훈, 앞의 책, 1997, pp.85~94.

1) 彌勒信仰의 受容

彌勒菩薩은 석가의 一生補處菩薩로 불린다. 이는 석가에 이어 다음 대의 부처가 되기로 예정되어 있는 것과 관련이 있다. 미륵은 현재 부처가 되고자 도솔천에서 수행하고 있는 보살인데, 이러한 모습은 미륵상생신앙과 연결된다.[95] 그렇지만 다음 대의 부처로 정해져 있기 때문에 미륵불로도 불린다. 이는 미륵보살이 수행을 마치고 하생하여 부처가 된다는 내용과 관련이 있다. 이러한 내용은 미륵하생신앙의 모습으로 나타난다.[96]

이러한 미륵신앙은 인도에서 발전하여, 중국으로 전해지고 있다. 그리고 백제의 미륵신앙은 이러한 중국의 미륵신앙과 관련하여 전개되고 있다.[97] 이는 백제가 중국, 특히 남조와의 관계를 긴밀히 하면서 그 문화를 수용하고 있는데서 찾아진다. 백제가 남조에서 수용하는 문화에는 불교문화도 상당부분 포함되어 있기 때문이다. 그런 만큼, 백제의 미륵신앙은 이러한 중국의 미륵신앙과 연결되어 살펴볼 필요가 있다고 본다. 이를 위해 이 시기 중국의 미륵신앙이 어떠하였는지 살펴보고자 한다.

---

94) 김수태, 앞의 글, 1999.
95) 상생신앙은 인간이 도솔천에 다시 태어나는 것을 말한다. 『彌勒菩薩上生兜率陀天經』에서는 인간이 도솔천에 다시 태어나기 위해서는 도솔천을 염하고 부처님의 禁戒를 受持해야 한다고 밝히고 있다. 그리고 一念으로 미륵의 이름을 부르면 1,200겁 生死의 죄를 사하고, 단지 미륵의 이름을 듣고 합장하는 것만으로도 그 사람은 50겁 생사의 죄를 사한다. 그리고 만약 미륵을 예배하면 100억겁 생사의 죄를 사하고 예컨대 천상에 태어나지 않더라도 미래에 있어 용화보리수 아래에서 미륵을 만나 구원을 받게 되며 無常心을 발한다고 설명하고 있다(『대정장』권40).
96) 하생신앙은 도솔천에 상생해 있는 미륵이 하생하는 신앙을 말한다. 하생신앙은 『佛說彌勒下生成佛經』에 따르면, 미륵이 석가가 열반에 든 뒤 56억 7천만 세에 도솔천의 수명이 다할 때, 하늘에서 지상의 세계인 閻浮提에 내려와서 바라문의 여자 梵摩波提에 托生하여 부처가 된 뒤, 용화보리수 아래에서 세 번에 걸쳐 인연하는 사람들에게 설법을 행하게 된다는 내용을 가지고 있다.
97) 백제의 미륵신앙이 전개되는 과정에서 중국 미륵신앙의 영향만을 살펴보아야 하는지는 좀더 고찰해 보아야 할 것으로 본다. 겸익이 인도에 유학한 것이 사실이라면, 인도에서 발생하고 전개된 미륵신앙의 요소도 함께 수용되었을 것으로 생각해 볼 수 있기 때문이다. 이와 관련하여서는 추후 구체적인 연구가 요구된다.

중국의 미륵신앙은 5세기 초 靈驗談을 중심으로 전개된다. 그리고 5세기 중엽에는 道安과 法顯에 의하여 미륵신앙이 크게 고취되는데, 이는 『彌勒上生經』의 漢譯에 힘입은 바 크다. 그리고 이 당시 중국의 미륵신앙은 석가불신앙과 관련되어 있다. 이는 중국에서 미륵신앙이 석가모니에 대한 이해와 신앙을 위주로 하여 발전하고 있다는 지적을 통해서 확인된다.[98] 미륵은 석가모니의 후계자로서 역할을 하고 있다는 것이다.

미륵과 관련한 경전에 따르면 석가여래에게 授記를 받은 미륵이 그의 명을 다한 후에 도솔천에 있다가 석가와 똑같이 이 인간 세상에 태자의 몸으로 하생하여 역시 인간세계의 번뇌를 고뇌하다가 출가하여 용화수 밑에서 성불한 후, 세 번의 설법을 하여 인간들을 구제한다고 되어 있다. 남북조시대 중국의 미륵신앙은 이와 같은 내용을 통하여 미륵신앙과 석가불신앙을 연결시키고 있다.

중국 남북조에서는 미륵신앙이 성행하였다. 남조의 경우 齊의 武帝시에 왕자 소자량이 龍華會를 베풀었다는 기록이 그것이다. 龍華會는 미륵이 도솔천에서 이 세상에 내려와 華林園의 龍華樹 아래에서 성불한 후 3회에 걸쳐 설법하는 모임을 말한다. 이렇게 볼 때, 소자량은 용화회를 통하여 미륵을 신앙하고 있음을 살펴볼 수 있다.

중국의 미륵신앙은 북조에서도 크게 성행하는 모습이 보인다. 이러한 내용은 북위 용문석굴에서 찾아볼 수 있다. 용문석굴에 나타난 미륵신앙의 표현들은 이 당시 미륵이 중시되었음을 말해주기 때문이다.

그런데 중국 남북조의 미륵신앙은 도교적 정토사상과 연결되어 있음이 발견된다.[99] 남북조시대에 유행한 李弘信仰은 老子變化思想의 한 유형으로 도교와 관련이 있다. 그리고 이러한 李弘信仰이 불교와 관련이 있다는

---

98) 강희정, 앞의 글, 2001, p.193.
99) 吳相勳, 「南北朝道敎의 민중적 전개-남북조시기 道·佛 교류의 一端」, 『부대사학』12, 1988, pp.174~182.

설명이다. 특히 정토신앙적인 요소도 함께 갖추고 있음이 발견된다. 李弘이 金闕帝君이라고 하는 미래의 구세주로 그 면모를 지니게 되는 장면이 이 무렵 중국에 전해졌던 彌勒下生信仰과 관련이 있다는 것이다.

이처럼 중국에서의 미륵신앙은 일찍부터 자리하고 있었다. 그 신앙의 형태도 영험적인 요소에서부터 도교적 정토신앙적 성격의 요소까지 두루 갖추고 있음이 확인된다. 그런데 이 당시 중국과 백제가 문화교류를 전개하고 있었던 것을 볼 때, 불교의 교류도 생각해 볼 수 있다. 그런 만큼 그 영향도 찾아볼 수 있지 않을까 한다. 그렇다면 중국의 이러한 복합적인 신앙형태가 백제에는 언제, 어떻게 전해지고 있는가.

백제의 미륵신앙과 관련한 기록은 성왕대로 올라간다. 이능화의 『朝鮮佛教通史』에 보이는 미륵불광사사적기에 따르면, 백제는 성왕초기에 이미 미륵신앙이 수용되어 있었음을 알 수 있다. 이 당시에 미륵불광사가 존재하고 있다는 기록이 이를 말해준다. 미륵불광사는 그 이름을 통하여 미륵신앙의 관련성을 추출해볼 수 있다.[100] 이런 내용을 통해 볼 때, 성왕대에는 이미 미륵신앙이 수용되었을 개연성이 있다. 그리고 이러한 미륵신앙은 계율과 관련하여 성행하고 있었다고 본다.[101]

백제가 미륵을 신앙하고 있었음은[102] 『日本書紀』의 내용을 통해서 확인된다. 위덕왕은 재위 31년(584)에 일본으로 石彌勒像을 보내고 있다.[103] 그리고 『三國遺事』에 보면, 신라의 승려 眞慈가 미륵선화를 찾아 백제의 웅진

---

100) 사찰명에 미륵이 포함되어 있다고 해서 미륵신앙으로 볼 수 있는가에 대한 의문이 있다. 그러나 미륵이란 사찰명은 적어도 미륵과 관련한 내용이 사찰 내에 존재하고 있었음을 의미하고, 나아가 이러한 내용은 신앙으로 연결되어 있었다고 볼 수 있지 않을까 한다. 신앙하지 않고 단순히 배치하였다고 보기는 논리적으로 힘들다고 보기 때문이다.
101) 김두진, 앞의 글, 1993, pp.71~75.
102) 백제는 중국의 남조와 밀접한 관계를 유지하고 있었고, 당시 남조의 齊에서는 武帝시에 왕자 소자량이 용화회를 베풀었던 기록을 살펴볼 때, 백제에도 중국적인 요소의 미륵신앙이 수용되었을 것으로 추론해 볼 수 있다.
103) 『日本書紀』20, 敏達紀 13년 9월.

을 찾는 것도 위덕왕대로 볼 수 있다. 이렇게 본다면, 백제의 미륵신앙은 위덕왕대에 이미 크게 성행하고 있었다는 것이 확인된다고 할 수 있다.

백제는 성왕 초기에는 이미 미륵신앙을 수용하였을 것으로 본다. 이러한 사실은 중국과의 관계를 살펴봄으로써 설명된다. 백제가 중국 남조문화의 수용에 경도되어 있었던 시기에 중국에서 미륵이 신앙되고 있었던 사실은 이와 같은 내용을 뒷받침한다고 보기 때문이다.

한편 백제는 남조를 통하여 북조적인 성격도 유입하였을 것이다. 무령왕 릉에 나타난 불교와 관련한 북조적인 요소가 이를 말해준다. 이는 정도는 미약하겠지만, 삼국시대 상호간의 영향을 통해서나, 중국 북조로부터 고구려나 신라에 전래된 영향을 받았을 가능성이 있다고 본다.[104]

백제는 웅진시대에 이미 미륵신앙을 수용하고 있다. 이러한 미륵신앙은 사비시대에 들어서 크게 성행하는 모습이 보인다. 그리고 이러한 백제의 미륵신앙은 중국의 미륵신앙과 관련 속에서 전개되고 있다. 백제는 중국 남조를 통해 미륵신앙을 받아들이고 있으며, 이 때 북조적인 요소까지도 함께 수용하고 있는 것으로 보인다.

2) 彌勒信仰의 展開

백제의 미륵신앙이 어떠한 과정을 통하여 전개되고 있는가. 이는 미륵신 앙의 지역적 특징을 살펴봄으로써 이해할 수 있다고 본다. 지역적으로 전 개되는 모습은 각각의 특징을 가지고 있을 것이며, 이러한 특징들이 바로 백제 사비시대의 미륵신앙을 이해하는데 도움을 줄 것으로 보기 때문이다.

백제의 미륵신앙은 말법사상이나 이러한 모순을 극복하려는 뚜렷한 시

---

104) 5세기 후기에 중국 북방의 석굴은 남방 조각의 심미적인 양식의 지배 아래 있으며, 북 조와의 관계가 밀접하던 시기의 고구려와 신라에도 남조의 세련된 조각예술의 영향이 남아 있는 모습이 이를 말해준다(阮榮春, 「初期 佛像傳來의 南方 루트에 대한 硏究」, 『미술사연구』10, 1996).

도가 보이지 않는다. 이러한 성격은 중국에서 말법사상이 유행하고 있는 것과는 대조적이다. 따라서 백제의 미륵신앙은 중국의 미륵신앙과는 전개 과정에서 차이점을 보여주고 있음을 발견할 수 있다.

오히려 백제의 미륵신앙은 지역을 달리하면서 특징적인 면을 보여주고 있다.[105] 웅진의 미륵신앙과 사비의 미륵신앙, 그리고 익산지역의 미륵신 앙이 전개되는 과정에서 특징적인 면을 도출할 수 있도록 해주고 있다. 이 는 같은 신앙이라 하더라고 지역을 달리해서 다른 성격을 상정할 수 있게 한다. 그리고 같은 신앙이라 하더라도 같은 시대 다른 지역에서 그 영향력 을 각각 행사할 수 있음을 가능하게 해준다. 따라서 여기서는 백제에서의 미륵신앙이 갖는 의미를 지역을 달리해서 살펴보고자 한다. 이를 통하여 백제 사비시대의 미륵신앙이 전개되는 모습을 도출해 보고자 한다.

(1) 熊津地域의 彌勒信仰

웅진지역에서 전개되는 백제의 미륵신앙은 수원사와 관련이 있다. 위덕 왕대의 기록인 수원사는 웅진지방을 중심으로 미륵신앙이 성행하고 있었 음을 알게 한다. 그리고 웅진지역이 미륵신앙의 시원지라고까지 지적되고 있는 것에서[106] 알 수 있는 것처럼, 이 지역의 미륵신앙은 백제 미륵신앙이 전개되는데 있어 중요한 의미도 담고 있다. 삼국시대 미륵신앙은 백제의 웅진에 가장 먼저 전래되었고, 이후 이 지방을 근거지로 하여 널리 삼국에 유행하였던 내용에서도[107] 웅진지역의 미륵신앙의 모습을 엿볼 수 있다. 따라서 웅진지역의 미륵신앙이 갖는 성격을 수원사를 통해 살펴보는 것이 순서일 듯싶다.

웅진지역의 수원사와 관련한 내용은 다음의 『三國遺事』 기록과 관련하여 주목된다.[108]

---

105) 김수태, 앞의 글, 1999, pp.127~128.
106) 김두진, 앞의 글, 1993, p.67.
107) 채인환, 「신라초기 불교의 사상과 문화」, 『불교대학원논총』2, 동국대학교, 1994, p.26.

A-1. 眞智王代에 이르러 興輪寺에 僧 眞慈(或은 貞慈라 함)란 이가 있어 항상 堂主 彌勒像 앞에 나아가 發願誓言하되 "우리 大聖이여 花郎으로 化身하여 이 世上에 나타나, 내가 항상 얼굴을 가까이하고 侍從하게 하소서."

A-2. 그 懇曲한 정성과 至極히 祈願하는 情이 나날이 두터워지더니 어느 날 밤 꿈에 한 중이 "네가 熊川[109] 水源寺에 가면 彌勒仙花를 볼 수 있으리라."하였다. 眞慈가 깨어 놀래며 일변 기뻐하여 그 절을 찾아 열흘길을 갈 때에 걸음마다 절하면서 그 절에 이르렀다. 門 밖에 복스럽고 성스럽게 생긴 少年이 있어 반가운 눈웃음과 입맵씨로 맞이하여 小門으로 引導하여 客室에 이르니 眞慈가 올라가서 揖하여 가로되 "그대가 일찍이 나를 모르거든 어찌 나를 接待함이 이렇게 은근한가?"하였다. 郎이 대답하되 "나 역시 서울사람이라 大師가 멀리서 옴을 보고 慰勞迎接할 뿐이다."하고, 조금 있다가 門 밖으로 나갔는데 그가 간 곳을 알 수 없었다.

A-3. 眞慈는 그저 偶然한 일이라고 생각하여 매우 異常하게는 여기지 않고 다만 寺僧에게 전날의 꿈과 온 뜻을 말하고, "잠시 下榻에서 彌勒仙花를 기다리고자 하니 어떠한가?"하였다. 寺僧이 그 情境이 虛無함에 속으면서도 그 殷懃함을 보고 말하되 "이로부터 南쪽으로 가면 千山이 있는데, 예로부터 賢人哲人이 머물러 있어 冥感이 많다고 하니 어찌 그곳에 가지 않는가."하였다. 眞慈가 그 말대로 山下에 가니 山神靈이 老人으로 변하여 나와 맞아 이르되 "여기 와서 무엇을 하려느냐?"하니 眞慈가 對答하되, "彌勒仙花를 뵙고 싶습니다."하였다. 老人이 이르되 "전에 水源寺 門 밖에서 이미 彌勒仙花를 보았는데 다시

---

108) 노중국은 『三國遺事』의 이 내용을 통하여 사비시대에 와서도 미륵신앙의 중심이 웅진 지역이었다고 주장하고 있다(「신라와 백제의 교섭과 교류」, 『신라문화』17 · 18, 2000, p.4). 이러한 주장은 사비시대에도 웅진성을 중요시하였다는 점에서는 가능성을 살펴볼 수 있다. 그러나 사비시대의 미륵신앙은 그 중심을 사비로 두어야 할 것으로 본다. 다만 여기서의 미륵신앙은 백제 미륵신앙의 원류를 찾는 것으로 이해해야 하지 않을까 한다.

109) 이병도는 이 때의 熊川에 대해 공주가 아닌 것으로 생각하고 있다.(이병도, 『역주삼국사기』, p.345) 그 이유는 공주가 백제의 舊都로서 新都인 부여와 가까운 곳이고, 백제와 신라가 적대관계에 있었다는 점을 들고 있다. 그러나 최근의 연구는 熊川을 공주로 비정하는 견해가 우세하다. 삼국시대의 미륵신앙이 백제의 웅진지역에 가장 먼저 전래되고, 이 지역을 기반으로 널리 유행하였다는 것에 따른 것이다.(채인환, 앞의 글, 1994, p.24)

무엇을 救하러 왔느냐." 하였다. 眞慈가 듣고 놀래어 빨리 本寺에 돌아갔다.

A-4. 月餘에 眞智王이 (그 소문을) 듣고 불러 그 事由를 물어 가로되 "郎이 自稱 京師人이라 하였으니 聖人은 거짓말을 하지 않거늘 어찌하여 城中을 찾아보지 않느냐." 하였다. 眞慈가 王의 뜻을 받들어 衆徒를 모아 閭閻間에서 화려하게 단장하고 眉目이 秀麗한 少年이 靈妙寺 東北쪽 길가 나무 밑에서 거닐며 놀고 있었다. 眞慈가 놀라 맞아 말하기를 "이 분이 彌勒仙花이다." 하고 가서 묻되 "郎의 집은 어디 있으며 芳名은 무엇인지 듣고자 願한다." 하였다. 郎이 對答하여 이르되 "내 이름은 未尸요, 어려서 父母를 여의었으므로 姓은 무엇인지 모른다." 하였다. 이에 가마에 태워가지고 들어가 王에게 보였다. 王이 敬愛하여 받들어 國仙으로 삼았다.(『三國遺事』3, 塔像 第4, 彌勒仙花 未尸郎 眞慈師)

위의 내용은 웅천, 즉 웅진지역의 수원사와 관련한 미륵신앙의 내용을 보여주고 있다. 웅진의 미륵신앙과 관련한 부분을 전재하고, 진자와 미륵선화의 만남의 과정을 크게 4구분으로 하여 살펴보고 있다.

먼저 진자가 미륵선화를 만나기를 간절하게 기도하는 장면이 보인다(A-1). 그리고 기도 가운데 진자가 미륵선화를 만날 수 있는 방법을 발견하는 대목이 뒤를 잇는다(A-2). 다음으로 진자가 웅진의 수원사를 향해 미륵선화를 만나러 가서, 직접 미륵선화를 만나는 장면이 나온다(A-3). 그런데 여기서 진자는 미륵선화를 친견하고도 알아보지 못하고 있음을 발견할 수 있다. 이렇게 미륵선화를 친견하고도 알아보지 못함을 자책하는 진자의 소문을 듣고 진지왕이 조언하여 미륵선화인 미시랑을 만나는 장면이 바로 A-4인 것이다.

먼저 A-1은 신라 흥륜사의 승려 진자가 미륵선화를 만나고자 하는 간절한 마음을 표현해 놓고 있다. 이 부분은 이 글이 내포하는 미륵신앙의 의미에 대해 그 실마리를 밝혀주는 부분이라 할 수 있다. 진자는 미륵상 앞에서 미륵이 화랑으로 나타나 주어 늘 시종할 수 있게 해주길 바라고 있다.

신라에서 미륵신앙이 본격적으로 이루어졌던 시기는 진흥왕대라 할 수 있다.[110] 이는 진흥왕의 아들의 이름에 輪자가 들어가는 것에서 추론된다. 즉 전륜성왕이 미륵신앙과 관련이 있는 만큼, 진흥왕대에는 미륵신앙이 이루어지고 있다는 설명이다. 그리고 팔관회의 개최도 미륵신앙의 일면으로 파악하고 있다. 이처럼 신라가 진흥왕대에 미륵을 신앙하고 있었기 때문에 진지왕대 진자의 미륵신앙도 가능한 것이라 할 수 있다.

그런데 사료 A-1은 미륵신앙과 화랑을 연결시키고 있는 점이 주목된다. 당시 화랑은 토착신앙과 그 연결고리를 가지고 있었다.[111] 그리고 토착신앙적인 성격은 신비적이면서도 주술적인 성격과 연결된다.[112] 이는 미륵신앙이 수용된 초기에는 토착신앙과 밀접한 관련 속에서 전개되었을 가능성을 말해준다. 그런데 이러한 가능성은 미륵을 신앙하는 당시의 승려들이 대체로 토착신앙에서 말하는 神仙에 대한 祭祀를 수행하고 있다는 것[113]에서 뒷받침된다. 따라서 신라에서의 미륵신앙이 전개되는 초기에는 토착신앙과 습합된 모습이 발견된다고 할 수 있다.

신라 미륵신앙의 이러한 성격은 백제에도 적용이 가능하지 않을까 한다. 우선 진자가 웅진지역에서 미륵을 친견하고 있는 것은 신앙에 있어서의 공통점이 있기 때문에 가능하다고 본다. 같은 미륵신앙이라 하더라도 공통점을 찾을 수 없다면 굳이 웅진에까지 와서 미륵선화를 찾는다는 것은 이해가 되지 않는다. 이렇게 볼 때, 진자가 화랑과 연결시키고자 했던 미륵선화는 백제에서도 그 성격을 찾아볼 수 있다고 본다.[114]

그렇다면 백제 웅진지역의 미륵신앙에서도 토착적인 성격을 찾아볼 수 있다고 할 수 있다. 그리고 위의 내용상에서 "이로부터 南쪽으로 가면 千山이 있는데, 예로부터 賢人哲人이 머물러 있어 冥感이 많다고 하니 어찌 그곳에 가지 않는가."라는 부분을 살펴볼 때, 山神과의 결합까지도 주목해볼

<hr>

110) 김덕원, 「新羅 眞興王代 王權强化와 彌勒信仰」, 『사학연구』76, 2004, pp.35~38.
111) 이기동, 「신라 화랑도의 기원에 대한 일고찰」, 『역사학보』69, 1976 및 『신라골품제사회와 화랑도』, 일조각, 1984, pp.316~318.
112) 김덕원, 앞의 글, 2004, p.41.
113) 김두진, 「신라 중고시대의 미륵신앙」, 『한국학논총』9, 1987, pp.22~24.
114) 백제도 화랑과 비슷한 청소년단체가 존재하고 있는 것으로 이해된다(이기백, 「신라 초기불교와 귀족세력」, 『신라사상사연구』, 일조각, 1986, p.86).

필요가 있다고 본다.[115)

　다음으로 주목해 볼 것은 신라의 미륵신앙이 귀족세력을 상징해준다는 설명이다.[116) 이는 신라의 화랑이라는 존재를 통해 뒷받침된다고 한다. 그리고 이러한 신라의 미륵신앙이 백제로부터 영향을 받았다는 사실은 백제 미륵신앙의 성격을 살펴볼 수 있게 한다. 더욱이 백제의 경우도 신라의 화랑과 같은 청소년단체가 존재하고 있었을 가능성이 많은 만큼, 백제의 미륵신앙 또한 귀족적인 성격에서 크게 벗어나지 않았을 것으로 본다. 위의 사료 A에서처럼 신라의 진자가 백제에서 미륵신앙의 또 다른 모습을 찾고 있는 것도 이와 무관하지 않다.

　그런데 백제 웅진지역의 미륵신앙은 계율과 밀접한 관련을 가지고 있다. 미륵신앙과 계율의 관련성은 웅진시대에 계율이 크게 강조되고 있는 점에서 찾아진다. 이 때 살펴지는 것이 미륵불광사사적기이다. 미륵불광사가 언제 창건되었는지는 분명하지 않지만, 겸익과 관련하여 서술된 점으로 보아 미륵신앙과 계율의 관련성을 설명하는 데는 무리가 없다고 본다. 겸익이 인도로부터 계율과 관련한 경전을 가져오고 있으며, 이를 흥륜사에서 번역하고 있는 모습은 이를 말해준다.[117)

　웅진지역의 미륵신앙은 계율과 관련이 있으며, 이는 다시 겸익과 연결된다.[118) 도솔천에 태어나기 위해서는 계율을 잘 지켜야한다는 것이다. 이런

---

115) 이러한 성격은 백제 미륵신앙이 도교적인 성격과 습합되었을 가능성을 말해주는 것이 아닐까 한다. 백제가 중국으로부터 미륵신앙을 수용하는 과정에서 도교적인 성격 또한 받아들였을 가능성이 있는 것이다. 중국의 미륵신앙이 도교적인 정토신앙의 성격을 가지고 있는 것에서 찾아진다.

116) 이기백, 앞의 글, 1986, pp.80~86.

117) 이능화의 『조선불교통사』에 실려있는 미륵불광사사적기는 아직 사료적인 가치에 대한 평가가 완전하게 내려진 것은 아니다. 그런 만큼 이 사료를 통해 백제 성왕대 미륵신앙을 살펴보는 것은 한계가 있다. 다만 이 사료는 『三國遺事』의 수원사와 관련한 기록과 더불어 살펴볼 때, 웅진지역에서의 미륵신앙이 성행하고 있음을 살피는데 보조적인 자료로서는 가능하다고 본다.

118) 김두진, 앞의 글, 1993.

면에서 미륵신앙은 계율과 깊은 관련을 갖고 있다. 이는 웅진지역에서 전개되는 미륵신앙의 모습을 살펴볼 수 있다.[119]

웅진지역에서 전개되는 미륵신앙은 중국의 미륵신앙을 통해서 유추해 볼 수 있다. 앞서 살펴본 바와 같이 중국의 미륵신앙은 석가불신앙과 관련하여 발전한다. 석가불에 이어 등장하는 미륵을 신앙하고 있는 것에서 찾아진다. 이러한 모습은 백제에서도 적용이 가능하다고 본다.

중국의 남북조에서 석가불이 신앙되어지고 있었던 것처럼 백제에서도 성왕대에 이미 석가불이 신앙되어지고 있었다. 그리고 석가불신앙과 더불어 미륵도 신앙되어지고 있음이 발견된다. 여기서 석가불과 미륵의 관계는 왕과 귀족의 조화로운 관계로 설정된다.[120] 이러한 예는 서산마애불을 통해 확인된다고 할 수 있다.[121]

백제불교에서 미륵신앙은 일찍부터 수용되었을 것으로 본다. 백제가 중국 남조문화 수용에 경도되어 있었던 시기에 중국에서 미륵이 신앙되고 있었던 사실은 이와 같은 내용을 뒷받침한다. 이는 앞서 살펴본 중국 남조 齊의 武帝時 왕자였던 소자량을 통해 확인된다. 따라서 백제가 남조와 외교관계를 갖고 있었고, 남조문화의 유입에 적극적이었던 것을 생각해 본다면, 남조로부터 미륵신앙을 수용하였을 가능성은 높다.

웅진지역의 미륵신앙은 신라의 진자가 백제에서 미륵선화를 찾고 있는 것에서 살펴볼 수 있는 것처럼, 귀족세력과 밀착되어 있다. 그리고 그 신앙적 성격은 토착신앙적인 요소도 많이 가지고 있음을 알 수 있다. 이러한 성격에서 왕권을 상징하는 석가불신앙과 조화로운 관계 속에서 발전할 수 있

---

119) 웅진지역의 미륵신앙을 상생신앙에 국한하여 살펴볼 수 있는 것은 아니다. 다만, 성왕이 강조하는 계율과 연결하여 볼 때, 그 구체적인 모습을 찾아볼 수는 없지만 이 당시 미륵신앙은 상생신앙적인 요소도 가지고 있었음을 추론해 볼 수는 있다.
120) 김수태, 「百濟 威德王代 扶餘 陵山里 寺院의 創建」, 『백제문화』27, 1998, p.49
121) 서산마애불에 나타난 미륵보살의 모습을 통해 유추할 수 있는 신앙은 상생신앙이 아닐까 한다. 이 마애불에 등장하는 미륵이 보살로 자리하고 있는 것은 도솔천의 모습을 설명하는 것이 아닐까 생각하기 때문이다.

었다고 본다.

그리고 위덕왕대에 신라의 진자가 웅천, 즉 웅진지역에 위치한 수원사를 찾아온 기록은 상징하는 바가 크다고 할 수 있다. 즉 백제는 위덕왕대에 이미 미륵신앙이 그 절정에 이르러 있었던 것으로 보아도 큰 무리는 없을 듯하다. 위덕왕이 재위 31년에 일본에 미륵석상을 전해주고 있는 내용도 이를 뒷받침한다.

(2) 泗沘地域의 彌勒信仰

백제 미륵신앙과 관련하여 주목되는 것으로 사비지역의 왕흥사가 있다. 왕흥사는 법왕대 창건되기 시작하여 무왕대에 완성되고 있는 사찰이다. 그런데 이런 왕흥사는 미륵사와 그 명칭 면에서 혼란을 보여주기도 한다. 이 두 사찰의 명칭에 혼란이 오는 것은 같은 미륵신앙을 기반으로 하는 사찰이기 때문으로 보인다.[122] 왕흥사와 관련한 내용은 다음에서 찾아진다.

B-1. 봄 정월에 왕흥사를 창건하고 승려 30명을 두었다.(『三國史記』27, 백제본기 제5, 법왕 2년)

B-2. 봄 2월에 왕흥사가 창건되었다. 그 절은 강가에 있는데, 채색으로 웅장하고 화려하게 꾸몄다. 왕은 매번 배를 타고 절에 들어가 行香하였다.(『三國史記』 27, 백제본기 제5, 무왕 35년)

B-3. 또 사비수 언덕에 돌 한 개가 있는데 여남은 명이 앉을 만 하다. 백제왕이 왕흥사에 가서 부처에게 禮를 드리려 할 때엔 먼저 이 돌에서 부처를 바라보고 절을 하니 그 돌이 저절로 따뜻해졌으므로 돌석이라 한다. (『三國遺事』2, 紀異, 南扶餘 · 前百濟 · 北扶餘)

B-4. 이듬해 경신년에는 서른 명의 승려를 새로 두고, 그 때 서울인 사비성-지금의 부여-에 왕흥사를 세웠는데 겨우 담틀을 세우고 세상을 떠났다. 무왕이 왕위를 이어 아버지가 시작한 것을 아들이 경영하여 수십 년에 걸쳐서 낙성시켰

---

122) 김두진, 앞의 글, 1993, pp.67~69.

다. 그 절을 또한 미륵사라고도 한다. 산을 등지고 물을 내려다보는 곳이며, 꽃나무가 수려하여 4계절의 아름다움을 갖추었다. 왕은 언제나 배를 타고 강물을 따라 절에 들어와서 그 지형과 경치의 장엄하고 수려함을 구경했다-고기에 기재한 것과는 조금 다르다. 무왕은 가난한 어머니가 연못의 용과 관계하여 낳은 이다. 아명은 서동인데 즉위한 후에 무왕이라 했다. 이 절은 처음에는 왕비와 함께 창건했다(『三國遺事』3, 興法 法王禁殺)

위의 내용은 왕흥사의 창건과 관련한 기록들이다. 위의 내용을 보면 법왕대에 창건되기 시작한 왕흥사가 무왕 35년에 이르러서야 완공되고 있음을 찾아볼 수 있다. 이는 왕흥사의 창건과 당시의 정국흐름이 연결되어 있음을 말해주는 것이라 생각해볼 수 있다.[123] 늦게 창건을 시작한 미륵사나 제석사가 왕흥사보다 오히려 일찍 완공되고 있는 모습은 정치적인 사건을 의도적으로 부각시키고 있는 것으로 볼 수 있기 때문이다.[124]

사비지역에 창건되고 있는 왕흥사가 주목받는 것도 이와 같은 맥락에서 이해된다. 즉 익산에 미륵사를 창건한 지 얼마 안되어 진행된 일이기 때문이다. 더욱이 같이 미륵을 신앙한다는 점에서 더욱 그러하다.

왕흥사는 사찰명에서 알 수 있는 것처럼 興王과 관련이 있다. 그리고 왕이 절에 행차하여 行香하는 모습은[125] 호국적인 사찰로서 설명된다. 따라서 왕흥사의 창건은 왕권이 고양되었음을 설명해 줄 수 있는 사실로 볼 수 있겠다.

왕흥사의 창건은 앞서 살펴본 바와 같이 왕권과 밀접한 관련이 있다. 이

---

123) 김주성, 앞의 글, 1993, pp.265~273.
124) 미륵사는 무왕 30년인 629년에 창건이 완료된 것으로 이해되고 있다(노중국, 「백제 무왕과 지명법사」, 『한국사연구』107, 1999, p. 8). 또 「관세음응험기」에 따르면, 제석사가 639년에 천재로 인하여 불타고 있는 것을 볼 때, 그 창건 시기는 왕흥사의 창건보다 앞섰을 것으로 본다. 이는 제석사의 창건이 익산경영과 관련 있다고 할 때 더욱 그러하다.
125) 『三國史記』27, 백제본기 제5, 무왕 35년.

때 왕흥사의 창건이 무왕의 익산경영 실패로 보는 주장이[126) 주목된다. 익산경영 실패 이후 사비지역을 중심으로 한 정치세력이 왕흥사의 창건과 관계되어 있다는 설명이다.

그런데 왕흥사의 창건은[127) 익산의 정치세력들에게 큰 불만이었던 것 같다. 그것은 제석사가 639년에 재해를 입고, 대왕인 무왕이 참회함으로써 불사리를 회수하는 장면에서 추론된다.[128) 제석사와 관련한 제석신앙은 왕권과 직접적으로 관련이 있는 신앙으로 볼 수 있다.[129) 무왕은 이 당시 익산세력으로부터 강한 견제를 받았고, 그래서 무왕이 이를 잘 마무리 하는 과정이 제석사의 재해 및 불사리의 회복이라는 기록을 통해 설명되어진다고 보기 때문이다.

그렇다면 사비에 창건되고 있는 왕흥사는 어떠한 신앙적 특징을 가지고 있는가. 왕흥사가 갖는 신앙적인 특징 중 강조되어야 할 것은 웅진과 익산지역의 미륵신앙과는 차별적인 모습이 보여야 한다는 점이다. 차별성을 강조함으로써 사비지역에서의 미륵신앙의 성격을 새롭게 정립할 필요가 있다고 보기 때문이다. 이러한 신앙적인 모습은 왕흥사를 찾는 국왕의 모습에서 찾아진다.

배를 타고 강을 건넜다는 것은 우선 세속과 유리됨을 말해준다고 할 수 있다. 그리고 왕흥사에 행차함에 있어 일정한 격식을 가지고 있음을 말해주는 것이 아닐까 한다. 물론 이 당시 왕흥사로 가는 방법으로 배를 타는 것

---

126) 김수태, 앞의 글, 1999, p.128.
127) 김주성은 왕흥사에 석가불이 모셔졌을 것이라 추정하면서, 이를 미륵신앙에서 석가불
    신앙으로의 교체라고 설명하고 있다(김주성, 앞의 글, 2001, p.241). 그러나 신앙의 교
    체라는 면보다는 지역적으로 익산에서 사비로 그 중요성을 강조하는 것이 변화하였음
    을 살펴야 하지 않을까 한다.
128) 김수태, 「백제의 천도」, 『한국고대사연구』36, 2004, pp.60~61.
129) 제석신앙은 국왕과 제석을 직접 연결시켜 국왕의 권위를 신성시하는 지배 이데올로기
    로서 성립된다(안지원, 「신라 진평왕대 제석신앙과 왕권」, 『역사교육』63, 역사교육연
    구회, 1997, p.76). 여기서의 제석신앙은 제석사와 관련이 있다.

이외에 생각할 수 있는 것은 쉽게 찾아지지 않는다는 점도 고려되어야 할 것으로 생각된다. 그런데 이처럼 당연한 것처럼 보이는 절차를 "매번 배를 타고 건넜다"고 하여 강조하고 있는 것은 돌석의 이야기와 더불어 왕흥사에 이르기 전에 일정한 의례를 진행하였을 가능성을 말해준다.

이는 세속의 왕인 국왕이 속세에서의 지배지를 벗어나 불계에 건너간다는 의미로 볼 수 있다. 그리고 무왕은 왕흥사에 行香하면서 늘 배를 타고 강을 건너가고 있는 것은 일반 귀족세력과는 차별적인 모습을 강조하기 위한 것이 아닐까 한다. 이 과정에서 속세의 왕으로서 국왕은 통치권을 인정받고 있는 것이다. 무왕 또한 불교를 통하여 왕권의 권위를 인정받고 속세의 왕권을 더욱 공고히 할 수 있었지 않을까 한다. 그것은 무왕이 익산에 미륵사를 창건하면서 강조한 전제왕권과 관련이 있다고 본다.

이러한 내용은 왕흥사에서 일어나고 있는 사건을 통해서도 확인된다. 즉, "5월에 붉은 말이 北岳의 烏合寺에 들어와 울면서 佛寺를 돌기 數日만에 죽었다"는『三國史記』의 기록과130) 맥을 같이한다고 보기 때문이다. 왕흥사에서 발생한 사건에 대해서는 사찰의 위치나 그 창건과정과 맞물려 생각할 필요가 있다.

여기서 왕흥사는 호국사찰로서 기능하였을 가능성을 살펴볼 수 있다. 오합사가 백제 오악 중 하나인 北岳에 위치하는 것에서 추론된다. 백제는 3산5악을 둠으로써 국토와 수도를 방위하고 있는 것이다. 그렇다면, 왕흥사 또한 호국사찰로서 기능하였을 것이다. 의자왕 말기 백제의 멸망과 관련한 징조를 보이는 것도 이 사찰이 당시에 중요한 기능을 하였을 것으로 생각되기 때문이다. 그리고 이러한 기능은 무왕대에 창건이 마무리되면서 얻어진 기능이 아닐까 한다.

무왕은 사비지역에 왕흥사의 창건을 마무리함으로써 사비지역에서의 왕권도 함께 강화하고 있다. 이는 강력한 전제왕권의 성립을 보게 되는 것이

---

130)『三國史記』권28, 백제본기 제6, 의자왕 15년 5월.

아닐까 한다.[131] 따라서 왕흥사는 왕권과 매우 밀접한 관련을 맺고 있었던 사찰이라고 볼 수 있으며, 이와 같은 이유에서 백제 멸망을 예고하는 사건이 일어나고 있다고 본다.

(3) 益山地域의 彌勒信仰

백제의 미륵신앙은 무왕대에 이르러 뚜렷한 흔적을 보여준다. 무왕이 창건하고 있는 미륵사가 그것이다. 미륵사의 창건과 관련하여서는 다음『三國遺事』의 내용이 참고 된다.

C. 함께 百濟로 와서 母后가 준 金을 내어 生計를 꾀하려 하니 薯童이 大笑하며 이것이 무엇이냐 하였다. 公主 가로되 이것은 黃金이니 가히 百年의 富를 이룰 것이다. 薯童이 가로되 내가 어려서부터 "마"를 파던 곳에 (黃金을) 흙과 같이 쌓아 놓았다 하였다. 公主가 듣고 大驚해 가로되 그것은 天下의 至寶니 그대가 지금 그 所在를 알거든 그 寶物을 가져다 父母님 宮殿에 보내는 것이 어떠하냐고 하였다. 薯童이 좋다 하여 金을 모아 丘陵과 같이 쌓아 놓고 龍華山 師子寺의 知命法師에 가서 金을 輸送하는 方策을 물었다. 法師가 가로되 내가 神力으로써 보낼 터이니 金을 가져오라 하였다. 公主가 편지를 써서 金과 함께 師子寺 앞에 갖다 놓으니 法師가 神力으로 하룻밤 사이에 新羅 宮中에 갖다 두었다. 眞平王이 그 神의 變通을 이상히 여겨 더욱 尊敬하며 항상 편지를 보내어 安否를 물었다. 薯童이 이로부터 人心을 얻어 王位에 올랐다. 하루는 王이 夫人과 함께 師子寺에 가다가 龍華山下의 큰 못가에 이르자 못 가운데서 彌勒三尊이 나타나므로 수레를 멈추고 敬禮하였다. 夫人이 王에게 이르되 나의 所願이 이 곳에 큰 절을 이룩하면 좋겠다고 하였다. 王이 허락하고 知命에게 가서 못을 메울 것을 물었더니, 神力으로 하룻밤에 산을 무너뜨려 못을 메워 平地를 만들어서 彌勒三像과 會殿 塔 廊廡를 각각 세 곳에 세우고 額號를 彌勒寺(國史에는 王興寺라 하였다)라 하니 眞平王이 百工을 보내서 도와주었는데 지금까지 그 절이 있다

---

131) 무왕의 권력강화를 보여주는 사례들이 주로 무왕의 집권 후기, 즉 王興寺의 건립이 완성되는 전후로 나타나고 있는 것도 이와 같은 현상이 반영된 것이라 생각한다(김주성, 「백제 무왕의 치적」,『백제문화』27, 공주대 백제문화연구소, 1998, pp.88~89).

（三國史에는 이 이를 法王의 아들이라 하였는데 여기에는 獨女의 아들이라 傳하니 자세치 않다).(『三國遺事』2, 기이 第2, 武王).

위의 내용은 무왕과[132] 무왕의 비인 선화공주가 獅子寺로 가는 중에 용화산 밑에 큰 연못가에 출현한 미륵삼존을 만나는 장면이다. 그리고 지명법사가 왕비의 요청으로 신이한 능력을 사용하여 못을 메우고 그 자리에 미륵사를 창건하였다는 것이다.

이러한 내용은 미륵사의 창건에 미륵의 이상세계를 구현하고자 하는 무왕의 의지가 담겨 있다는 설명을 가능하게 한다.[133] 미륵이 도솔천에 앉아 있던 獅子床座를 상징하였던 獅子寺, 미륵이 하생한 龍華樹를 상징하는 용화산, 미륵의 삼회설법을 상징하여 彌勒像·殿·塔·廊廡 등을 각각 세 개씩 건립하였던 점은 미륵의 이상세계를 잘 나타내준다는 설명이다. 그리하여 미륵이 하생하여 중생을 교화한 세계에서는 갈등과 미움의 싸움이 사라지고 사랑과 평화와 화합의 세계가 전개된다는 이상세계론이 전개되는 것이다.

그런데 미륵사의 창건은 이러한 이상세계론과만 관련 있는 것은 아니다. 이상세계론이 미륵불국토로 불릴 수 있는 것처럼 현세에 구현되는 하생신앙적인 요소라면, 위의 내용에는 상생신앙적인 요소도 포함되어 있다고 보기 때문이다. 이는 사자사를 통해 확인된다. 사자사라는 이름이 미륵이 불법을 닦고 있는 도솔천 내의 사자암좌에서 유래한 것이라 보기 때문이

132) 사료 B의 武康王에 대하여 무왕설과 동성왕, 그리고 무령왕설이 있다. 그러나 미륵사를 창건하였던 무강왕은 신라의 진평왕과 같은 시대의 백제왕이었다고 할 때 무왕으로 보아야 할 것으로 본다. 진평왕대 백제의 왕으로는 위덕왕, 혜왕, 법왕, 무왕 등을 들 수 있는데, 이 중 武康王과 가장 통할 수 있는 것이 무왕이라고 보기 때문이다(김주성, 앞의 글, 1993, p.258). 이에 대하여 武康王을 동성왕으로 보는 설(이병도, 「미륵사 창건의 연대에 대하여」, 『마한·백제문화』1, 1975)과 무령왕으로 보는 설(사재동, 「무강왕전설의 연구」, 『백제연구』5, 1974)이 있다.
133) 김영태, 「彌勒寺創建緣起說話考」, 『마한·백제문화』1, 1975.

다.[134] 미륵보살이 상생하여 도솔천 七寶臺 안의 사자좌상에서 설법을 하고 화생한다는 것에서 유래한다. 여기서 말하는 사자상좌나 사자사는 모두가 미륵의 수행과 연관되어 있음을 알 수 있다.

미륵신앙의 가장 큰 특징은 龍華三會思想으로 이해된다. 그런데 위의 내용에서 龍華三會가 나타나고 있다. 석가모니와 비슷한 행보를 걷는 미륵보살은 龍華樹 아래에서 정각을 이루게 되고, 이런 미륵불은 용화수 아래에서 세 번에 걸쳐 설법하고 중생을 제도하게 된다. 중국 남북조시대 미륵신앙의 발원자들은 龍華三會에 참여하기를 기원하는데, 여기서 불법을 들으려면 일단 도솔천에 상생했다가 다시 하생하여야 한다고 한다.[135] 여기서 미륵신앙의 상생신앙과 하생신앙이 결합되어 있는 모습을 발견하게 된다.

익산지역에 창건되는 미륵사도 미륵신앙의 상생·하생신앙적인 면을 보여준다. 이는 미륵사의 창건이 사자사와 맞물려 있는 것에서 이해할 수 있다. 사자사는 미륵사가 창건되기 이전부터 무왕의 왕비인 선화공주와 연결되어 있다. 그리고 사자사에는 지명법사가 주석하고 있었다. 이러한 관계는 무왕과 선화공주가 사자사로 가는 길에 미륵삼존을 만날 수 있는 개연성을 만들어 준 것이라 생각한다. 다시 말하면, 상생신앙적인 요소를 포함하면서 하생신앙을 전개하고 있는 것이다. 미륵사의 창건에 미륵불이 하생하는 龍華三會思想 만을 전개하는 것이 아니라 사자사에서 볼 수 있는 것처럼 상생신앙적인 요소도 함께 내포하고 있다는 것이다.

이렇게 볼 때, 사자사는 미래불인 미륵보살과 관련이 있으며, 미륵사는 사자사에서 설법하던 미륵보살이 하생한 당래불인 미륵불이 주인공이 되는 것이다. 여기서 무왕이 미륵신앙을 통하여 강조하고가 하였던 의도를 발견할 수 있다.

무왕은 미륵사가 창건되기 이전부터 선화공주를 통하여 지명법사와 연

---

134) 田村圓澄,「百濟の彌勒信仰」,『마한·백제문화』4·5, 1982, p.26.
135) 강희정,「中國 南北朝時代의 半跏思惟像과 彌勒信仰」,『백제연구』33, 2001, p. 194.

결되어 있었고, 또한 사자사가 상징하는 미륵을 신앙하고 있었다. 그런데 무왕은 사자사 아래에 미륵사를 창건하고 있다. 그것도 용화삼회의 설법을 강조하고 있다. 이는 용화세계의 이상을 백제 땅에 구현하려는 의도로 분석되기도 하지만,[136] 무왕은 미륵사의 창건을 통하여 전제왕권을 구축하고자 하는 의도가 담겨 있는 것이 아닌가 한다.[137] 여기서 중요한 역할을 담당한 인물로 지명법사를 들 수 있다.

지명법사는 獅子寺에 거주하고 있다. 여기서 獅子寺는 앞서 살펴보았듯이 미륵이 도솔천에 앉아있던 獅子床座를 상징한다. 그런데 무왕과 그의 비 선화공주는 지명법사로 하여금 용화산 아래에 내려와 미륵사를 창건할 수 있도록 하고 있다.[138]

여기서 미륵불이 하생하는데 있어서도 지명법사의 역할이 주목된다. 특히 지명법사가 주석한 사자사는 미륵보살이 거처하는 곳이다. 무왕이 사자사로 가는 길에 미륵삼존을 만난 것도 지명법사가 미륵사를 창건할 수 있는 하나의 모티브를 제공한다.

여기서 무왕과 미륵의 관계를 설정해 볼 수 있지 않을까 한다. 미륵사의 창건주체는 분명 무왕으로 볼 수 있기 때문이다. 그렇다면, 미륵은 무왕과 연결시켜 살펴볼 필요가 있지 않을까 한다. 무왕 자신도 이러한 생각으로 미륵사 창건을 강력하게 추진하고 있다고 생각한다.

무왕이 미륵하생신앙을 강조하고 있는 것은 어떠한 의미를 지니고 있는

---

136) 김두진, 앞의 글, 1993, p. 70. 여기서 김두진은 지명법사를 미륵보살에 대입하고, 무왕을 당래불인 미륵불로 보기도 한다. 나아가 백제왕실이 전륜성왕가로 자처하였을 것으로 보고 있다.
137) 이 때 사자사의 존재를 부각시켜 귀족세력과의 일정한 타협이 이루어졌을 가능성이 제기되기도 한다. 김주성은 무왕의 미륵사창건을 귀족세력과의 일정한 타협으로 보고 있는 것이다(앞의 글, 1993, pp. 261~262).
138) 여기서 지명법사의 존재가 미륵불의 역할로 잘못 살펴질 수 있다고 본다. 그러나 무왕과 선화공주는 용화산 아래, 미륵사가 창건되는 곳에서 이미 미륵삼존을 만나고 있다. 그런 만큼, 지명 법사와 미륵불을 연결시켜 볼 수는 없다고 본다.

가. 여기서 미륵사가 무왕의 전륜성왕을 강조하기 위한 것이란 주장에 주
목해 보고자 한다.[139] 전륜성왕은 강력한 왕권을 의미한다. 이는 무왕이 태
자제도를 확립해 가는 등 왕권을 강화하는 모습에서 살펴진다.[140] 이렇게
볼 때, 무왕은 강력한 왕권의 사상적 뒷받침으로 미륵사의 창건을 통한 미
륵하생신앙이 강조되는 것이 아닌가 한다.

무왕은 왕위에 오른 이후에도 익산에 꾸준히 관심을 가지고 있었을 것으
로 본다. 그것은 선화공주가 지속적으로 익산지역에 관심을 가지고 있는
것에서 살펴진다. 미륵사 창건설화를 보면, 선화공주가 주도적으로 미륵사
를 창건하고 있는 것으로 되어 있다. 이 부분은 선화공주가 지지기반을 갖
지 못하고 있는 것에서 찾을 수 있지 않을까 한다. 선화공주의 이러한 배경
은 자연스럽게 무왕이 자란 익산으로 관심을 돌려놓았을 것이고, 무왕 또한
모후와 관련하여 익산지역에 관심을 집중하였을 것으로 본다.

익산의 미륵신앙은 왕권, 즉 무왕을 중심으로 하여 전개되는 모습이 상정
된다. 즉 웅진지역의 미륵신앙이 왕권과 귀족세력의 조화를 추구한다면,
익산의 미륵신앙은 왕권우위의 전제왕권의 구축과 관련이 있다고 본다. 익
산의 미륵사 창건이 하생신앙에서 보여지는 전륜성왕과 관련이 있다고 보
기 때문이다.

3) 彌勒信仰의 性格

백제의 미륵신앙은 당시인들에게 어떠한 존재로 다가왔을까. 이러한 의
문점은 미륵신앙의 성격을 살펴봄으로써 이해할 수 있다고 본다. 또한 백
제의 불교신앙이 갖는 신앙적 특징 가운데서 미륵신앙의 성격을 유출해 볼
수 있다고 본다.

---

139) 장지훈, 「삼국의 미륵신앙과 그 사회적 배경」, 『한국고대미륵신앙연구』, 집문당,
　　1997, pp.170~71.
140) 김수태, 「백제 의자왕대의 태자책봉」, 『백제연구』23, 충남대백제연구소, 1992, p.160.

백제불교의 신앙적인 특징은 現世利益이라 할 수 있다.[141] 이러한 예는 아신왕이 왕위에 오르면서 행한 교서에서 "불신을 믿어 널리 복을 구하라"고 밝힌 것에서 찾아진다. 그리고 주술을 통해 除病하고, 불상을 조상하여 명복을 비는 등 그 행위가 신앙적으로 현세적인 성격으로 풀이된다. 또한 성왕이 일본에 불교를 전하면서 "이 법은 능히 無量 無邊의 福德과 果報를 낳으며…"[142]라고 한 표현에서도 이해된다.

그렇다면 이러한 현세적인 성격의 불교가 미륵신앙에서는 어떻게 표현되는가. 이를 알아보기 위해 백제의 불교신앙에 나타나는 정토신앙에 대해 살펴보고자 한다. 정토신앙과 관련하여서는 백제의 불상명을 통해서 확인된다.

> D. 정지원이 亡妻 조사를 위하여 금상을 공경히 만드니, 빨리 三塗를 떠나게 해주소서(추정 6세기 후반, 국립부여박물관 소장).[143]

위의 불상은 亡妻를 위해 조성한 것이다. 그리고 三途를 빨리 떠나게 해달라는 염원을 담고 있다. 그리고 다음의 내용도 주목된다.

> E. 갑신년에… 석가상을 만드니 諸佛을 만나서 길이 고통에서 떠나고…(추정 무왕 25년(624), 藤谷宗順 소장).[144]

위의 사료 D와 E는 亡者가 三途와 苦痛으로부터 벗어나길 기원하고 있다. 여기서 三途는 인간이 죄를 지어 갈 수 있는 지옥도, 축생도, 아귀도 등

---

141) 이기백,「삼국시대 불교 수용과 그 사회적 의의」,『신라불교사연구』, 일조각, 1986.
142)『日本書紀』19, 흠명기 13년 10월조.
143) 이 불상은 1920년대 중반 일본인이 대구의 골동품상으로부터 구입한 것으로 전해진다. 그리고 부여 은산면에서 출토되었다는 설과 더불어 제작연대가 무왕 25년이라는 설이 있다.(『譯註 韓國金石文』, 가락국사적개발연구원, p.167)
144)『譯註 韓國金石文』, 가락국사적개발연구원, p.166.

三惡道를 말하는 것으로 보인다. 그리고 고통이란 것도 인간이 죄를 지어 갈 수 있는 고통스런 곳으로 볼 수 있다. 그런데 여기서 三途를 떠나고, 고통에서 떠나가고자 하는 곳이 어디인가 궁금해진다. 이는 당시인들이 추구하는 바가 무엇인지 살펴볼 수 있는 실마리를 제공한다고 할 수 있기 때문이다. 이러한 의문점을 해결하는데 있어서는 다음의 자료가 참고 된다.

> F. 갑인년 3월 26일에 제자 王延孫이 현세의 부모를 위하여 금동석가상 1구를 공경히 만드니, 바라건대 부모가 이 공덕으로 現身이 편안하고, 태어나는 세상마다에서 三途를 거치지 않고 8難을 멀리 떠나, 빨리 정토에 나서 佛을 보고 法을 듣게 하소서(위덕왕 41년(594) 추정, 일본 동경박물관 소장).[145]

이 불상은 왕연손이 부모의 정토왕생을 기원하며 조성한 것으로 파악된다.[146] 특히 현세의 부모를 위해 이 불상을 조성한 것은 당시의 사회적 분위기를 엿볼 수 있는 대목이 아닐까 한다.

그런데 위의 내용을 보면, 현세의 부모가 현신이 편안하고, 태어나는 세상마다 三途를 거치지 않기를 바라고 있다. 그리고 八難을 멀리 떠나기를 바라는 마음이 표현되어 있다. 여기서 八難은 부처님을 보지 못하고 불법을 듣지 못하는 여덟 가지의 難處를 말한다.

그런데 위의 불상명을 보면, 태어나는 세상마다 三途를 거치지 않고 빨리 정토에서 나기를 바라고 있다. 이러한 내용은 위의 사료 E와 F에서 밝히고 있는 것과 통하는 면이 보인다. 사료 D와 E가 빨리 三途를 떠나고, 諸佛을 만나 고통을 떠나기를 바라고 있는 내용은 사료 F에서 밝히고 있는 "三途를 거치지 않고 빨리 정토에 나서 佛을 보고 法을 듣게 하소서."란 내용과

<hr>

145) 『譯註 韓國金石文』, 가락국사적개발연구원, p.164.
146) 이 불상이 백제의 것인지 고구려의 것인지 명확하게 밝혀지지 않고 있다. 그렇지만 당시는 고구려든 백제든 미륵신앙이 전개되고 있었던 만큼, 이 불상을 통해 백제 미륵신앙을 살펴보는 것은 큰 무리는 없다고 본다.

연결된다고 보기 때문이다. 이는 당시에 정토의 관념이 수용되어 있었음을 말해준다. 다만 여기서의 정토가 어떠한 형태를 띠고 있는지에 대해서는 좀더 살펴봐야 할 것 같다.

위의 불상명에서 밝히고 있는 정토의 개념이 미륵신앙과 연결될 수 있는가에 대한 의문이 있다. 정토를 희구하면서 그 불상은 석가상을 조성하고 있기 때문이다. 실제로 백제에서 미륵상을 조성하고 정토를 희구한 예는 찾아지지 않는다. 그렇지만 고구려의 불상인 「延嘉七年銘佛像」에서 그 가능성을 찾아볼 수 있지 않을까 한다.

「延嘉七年銘佛像」의 내용은 무량수불을 조성하면서 미륵을 만나기를 희구하는 장면이 그러하다. 여기서 선지식이 함께 한 곳에 나서 佛을 보고 法을 듣기를 소원하는 것은 미륵불을 만나기를 바라는 것으로 볼 수 있다. 그리고 미륵불을 본다는 것은 미륵보살이 부처로 하생하는 미륵불국토를 말한다. 여기서 미륵불국토란 바로 정토와 연결된다고 본다.

이러한 예는 북위 용문석굴의 조상명에서 발견되고 있다.[147] 여기서의 조상명은 서방정토로의 왕생을 기원하지만 죄가 많아 왕생할 수 없다면 미륵이라도 만나기를 바란다는 의미로 해석되기도 한다.[148] 그런데 북위불교에서는 아미타불을 조성하고 미륵불을 만나기를 바라는 내용 이외에 다른 표현도 찾아볼 수 있다. 觀音像을 조성하고 龍華信仰을 표현한 것이나, 석가불상을 조성하고 彌勒會遇를 발원한 내용들이 그것이다. 그리고 이러한 이와 같은 현상은 經說에 의한 당시의 신앙경향을 보여주는 것이라 한다.[149] 따라서 위의 사료 F에서의 정토는 미륵신앙과 관련한 정토일 가능성이 많다.

---

147) 塚本善隆, 「龍門石窟に現れたる北魏佛敎」, 『支那佛敎史硏究(北魏篇)』, 弘文堂書房, 1942, p.604.
148) 김영태, 「한국미륵신앙의 사적전개와 그 전망」, 『미륵사상의 현대적 조명』, 법주사, 1990, pp.129~131.
149) 김영태, 앞의 글, 1990, p.129.

이처럼 백제인들의 마음속에는 미륵신앙과 관련한 정토신앙이 자리하고 있었다. 그리고 이는 윤회와 관련되어 있다. 이러한 신앙은 당시 사회에서 중요한 기능을 하였을 것으로 본다. 여기서 정토신앙은 윤회와 더불어 그 사유체계가 사회에 반영되었을 것으로 본다. 불상명 등이 제작되고 있는 것이 이를 말해준다.

그런데 여기서 백제인들의 미륵정토적인 신앙이 得道나 成佛을 추구하는 것이 아니라는 것을 알 수 있다. 이들의 신앙은 하늘나라에 올라가 부처님을 만나기를 기원하는 소박함이 주류를 이루고 있다. 사료 F에서처럼 정토에 나서 불법을 듣기를 희구하는 장면이 그러하다.[150]

남북조에서 미륵신앙이 강화될 수 있었던 것은 상생과 하생의 과정을 거쳐 미륵불의 설법을 듣고 구원받을 수 있다는 점, 그리고 하생시 고귀한 신분으로 태어난다는데 있다.[151] 그런데 이러한 남북조의 미륵신앙적인 요소는 백제에도 적용되었을 것으로 본다. 익산 미륵사의 창건이 상생신앙과 하생신앙을 동시에 강조하는 것이라면, 이러한 과정을 통하여 미륵신앙은 더욱 강조되었을 것으로 본다. 이 과정에서 남북조인들이 바라는 고귀한 신분으로의 재탄생의 의미가 담겨졌을 것으로 본다. 여기서 미륵신앙은 윤회사상과 연결되고 있는 것으로 본다.

백제의 미륵신앙에는 정토신앙의 요소도 보인다. 그리고 이러한 정토신앙은 윤회와 맞물려 있음이 발견된다. 이러한 신앙적인 요소들은 사회적으로 투영되어 있었을 것으로 본다. 불상들이 조성되고, 명문이 제작되는 것은

---

150) 여기서 미륵정토는 엄밀한 의미에서 정토는 아니지만, 중국의 남북조시대 사람들이 서방정토와 미륵정토의 이중적이고 막연한 彼岸의 세계관을 가지고 있었던 것을 볼 때 백제에서도 그 가능성은 있다고 본다(강희정, 앞의 글, 2001, p.198). 그리고 이러한 생각은 淨土에 대한 개념이 미륵신앙에서 아미타신앙으로 전환되는 밑바탕이 된다고 본다. 특히 백제멸망 이후 조성된 아미타신앙과 관련한 연기지역의 불비상은 이를 말해준다. 정토왕생의 신앙이 망자생천의 신앙으로 대치된 것은 아미타신앙이 대중화되면서 일어나고 있다.(강희정, 앞의 글, 2001, p.204)
151) 강희정, 앞의 글, 2001, p.202.

이러한 사정을 말해주는 것이라 할 수 있다. 사회적으로 이러한 분위기가 성숙되어 있었던 것이 불상명을 통해 반영되는 것이라 생각되기 때문이다.

3. 天神信仰과 百濟佛敎

巫에서는 자연의 지배력과 사후의 영혼이 신격화된 다양한 신들이 등장한다. 그리고 불교가 전래될 무렵에는 巫覡神 가운데 최고의 지배신은 태양신이었다. 이런 태양신은 天帝와 연결된다.[152]

불교가 전해진 이후 巫의 천신신앙은 불교적 천신신앙으로 교체된다. 그리고 그러한 신앙은 제석신앙과 사천왕신앙의 모습으로 나타난다. 이렇게 볼 때, 무격신앙에서의 천신신앙의 성격은 불교에서의 천신신앙의 성격과 유사한 면이 발견될 수 있다. 따라서 여기서는 제석신앙과 사천왕신앙을 살펴봄으로써 불교에서의 천신신앙의 의미를 알아보고자 한다. 이를 위해 제석신앙은 孝, 사천왕신앙은 호국불교적인 요소를 대입해 보고자 한다.

1) 帝釋信仰과 孝思想

제석은 본래 인드라로 불리는 武勇과 전투를 관장하는 인도 고유의 신이었는데, 석가에 귀의하여 불법과 부처를 수호하는 불교 최고의 호법신이 되었다. 불교의 세계관에서 제석은 地居天의 가장 높은 곳인 須彌山에 위치하고 있는 忉利天으로도 불리는 三十三天을 주재하고 있으며 수미산 봉우리에 있는 善見城 중앙의 殊勝殿에서 화려한 寶冠을 쓰고 瓔珞으로 온몸을 장식하고 금강저를 손에 든 장엄·화려한 모습으로 권속인 四天王과 八部神衆을 거느리고 불법과 인간세계를 수호하고 있다고 한다.[153]

이러한 의미를 가진 제석은 왕실과 깊은 관련이 있다. 그것은 신라나 고

---

152) 高翊晋, 『韓國古代佛敎思想史』, 동국대 출판부, 1989, p.13.

려에서의 제석신앙이 갖는 의미에서 짐작이 가능하다. 신라에서 진평왕이 내제석궁의 존재를 통하여 왕권을 고양하고 있는 모습이 그것이다. 그런데 왕실과 제석신앙의 상관관계는 여러 가지 방향에서 찾아볼 수 있지 않을까 한다. 백제의 제석신앙은 이러한 면을 부각시켜 준다고 할 수 있다.

　백제에서 제석신앙의 흔적을 찾을 수 있는 지역은 익산이다. 익산에 보이는 제석사의 존재를 통해 확인된다. 제석사의 존재는「관세음응험기」를 통해서도 확인된다.[154]「관세음응험기」에는 무왕의 천도와 더불어 제석사가 벼락을 맞는 장면이 기록되어 있다. 이 기록으로 말미암아 백제 무왕이 익산으로 천도한 것으로 이해되어 왔다.[155] 그것은「관세음응험기」에서 천도란 단어가 사용되고 있으며, 제석사와 왕실의 관계를 고려한 것에서 기인한다.

　이러한 내용은 제석신앙과 왕권의 유착관계에서 비롯된 것이라 볼 수 있다. 국왕은 석가불을 신앙하면서, 한편으로 제석을 신앙하는 모습을 보여주기 때문이다. 이러한 관계는 왕실에서 신앙하는 제석의 존재를 국왕권과

---

153) 인드라의 정식명칭은 산스크리트어로 SakradevanamÌndra이다. Škra는 釋迦로, devanam은 提桓으로, Ìndra는 因陀羅로 음역되어 釋迦提桓因陀羅가 되는데 간략히 석제환인이라 일컫는다. 석가는 能으로 번역하여 天帝의 姓을 나타내고, 제환은 天으로, 인드라는 帝로 하여 能天帝로도 한역되는데. 흔히 帝釋天으로 칭해진다(안지원, 「고려시대 제석신앙의 양상과 그 변화」,『국사관논총』78, 1998).

154) 김주성은「관세음응험기」가 사료로서 결함을 갖고 있음을 밝히고 있다. 김주성은 당시 수도가 사비에서 익산으로 옮겨지지 않았음을 분명히 하고,『三國史記』에 천도와 같은 중대한 내용이 빠져있는 것이 쉽게 납득되지 않는 일이라고 말하고 있다(「백제 사비시대의 익산」,『한국고대사연구』21, 2001). 이에 반하여 이도학은「관세음응험기」를 사료로서 신뢰할 수 있다고 평가하고 있다. 이도학은 무왕이 즉위 초에 자신의 근거지인 익산을 천도하였으나, 630년과 631년 사이에 사비성으로 환도했음을 밝히고 있다. 그리고 이러한 상황을 검토할 때,「관세음응험기」에 보이는 무왕대의 익산 천도 기사는 모순점이 없이 너무도 잘 부합되고 있음을 밝히고 자료의 신빙성을 확인할 수 있다고 주장한다(「百濟 武王代 益山 遷都說의 再檢討」,『경주사학』22, 2003).

155) 백제 왕궁리 제석사와 관련한 연구는 다음의 것이 참고된다.
　　황수영,「百濟帝釋寺址의 研究」,『백제연구』4, 1973.
　　홍윤식,「百濟의 帝釋信仰攷」,『마한 · 백제문화』2, 1977.

연결하여 살펴보게 하는 것이다. 이렇게 볼 때 석가불신앙과 제석신앙은 밀접한 관련 속에서 신앙되고 있음을 찾아진다.

제석과 석가불의 관계를 설명해주는 내용은 『장아함경』에서 찾을 수 있다. 『장아함경』제2분 제14「釋帝桓因問經」에 의하면 석가가 마가다국 왕사성 동쪽 암바라 동산에 있는 큰 바라문 촌락 북쪽의 비제혜산 제석암에 대중들과 함께 계실 때, 제석이 忉利天의 권속들을 이끌고 와서 석가에게 법을 묻고는 해탈을 얻어 죽을 때까지 佛·法·僧 3보에 귀의하여 우바새의 계율을 지킬 것을 서원하고 있다.

이처럼 제석은 석가에 귀의한 후에 불교의 최고의 호법신이 되었으며, 이후 부처님이 설법하실 때면 권속을 이끌고 와 늘 호위를 한다. 이러한 모습은 佛－帝釋－권속의 관계를 설정하게 해준다. 그렇다면, 제석은 석가불신앙과 밀접한 관련 속에서 전개되고 있는 것이다.

그런데 이와 같은 석가불신앙과 제석신앙의 관계는 굳이 왕권과만 연결시켜 살펴볼 수는 없다고 본다. 다른 관점에서 양자의 관계를 살펴볼 수 있지 않을까 한다. 그것은 바로 孝에 대한 내용이다.156) 석가불과 제석, 그리고 마야부인의 관계는 이러한 孝의 내용을 설명해 준다. 따라서 무왕이 제석사를 창건하고 있는 배경을 孝와 관련하여 살펴볼 수 있지 않을까 한다.

이러한 제석과 석가불, 그리고 마야부인의 관계는 석가모니의 열반과 관련하여 찾아진다. 석가모니가 열반에 들 때 마야부인이 天宮으로부터 내려와 娑羅雙樹에 이르자, 여래께서 모든 불효의 중생을 위하여 金棺으로부터 일어나 합장하고 설법하였다는 내용에서157) 그 관련성을 찾아볼 수 있는 것이다. 여기서 도리천은 바로 제석의 도리천인 것이다. 이처럼 제석과 석가불의 연결고리에는 孝思想이 있는 것이다. 그리고 석가불이 제석으로 天

---

156) 孝는 유교의 최고덕목이라 할 수 있다. 그래서 양무제도 효경을 통해 효를 강조하는 모습이 발견된다. 백제도 유교적인 관점에서 효를 수용하고 있었을 것으로 본다. 다만 여기서 효를 살피고자 하는 것은 불교적인 관점에서다.
157) 『大唐西域記』6, 拘尸羅竭羅國(大正藏51, p.904a-b)

上에 태어나기도 하며, 혹은 전생에 제석과 밀착된 생을 영위한 석가불이 마야부인이 죽어 도리천에 태어나자 一夏에 승천하여 설법하는 모습에서도 孝의 가능성이 찾아진다고 본다.[158]

孝는 백제왕실에서 일찍부터 주목받아왔다. 능산리사원의 창건이 성왕계 왕실의 불사활동으로서 이 안에 孝의 불교적 관념이 강조되고 있음이 밝혀진 것이 그것이다.[159] 이러한 연구는 법왕의 諱인 孝順의 의미를 불교에서 찾고 있으며,[160] 이를 위덕왕과 법왕 등 성왕계의 불교활동과 연결시키면서 사비시대의 효사상이 불교와 밀접하게 관련이 있음을 밝히고 있는 것에서 찾아진다.[161]

위덕왕대 능산리사원의 창건에서 살펴지는 백제 왕실의 효사상이 중국 梁의 효사상과 연결되어 있다는 주장이 주목된다.[162] 이 주장에서처럼 梁의 효사상이 백제와 관련되어 있다면, 양무제의 효사상에 대해 살펴봄으로써 불교와 관련되어진 백제의 효사상의 흔적을 찾아볼 수 있지 않을까 한다.

양무제의 효에 대한 태도에 대해 살펴보는데 있어 불교는 중요한 기능을 하고 있다. 양무제의 효사상에 대한 태도는 다음의 내용을 통해 짐작해볼 수 있다.

---

158) 제석신앙에 담긴 효의 사상은 비록 후대의 기록이기는 하지만, 수명연장과도 관련이 있지 않을까 한다. 고려시대 정각국사 지겸이 『섬자경』에 근거한 제석신앙을 통하여 어머니의 수명연장을 제석에 청하고 있다. 그런데 원응국사 학일은 수명연장을 요청하면서 미륵상품을 염송하고 있다. 이는 제석신앙이 미륵신앙과 서로 연결되어 있음을 말해주는 것이라 할 수 있다.

159) 김수태, 「백제 법왕대의 불교」, 『선사와 고대』15, 2000, pp.6~8.
　　　　, 「백제 위덕왕대 부여 능산리 사원의 창건」, 『백제문화』27, 1998, pp.40~41.

160) 법왕의 諱가 孝順인 점에 착안하여 백제에 효사상이 일찍부터 수용되어 있음이 밝혀졌으나, 이를 주로 유교적인 관점에서 해석하는 경향이 있었다, 이러한 논고의 대표적인 예로 이기백, 「백제왕위계승고」, 『한국고대정치사회사연구』, 일조각, 1996, pp.138~140 및 노중국, 「무왕 및 의자왕대의 정치개혁」, 『백제정치사연구』, 일조각, 1988, pp.195~196 등이 있다.

161) 近藤浩一도 이러한 백제 사비시대 왕실의 효사상이 불교적인 측면에서 이해될 수 있음을 밝히고 있다(「백제 시기의 효사상 수용과 그 의의」, 『백제연구』42, 2005).

A. 부모의 은혜에 보답하는 것이 어찌 가능하다고 하겠는가. (부모의)자애로움은 바다와 같고, (자식의)효는 시냇가의 먼지에 불과하다. … 이에 鍾山 아래에 大愛敬寺를 세우고 靑溪 옆에 大智度寺를 세워 끝없는 정을 표했고, 돌아가신 분을 추모하는 마음을 나타내었다. 그러나 부모에게 효도하지 못한 슬픔을 떨칠 수 없어 다시 궁중에 至敬殿을 세웠다.(『廣弘明集』29「孝思賦」)

위의 내용은 부모에 효를 다하는 것의 소중함을 설명하고 천하의 주인이라 할지라도 효의 실천을 게을리 해서는 안된다는 점을 강조하고 있다. 그런데 여기서 주목하고자 하는 내용은 양무제가 효를 실천하기 위해 鍾山에 大愛敬寺를 건립하고 靑溪에 大智度寺를 조성하고 있는 내용이다. 또한 부모에 효를 다하지 않는 것을 슬퍼하여 궁내에 至敬殿을 건립함으로써 효를 공식적으로 표현하고 있는 장면이다. 양무제의 孝에 대한 태도가 사찰의 건립으로 나타나고 있는 것이다. 이는 梁에서 孝와 佛敎가 서로 연결되어 있음을 말해준다.

양무제는 聯珠五十首, 孝思賦, 廣統孝本 등의 서적과 교본을 제작하고 있는 것에서 알 수 있는 것처럼, 스스로가 孝에 대한 태도를 분명히 하고 있다. 나아가 武帝는 孝思想을 중시한 것에 머물지 않고, 孝思想을 보급하기 위한 노력을 아끼지 않고 있다.[163]

그런데 위의 내용에서 보이는 양무제의 효에 대한 관심, 즉 사찰의 건립

---

162) 백제에 효사상이 수용되고 정착되는 과정에 대해서는 近藤浩一, 앞의 글, 2005 참조. 近藤浩一은 백제가 효사상을 수용하는 과정에서 대통사를 주목하고 있다. 近藤浩一은 여기서의 孝가 엄격한 군신관계보다는 부모 자식의 孝나, 恩 이나 愛敬을 더욱 중요하게 생각하는 것으로 살피고, 이를 외교관계를 맺는 사상적 근거로서 기능하고 있음을 말하고 있다. 그러나 孝가 외교관계를 유지시켜 주는 사상적 근거가 된다는 것은 받아들이기 힘들다. 近藤浩一은 孝를 엄격한 군신관계가 아닌 부모자식의 孝와 恩으로 표현하고 있지만, 결국은 같은 의미로 받아들여지기 때문이다. 이 당시 백제가 梁의 선진문화에 경도되어 있는 모습이 발견되기는 하지만, 近藤浩一이 밝히고 있는 것처럼 극단적인 모습으로 梁을 대하고 있지는 않다고 본다. 오히려 대통사의 창건은 문화수용의 측면에서 접근이 이루어져야 할 것으로 본다.
163) 近藤浩一, 앞의 글, 2005, p.120.

은 백제에서도 발현되고 있다. 위덕왕대 능산리사원의 창건을 통해 효사상
이 정착되고 있음이 발견되기 때문이다. 奉爲聖王이란 표현에서 알 수 있는
것처럼 능산리사원은 성왕에 대한 孝의 발현으로서 창건되고 있는 것이다.

　위덕왕대 능산리사원의 창건이 孝와 연결되어 있다면, 무왕의 제석사 창
건은 어떠한 의미를 지니고 있는가. 특히 제석신앙이 석가불신앙과 연결되
어 있고, 이는 다시 효와 연결된다는 관점에서 살펴볼 필요가 있다.

　이제까지 제석사 창건은 천도와 맞물려 이해되어 왔다. 이러한 내용은 다
음의 「관세음응험기」의 기록을 통하여 살펴진다.

> B. 백제 무광왕(=무왕)이 지모밀지로 천도하여 새로이 사찰을 경영하였다. 정관
> 　13년(639) 기해 11월에 하늘에서 큰 뇌우가 내려 제석정사가 재해를 입었다.

　위의 사료는 백제의 익산천도와 관련하여 크게 주목을 받아왔다. 그것은
본문의 내용에서 천도를 언급하고 있는 것은 물론 제석사가 궁궐 내에 창
건되는 것으로 인식된 것에서 기인한 바가 크다.[164]

　백제는 일찍부터 익산에 관심을 가지고 있었다.[165] 그런데 무왕과 익산
의 관계를 언급할 때 무왕 모후의 존재가 살펴진다. 무왕과 익산의 관계는
무왕의 모계와 관련이 있다.[166] 『三國遺事』의 무왕과 관련한 기록에서 중

---

164) 홍윤식, 앞의 글, 1977.
165) 이와 같은 가능성은 웅진시대인 490년 중국 南齊에 제수를 요청한 "阿錯王 餘古"의
　　존재를 통해서도 확인할 수 있다. 이 阿錯에 대해서는 일찍이 末松保和가 羅州群島로
　　비정하였으나(『任那興亡史』, 1956, 吉川弘文館), 박순발은 익산 또는 전주 봉동지역으
　　로 이해하고 있다(「사비도성과 익산 왕궁지」,『고대도성과 익산 왕궁지』, 익산 고도지
　　정 기념 제17회 마한백제문화 국제학술회의 자료집, 2005, p.137). 박순발의 설명에
　　따르면, 阿錯은 『三國史記』37, 잡지6, 地理4의 都督府一十三縣 및 魯山州六縣에 소속
　　된 지명임이 알려져 있으므로, 비록 백제 멸망 이후에 당에 의해 계획 또는 일시 시행
　　된 것이라 하더라도 지명이나 그 지역의 실체는 백제 당시의 사정을 반영하고 있는 것
　　으로 보아야 한다. 필자의 생각도 이와 같다.
166) 김수태, 「백제 무왕대의 정치세력」,『마한 · 백제문화』14, 1999, pp.123~124.

요한 부분을 차지하는 것 중의 하나가 바로 무왕의 모후와 관련한 내용이다. 무왕의 모후와 관련하여 古記의 기록을 인용하고서도 서로 다르게 寡婦, 혹은 貧母로 나오고 있는데, 이것은 무왕의 세력기반이 약하다는 사실을 말해주는 것이라 할 수 있다. 무왕의 모후는 당시 크게 주목받지 못하는 세력으로 보이기 때문이다. 이는 무왕의 모후가 익산을 근거로 한 정치세력과 관련이 있다는 주장과 맞물려[167] 이해할 수 있다.

그렇다면, 익산의 정치세력은 어떻게 살펴지는가. 무왕의 익산에 대한 관심은 익산을 기반으로 하는 귀족세력으로 하여금 무왕의 모후를 통하여 세력을 크게 성장시켜 나가는 것을 가능하게 하였을 것이다.[168] 그리고 그 세력은 미륵사의 창건으로 이어질 수 있었다고 본다. 미륵사의 창건은 그 규모에서 볼 수 있는 것처럼 단순한 사찰창건의 의미를 넘고 있다. 사비지역과 관련한 각종 인장와는 사비지역의 정치세력들까지도 미륵사의 창건에 동참하였음을 말해준다. 이는 이 당시 익산지역의 정치세력이 상당한 정도의 영향력을 행사하고 있었음을 추론해 볼 수 있게 한다.

이처럼 익산에 대해 관심을 가지고 있었던 무왕은 제석사를 창건하고 있다. 그리고 무왕은 모후와 관련하여 익산을 연결하고 있다. 그렇다면 제석사의 창건은 곧 孝와 연결된다고 볼 수 있지 않을까. 이는 백제왕실의 효사상과 사찰창건의 관련성에서도 찾아진다. 위덕왕의 능산리사원 창건이 그것이다.

백제왕실의 효와 관련한 사찰창건의 전통을 중국 남조의 양무제에 그 연원을 두고 있다. 양무제는 앞서 살펴본 바와 같이 효의 실천을 위해 대애경사와 대지도사를 창건하고 있다. 이러한 전통이 성왕에게로 전해졌고, 이는 백제에서 왕실사원의 건립으로 이어졌다고 본다. 그리고 무왕의 제석사 창건도 이와 같은 맥락에서 찾아볼 수 있다. 이를 통하여 볼 때, 백제왕실은

---

167) 김수태, 앞의 글, 1999.
168) 김수태, 앞의 글, 1999, p.124.

위덕왕, 법왕 그리고 무왕의 예에서 살펴볼 수 있는 것처럼 불교를 통하여 효의 관념을 심화시켜왔을 것이라 생각해 볼 수 있다.[169]

　다음으로 「관세음응험기」의 기록을 통해서 왕실과 익산세력의 관계를 더 살펴보기로 하자. 그 기록을 보면 다음과 같다.

　　C. 대왕이 사리병에 귀의하고 법사를 청하여 懺悔한 후 병을 열고 보니 불사리 6개 가 모두 병 안에 갖추어져 있었다. 밖에서도 6개의 사리가 모두 보였다. 이에 대 왕 및 모든 宮人들의 信心이 배가하였다. 공양을 올리고 새로 절을 지어 사리를 봉안하도록 하였다.

　여기서 주목되는 내용은 사리신앙과 관련있는 사리병과 불사리의 존재 이다. 인도에서 비롯된 사리신앙은 불사리 자체를 佛身으로 보는 관념으로 확대된다.[170] 이는 한편으로 사리신앙과 석가불신앙과의 관련성을 말해주 는 것이라 할 수 있다.

　위에서 무왕은 불사리 6개가 병 안에 모두 갖추어진 것을 보고 신심을 배 가하였다고 밝히고 있다. 신심을 배가시켰다는 것은 무왕이 의도하는 바가 적극적으로 이루어졌다는 의미로 풀이된다. 그리고 여기에는 宮人들도 동 참하고 있다. 宮人이라 함은 궁궐 내에서 생활을 영위하는 사람들을 가리 킨다. 다시 말하면, 무왕이 법사를 청하여 참회하는 과정에 참여한 집단은 궁인으로 한정되어 있는 것이다.

　여기에 신하나 國人들이 존재하지 않는 것이 눈에 띤다. 이를 단순히 궐

---

169) 백제왕실에서 강조된 효는 성왕계의 움직임과 관련하여 무령왕대부터 왕족을 중심으 로 한 골족의식이 강화되는 모습으로 그려지기도 한다(김수태, 앞의 글, 2000, p.8)
170) 사리는 대체로 부처님의 진신사리를 의미하는 身舍利와 부처님의 신골은 아니지만 고 귀한 정신이 깃들여져 있고 佛法이 담겨 있다고 생각되는 불경 등을 가리키는 法舍利 로 크게 나누어 볼 수 있다. 그런데 법사리는 후대에 와서 불경뿐만 아니라 부처님의 의발, 금·은·유리·수정·마노 등의 보석까지도 포함하게 되는데 이 모두를 불사리 와 동격으로 인식하였다(신대현, 앞의 글, 2003, pp.23~24).

내 법회로 한정하여 설명할 수 있으나, 제석사가 갖는 성격을 고려할 때 신하와 국인들의 등장함으로써 왕권을 더욱 고양시킬 수 있었지 않을까 해서다.[171] 따라서 신하와 국인들이 이 장면에서 보이지 않는 것은 왕실차원에서 이루어진 법회로 보아도 무방하다고 본다. 그렇다면 제석사가 창건된 지역이 신하들과 관계있는 지역이라기보다는 왕실의 인물들이 생활하는 궁의 개념으로 보아야 할 것이다. 따라서 제석사의 창건이 곧 천도로 이어지는 것은 무리가 있다고 하겠다.

그런데 불사리의 존재는 익산에서의 왕권의 의미를 생각게 한다. 그렇다면 무왕은 이 지역에 제석사의 창건함으로써 왕권의 존재를 알리고 있을 것으로 본다.

제석신앙을 통한 왕권의 고양의 모습은 어떠한가. 제석신앙은 巫의 하늘임과 상통한다고 한다.[172] 33천의 중앙에 위치하여 "諸天의 임금"이라고 칭해지는 제석천의 특징이 재래신의 攝化라는 차원에서 쉽게 받아들여졌다고 보는 것이다. 그래서 제석신앙이 초기불교의 특성으로 이해되고 있다. 이러한 연구는 제석신앙이 국왕과 제석을 직접 연결시켜 국왕의 권위를 신성시하는 지배 이데올로기로 성립된다.[173]

제석신앙과 관련하여 계율도 중시된다. 이는 다음의 내용을 통해 확인된다.

> D. 二丈夫가 있어 자장에게 五戒를 내려주면서, 장차 이 오계로써 중생을 이롭게
>   할 수 있다고 했다. 또 자장에게 고하기를 우리들은 "너에게 계를 주려고 忉利
>   天으로부터 왔다"고 하고, 인하여 사라졌다. 이에 (자장이) 산을 내려오니 일

---

171) 참회의 과정에 궁인들만 참여하고 있는 것은 왕권의 신성성과 관련이 있다. 왕의 참회 과정이 신하나 국인들에게 알려지는 것이 왕권에 그리 도움이 되지 않을 것이라 생각되기 때문이다. 이는 고려시대 내제석원에서는 승려들의 왕사와 국사 취임이 이루어지고 있다. 이는 불교를 통한 왕권의 고양이라고 볼 수 있기 때문이다.

172) 고익진, 앞의 책, 1989, p.59.

173) 안지원, 「신라 진평왕대 제석신앙과 왕권」, 『역사교육』63, 역사교육연구회, 1997, p.76. 이 외의 거의 모든 논고가 제석과 국왕을 직접적으로 연결시키고 있다.

개월 사이에 國中의 士女들이 모두 오계를 받았다.[174]

위의 기록은 보면, 자장이 忉利天으로부터 내려온 이장부가 자장에게 오계를 전해주고 있는 모습을 살펴볼 수 있다. 오계는 불교도들에게 있어 가장 기본적으로 지켜야 할 계율이다. 즉, 계율의 기본인 것이다. 이런 오계를 도리천으로부터 온 이장부가 자장에게 전하고 있는 것은 의미가 있다. 이는 제석신앙과 계율의 관련성을 말해주는 것이다. 신라에 있어 제석신앙은 계율과 관련이 있다. 원광의 세속오계도 이러한 제석신앙과 관련되어 있다는 연구에서 찾아진다.[175]

사료 D에서 관심을 끄는 것은 도리천인과 자장의 관계이다. 진평왕대는 석가불신앙과 제석신앙이 서로 연결되어 있는데, 왕실의 석종의식을 체계화 시키는 자장의 계율사상이 제석신앙과 밀착되는 모습을 보여주기 때문이다. 이는 한편으로 석가불신앙과 계율이 밀접하게 연결되어 있음도 함께 말해준다.[176] 백제의 석가불신앙은 이미 성왕대에 성행하고 있었다.[177] 그리고 성왕은 계율을 크게 강조하고 있었다. 이런 면에서 석가불신앙과 제석신앙, 그리고 계율이 서로 연결되어 있음을 찾아볼 수 있다.

그렇다면, 무왕이 익산에 제석사를 창건하고 있는 것도 계율과 연결시켜 생각해 봄직하다. 무왕이 계율을 강조하고 있는 것은 법왕의 계율강조에서 찾아볼 수 있는 것처럼 그 전통을 이어가고 있음을 알게 하기 때문이다. 그렇다면, 무왕의 출자가 어찌되었든, 선왕인 법왕의 통치체제를 수용하고 있음을 이해할 수 있지 않을까 한다. 그리고 그 지역이 사비가 아닌 익산인 것에서 그 이유를 고찰해 볼 필요가 있다. 이를 위해 익산 지역의 사찰과 계율

---

174) 釋道宣撰,『속고승전』28, 讀誦編 8, 신라국대승통 釋慈藏傳.
175) 김두진,「신라 진평왕대의 석가불신앙」,『한국학논총』10, 국민대 한국학연구소, 1987, pp.25~27.
176) 김두진, 앞의 글, 1987, pp.30~31.
177) 길기태,「백제 성왕대의 열반경 이해」,『한국고대사연구』41, 한국고대사학회, 2006.

의 관계를 고찰해 보고자 한다.

　익산지역과 관련하여 주목되는 것은 바로 미륵사이다. 미륵사에 주목하고자 하는 것은 미륵신앙 또한 계율과 밀접한 관련 속에서 신앙되기 때문이다. 그런데 신라의 미륵신앙은 토착신앙과 밀착된 관계 속에서 성립되었다. 그리고 왕실과 귀족세력과의 조화와 타협을 이룰 수 있게 하였으며, 이는 귀족들도 불교에 대해 친근감 있게 접근할 수 있도록 하였다.[178] 이러한 내용은 미륵신앙이 귀족 중심으로 받아들여지면서 토착신앙과 융합하는 경향을 가졌지만, 그 안에 율령제도 및 신분사회의 확립을 위한 미륵계율이 요구되어 백제불교의 계율과도 은근히 통할 수 있는 면이 함축되어 있다는 점이다.[179] 이러한 예로 서산마애불을 들 수 있다.[180] 서산마애불의 경우 중앙에 석가여래가 위치하고 그 옆에 미륵보살이 자리하고 있는 모습이 그러하다.

　그런데 제석신앙과 계율의 관계는 참회를 통해서도 찾아진다. 이는 앞의 사료 C에서 살펴볼 수 있다. 무왕이 법사를 청하여 참회하고 있는 모습이 기록되어 있는 것이다. 懺悔는 죄를 뉘우치고 용서를 청하는 일을 말한다.[181] 다시 말하면 참회는 淨罪, 滅罪의 의미를 갖는다고 할 수 있다. 이런 참회는 불교에 있어서는 중요한 수행법 중의 하나이다. 이런 참회는 모순되고 혼탁한 개인의 삶의 질과 환경을 개선시킨다.

　이런 참회는 계율과도 관련이 있다. 열반경에서 중시하는 참회는 엄격한

178) 김두진, 「백제의 미륵신앙과 계율」, 『백제사의 비교연구』, 백제연구총서 제3집, 충남대 백제연구소, 1993, p.77.

179) 김두진, 「신라 중고시대의 미륵신앙」, 『한국학논총』9, 국민대 한국학연구소, 1986, p.18.

180) 이기백, 앞의 글, 1986.

181) 懺은 범어 ksama의 音略으로 참는다는 뜻, 즉 죄를 용서하여 참는 것과 같이 다른 사람에게 請 하는 것을 말한다. 悔는 追悔·悔過의 뜻으로 과거의 죄를 뉘우치고 佛·菩薩·師長·대중 앞에 고백하여 용서를 비는 것으로써 滅罪된다고 한다(『불교학대사전』, 홍법원).

계율 위에 정법의 호지를 두고 있으며, 이러한 정법을 호지하기 위해 위반하는 계율은 참회를 통해 속죄할 수 있는 것으로 되어 있기 때문이다. 그렇다면, 무왕이 제석사에서 참회하는 모습도 이와는 무관하지는 않을 것이다.

무왕은 모후에 대한 효의 발현으로 제석사를 창건하고 있다. 그리고 孝의 발현은 석가불신앙과 연결된다. 무왕은 제석신앙을 통해 석가불신앙을 보여주고 있다. 그런데 무왕은 제석사의 창건을 통해 계율도 강조하고 있다.[182] 이처럼 무왕은 제석사의 창건을 통해 모후에 대한 효를 발현하고 있으며, 더불어 석가불신앙을 강조함으로써 왕권을 강조하고자 하였던 것이다.

2) 四天王信仰과 호국불교

백제는 미륵신앙·법화신앙 등 다양한 성격의 불교신앙을 받아들였다.[183] 그리고 이들 신앙들은 특히 왕권과 관계를 맺으며 백제사회에 뿌리를 내렸다. 미륵신앙은 왕권과 전륜성왕을 연결시키는[184] 한편으로 귀족세력과의 타협을[185] 유도하면서 정착하였다.[186] 법화신앙도 호국신앙의 하

---

182) 백제 무왕대 제석신앙은 농경과도 관련이 있지 않을까 한다. 제석이 뇌정신, 즉 천둥과 번개로 비를 부르는 것에서 찾아진다. 비는 농경과도 연결되는 만큼, 제석을 농경신으로 보아도 큰 무리는 없을 듯하다. 농경은 비의 양과 떼어놓을 수 없는 관련이 있다. 그렇다면, 뇌정신 제석은 바로 농경의 신으로도 그 역할을 하였을 것이다. 이는 인드라의 기능을 살펴봄으로써 이해할 수 있다. 제석은 인드라라고도 한다. 이런 인드라가 농경신으로서 기능하였다는 것은 인드라가 신앙된 초기에 농경을 주로 하던 아리아인들에게 크게 찬양되었다는 것에서도 추론해볼 수 있다. 이러한 추론은 제석신앙이 전개되는 익산지역이 호남평야와 연결되어 있고, 근처에 벽골제의 모습도 찾아지기 때문이다.
183) 백제불교의 경향에 대해서는 다음의 내용들이 참고된다.
   김영태, 『백제불교사상연구』, 동국대학교 출판부, 1985.
   안계현, 「백제불교에 관한 제문제」, 『백제불교문화의 연구』, 서경문화사, 1994.
184) 노중국, 「백제 무왕과 지명법사」, 『한국사연구』107, 1999.
185) 이기백, 「신라 초기 불교와 귀족세력」, 『신라사상사연구』, 일조각, 1986.
186) 김두진, 「백제의 미륵신앙과 계율」, 『백제불교문화의 연구』, 서경문화사, 1994. 다만 김두진은 여기서 백제의 미륵신앙이 전륜성왕과 미륵보살의 조화를 추구한다고 인정하면서도, 그러한 면이 뚜렷하게 나타나지 않고 있음을 지적하고 있다.

나로 왕권과의 관계 속에서 발전하고 있었다.[187] 이와 같은 사실들은 백제의 왕권이 불교에 많은 관심을 가지고 있었음을 알게 한다. 그런데 백제의 불교신앙에서 이제까지 구체적으로 살피지 않았던 사천왕신앙의 존재도 확인되고 있다.

사천왕신앙은 백제 불교사에서 그리 주목받지 못하였다. 그것은 일차적으로 자료의 부족에서 기인한다고 생각한다. 백제의 불교사상을 다루는 과정에서 그 존재만 언급되고 있을 뿐,[188] 구체적인 내용에 대한 설명이 부족한 것도 같은 맥락에서 이해된다. 이와 같은 현상은 신라의 사천왕신앙이 많은 연구자들의 관심의 대상이 되고 있는 것[189] 과는 대조적이다.

그러나 이제 사비시대 백제불교의 한 부분을 차지하고 있는 사천왕신앙에 대한 구체적인 연구가 필요하지 않을까 한다. 제한적이나마 고고학적 유물과 문헌적 기록을 통한 연구성과가 축적되어 사천왕신앙의 실체에 대한 접근이 어느 정도 가능해졌기 때문이다. 특히 사천왕이 신앙되어지고 있는 신라나 일본과의 비교사적인 검토를 통해 백제 사천왕신앙에 대한 새로운 접근이 이루어질 수 있을 것이다. 따라서 사천왕신앙을 백제불교사의 전면으로 부각시키는 것은 가능하다고 생각한다.

---

187) 조경철, 「백제의 지배세력과 법화신앙」, 『한국사상사학』12, 한국사상사학회, 1999.
　　　김수태, 「백제 법왕대의 불교」, 『선사와 고대』15, 한국고대학회, 2000.
188) 조경철, 앞의 글, 1999.
189) 신라의 사천왕신앙과 관련한 연구들을 살펴보면 다음과 같다.
　　　김정기, 「경주 四天王寺 가람고」, 『윤무병박사 회갑기념논총』, 윤무병박사 회갑기념 논총간행위원회, 1984.
　　　강우방, 「四天王寺址출토 채유사천왕부조상의 복원적 고찰 -오방신과 사천왕상의 조형적 습합현상-」, 『원융과 조화』, 열화당, 1990.
　　　조원영, 「신라하대 사천왕부조상의 조성과 그 배경」, 『부대사학』19, 1995.
　　　김상현, 「四天王寺의 창건과 의의」, 『신라문화제학술발표회논문집』17, 동국대학교 신라문화연구소, 1996.
　　　심영신, 「통일신라시대 사천왕상 연구」, 『미술사학연구』216, 한국미술사학회, 1997.
　　　심효섭, 「新羅 四天王信仰의 受容과 展開」, 『동국사학』30, 2000.

(1) 四天王信仰의 존재

백제에 사천왕신앙이 존재하고 있었음을 확인할 수 있는 기록으로는 다음의 내용이 주목된다.

> A. 5월에 느닷없이 비바람이 몰아쳐서 天王과 道讓 두 절의 탑에 벼락을 치더니, 또다시 白石寺 강당에도 벼락을 쳤으며, 용과 같은 검은 구름이 동쪽과 서쪽 허공 가운데서 부딪쳐 싸웠다.(『三國史記』28, 百濟本紀 6, 의자왕 20년 5월)

의자왕 20년(660)에 天王寺와 道讓寺의 탑에 벼락이 쳤으며, 白石寺[190]의 강당도 벼락을 맞았다는 내용이다. 또한 용과 같은 검은 구름이 동쪽과 서쪽 가운데서 부딪쳐 싸우는 모습은 백제의 암울한 운명을 그대로 보여주고 있는 것이 아닐까 한다. 의자왕 20년은 백제가 신라와 唐에 의해 멸망하던 시기이기 때문이다. 그런데 여기에서 관심을 끄는 것은 天王寺에 대한 기록이다. 그것은 天王이란 용어가 위의 사료 A의 내용과 맞물려 이 사찰의 상징성을 함축하고 있지 않나 해서다. 그러므로 天王이라는 용어를 중심으로 天王寺를 살펴보는 것도 의미 있는 일이라 본다.

天王이란 용어에서 생각해 볼 수 있는 것이 四天王과의 관련성이다. 四天王은 欲界六天의 제1인 四天王天의 主로서 須彌山의 四洲을 수호하는 神으로, 忉利天의 帝釋을 섬기면서 佛法을 보호하는 역할을 수행한다.[191] 그런데 이런 四天王이 달리 天王으로도 불리고 있어 주목된다. 이와 같은 예는 四天王信仰을 내포하고 있는 『金光明經』 제6 사천왕품에서 四天王을 天王

---

190) 홍사준은 백석사의 위치를 현재의 부여군 세도면 지역으로 비정하고 있다(「수덕사 구기와 백석사고」, 『백제연구』4, 충남대학교 백제연구소, 1973). 세도면은 금강을 사이로 강경과 맞닿은 지역으로, 부여로 통하는 또 하나의 통행로로 볼 수 있다. 백석사에 번개가 친 사실이 天王寺와 도양사 다음으로 배치되어 있는 것에서 그 가능성을 생각해 볼 수 있다. 그런 만큼, 백석사의 사격에 대한 연구는 추후 고찰되어야 할 것으로 생각한다.
191) 곽철환, 『시공 불교사전』, 시공사, 2003, p.309.

으로 표현하고 있는데서 확인할 수 있다. 즉, 『金光明經』제6 사천왕품에 "이 金光明이란 미묘한 경전은 수많은 경 가운데 왕이며, 모든 부처님께서 護念하시는 바이며, 모든 보살들이 깊고 묘한 공덕을 장엄하며, 항상 모든 하늘세계에서 공경하는 바며, 능히 天王으로 하여금 마음을 기쁘게 하며, 세상을 지키는 신들이 찬탄한 경입니다"라고[192]하여 四天王을 달리 天王으로 부르고 있는 것이다.

신라의 四天王寺가 天王寺로도 불려지는 것도[193] 四天王과 天王이란 용어가 같은 대상에 대해 사용되고 있음을 뒷받침해준다. 이와 더불어 日本의 四天王信仰을 전하고 있는 『日本書紀』에서 四天王을 護世四王 또는 諸天王으로 부르고 있는 것에서도 天王과 四天王의 상관성을 찾아볼 수 있다.[194] 이와 같은 내용들은 天王寺가 사천왕신앙과 연결되어 있음을 알게 한다. 그러므로 天王寺의 존재는 백제가 사천왕신앙을 수용하고 있음을 보여주는 자료라고 할 수 있다.[195]

사비시대 백제에 사천왕신앙이 존재하고 있었다는 사실은 일본의 사천왕신앙을 살펴봄으로써 다시 한번 확인할 수 있다. 백제의 사천왕신앙과 관련해 일본을 주목하는 것은 백제를 통해 불교가 일본에 전해졌고,[196] 그에 따른 불교유적과 유물, 그리고 문헌자료 등에서 백제와 일본이 많은 유사점을 공유하고 있을 것이라 생각되기 때문이다. 그런 만큼 사비시대 백제 사천왕신앙의 존재는 일본의 사천왕신앙을 통해서도 확인할 수 있지 않

---

192) 대한불교천태종 구인사, 『金光明經』권2, 제6 사천왕품, 1996, "是金光明微妙經典 衆經之王 諸佛世尊之所護念 莊嚴菩薩 微妙功德 常爲諸天之所恭敬 能令天王 心性歡喜 亦爲護世之所讚歎"
193) 『三國遺事』3, 흥법 3, 阿道基羅.
194) 『日本書紀』21, 崇峻紀 즉위년.
195) 天王이란 용어를 통해 제석신앙도 살펴볼 수 있다. 그러나 제석신앙이 구체적으로 표현되는 예는 제석사나 제석정사 등 구체적인 사찰명을 통해 보여지고 있다. 따라서 天王과 사천왕을 연결시키는 것은 큰 무리가 없다고 본다.
196) 『日本書紀』19, 欽明紀 13년.

을까 한다. 다음의 기록은 백제의 위덕왕대에 해당하는 시기의 일본의 사천왕신앙과 관련한 내용이다.

> B. 秋7월 이 때에 廐戶皇子는 이마에 속발하고 군사의 뒤에 따라왔다. 스스로 생각하여 "만일 잘못하면 패하지 않을까. 기원하지 않으면 이기기 어려울 것이다"라고 말하였다. 그래서 白膠木을 잘라서 급히 사천왕의 상을 만들어 頂髮의 위에 놓고 발원하여, "지금 내게 적을 이기게 하여 주시면 반드시 護世四王을 위하여 사탑을 건립할 것입니다"라고 말하였다. 蘇我馬子大臣도 발원하여, "모든 諸天王과 大神王 등이 나를 도와 지켜 이기게 하여 주시면 諸天王과 大神王을 위하여 사탑을 건립하여 불법을 크게 펴겠습니다"라고 말하였다. (중략) 난을 평정한 후에 攝津國에 四天王寺를 지었다. (중략) 蘇我大臣은 또 본원에 의하여 飛鳥의 땅에 法興寺를 세웠다.(『日本書紀』21, 崇峻紀 즉위년)

위의 내용은 위덕왕 34년(587)년의 시기에 일본 四天王寺의[197] 창건과 관련한 『日本書紀』의 기록이다. 위의 기록에서 廐戶皇子가 밝히고 있는 護世四王은 물론 四天王을 가리키는 말이다. 그리고 蘇我馬子大臣이 지적하고 있는 諸天王도 四天王을 가리키는 말이며, 大神王은 四天王의 眷屬인 28부 鬼神衆을 가리키는 것이 아닐까 한다. 따라서 이를 통해 앞서 살펴본 바와 같이 일본에서도 四天王을 天王이란 용어로 달리 사용해 불렀던 사실을 알 수 있다.

현재의 大阪에 위치한 이 사천왕사는 593년에 창건된 사찰로 알려져 있다. 그리고 위의 기록을 살펴보면, 사천왕사의 창건이 사천왕신앙의 결과로 나타나고 있음을 알 수 있다. 일본의 사천왕신앙이 사천왕사를 중심으로 전개되고 있음을 말해준다. 또한 일본의 사천왕사가 전쟁과 관련한 신앙의 산물로 창건되고 있음을 엿볼 수 있다. 廐戶皇子가 전쟁에서의 승리

---

197) 일본 四天王寺는 그 창건시기가 593년이며, 648년에 불상 4구를 탑에 안치하였을 때 사찰의 모습을 거의 갖추게 되었던 것으로 보인다(심효섭, 앞의 글, 2000, p.122).

를 사천왕에게 기원하고 있는 것이다. 이는 일본의 사천왕신앙이 왕실을
중심으로 한 신앙으로 받아들여지고 있음을 말해준다고 하겠다. 더불어 전
쟁에서 승리를 기원하고 있을 만큼 왕실의 입장에서는 중요한 신앙으로 인
식되고 있다고 보여진다. 특히 위의 내용에서 蘇我馬子大臣의 사천왕신앙
은 蘇我氏 가문이 친백제계라는 점, 그리고 백제로부터의 불교수용에 매우
적극적이었다는 점에서[198] 시사하는 바가 크다. 그것은 백제에 사천왕신앙
이 존재하였을 가능성을 설명하는 좋은 자료라고 생각하기 때문이다.

　또한 일본의 四天王寺 창건과정에서도 백제와 밀접한 관계를 맺고 있다.
그것은 일본의 四天王寺 발굴조사에서 발견된 와당의 연화문이 백제계였
다는 것에서 짐작할 수 있다.[199] 또한 四天王寺의 가람배치가 백제계 양식
이라는 점도 주목된다. 일본 사천왕사의 가람배치가 중문-오층탑-금당-강
당이 일직선상에 배치되고 회랑과 연결되어 있는 것이다.[200] 이는 일본의
사천왕신앙이 백제와 깊은 관계가 있음을 시사해준다. 따라서 일본의 사천
왕신앙을 통해 백제 사천왕신앙의 존재를 확인하는 것도 가능하다고 생각
한다.

　이 밖에도 백제에서 사천왕이 신앙되었음은 신라가 왕실 중심으로 사천
왕신앙을 수용하고 있으며, 이를 적극적으로 전개하고 있는 것에서도 추론
해 볼 수 있을지 않을까 한다.[201] 신라는 문무왕대에 狼山의 神遊林에 四天

---

198) 『日本書紀』19, 欽明紀 13년. 이 때 일본은 백제로부터 전래된 佛像 등을 蘇我大臣에게
　　 맡김으로써 佛法의 興隆을 꾀하고 있다.
199) 出口常順,「御手印樣起-四天王信仰の展開」,『佛教藝術』59, 1965, p.13. 出口常順은 關
　　 野貞의 연구(「塼より見たれ百濟と支那南北朝特に梁との文化關係」,『朝鮮の建築と藝
　　 術』,1941)를 바탕으로 四天王寺 와당의 연화문은 南朝를 거처 전래된 것으로 보고 있
　　 다.(심효섭, 앞의 글, 2000, p.123, 주29) 재인용)
200) 김상현,「백제 위덕왕의 父王을 위한 추복과 夢殿觀音」,『한국고대사연구』15, 1999,
　　 pp.63~64.
201) 이 당시 중국 남조의 梁과 倭에서 사천왕이 신앙화되고 있었고, 또한 신라에서 사천왕
　　 신앙이 전개되고 있었다는 사실은 백제의 사천왕신앙을 추론하는데 있어서 하나의 실
　　 마리를 제공한다.

王寺를 창건하고 문두루비법을 행하여 당나라의 군사를 물리치고 있다.

일본의 사천왕신앙이 백제의 영향 속에서 전개되었던 것으로 미루어, 백제에서 사천왕이 신앙되어진 것은 위덕왕대 이전단계였음을 알 수 있다. 즉, 일본에 사천왕신앙이 전해진 시기는 성왕 30년(552)부터 위덕왕 34년(587) 사이로 대략 추정할 수 있기 때문이다.[202] 그렇다면 백제에서는 사비천도 무렵에 사천왕신앙이 수용되어 있었을 가능성이 높다.

(2) 四天王信仰의 성격

이처럼 백제가 수용하고 있는 사천왕신앙의 성격을 살펴보는 것은 매우 중요하다. 신앙에 내포되어 있는 성격을 살펴봄으로써 신앙의 수용과 전개되는 과정을 어느 정도 유추해 낼 수 있다고 보기 때문이다. 그런 만큼, 우선 백제 사천왕신앙의 성격을 그 근본경전으로부터 추론해보고자 한다.[203]

사천왕신앙의 근본경전이 『金光明經』이라는 주장이 주목된다.[204] 이 주장에 따르면 백제 사천왕신앙의 근본경전이 된 것은 曇無讖이 漢譯한 『金光明經』四卷本으로, 그 가운데 백제가 수용한 사천왕신앙과 가장 밀접한 관련을 갖는 것이 바로 제6 사천왕품이라고 할 수 있다. 『金光明經』四卷本의 제6 사천왕품에서는 "호국사천왕은 28부 鬼神衆을 거느리고 『金光明經』이 유포되는 국토는 어느 곳이나 怨賊侵境, 饑饉疾疫, 種種艱難으로부

---

202) 백제의 사천왕신앙이 일본에 전해진 것은 불교전래와 같은 시기일 가능성이 있다는 의견이 개진되어 주목된다(조경철, 「백제 성왕대 유불정치이념」, 『한국사상사학』15, 한국사상사학회, 2000, pp.22~25). 백제 성왕이 일본에 불교를 전하면서 밝히고 있는 『日本書紀』의 내용이 『金光明最勝王經』과 관련이 있다는 견해다. 『金光明最勝王經』은 703년 唐의 義淨이 번역한 것으로, 『日本書紀』의 찬자가 『金光明經』과 내용이 같은 『金光明最勝王經』의 내용으로 바꾸어 기록했다는 것이다.

203) 사천왕신앙의 성격에 대해서는 먼저 수용과정에서 살피는 것이 순서일 듯하나, 다음에서 사천왕신앙의 수용과 전개를 별도로 설명하고 있는 만큼, 사천왕신앙의 근본경전에서 우선으로 그 성격을 추출해 볼까 한다.

204) 김상현, 「고려시대의 호국불교 연구 -金光明經 신앙을 중심으로-」, 『학술논총』1, 단국대 대학원, 1976.

터 수호하겠습니다."[205]라고 언급하여 국토수호에 대한 사천왕의 의지를 밝히고 있다.

또한 "사천왕과 그 권속과 수많은 귀신들은 모두가 한결같은 마음으로 人世의 王을 선지식으로 모시고 함께 착한 행을 닦는 대법주로 받들겠으며, 감로수로 우리를 만족시켜 주었으므로 우리들도 응당 인세의 왕을 옹호하여 그의 근심을 제거하고 안락을 얻게 하겠으며, 또한 그의 궁전과 국토와 도시에서 일어나는 나쁜 재난을 모두 소멸시켜 줄 것입니다"[206]라고 기록되어 있다. 사천왕이 人世의 王을 선지식과 대법주로 모시고 그들의 궁전이나 국토와 도시에 일어나는 모든 나쁜 재난을 소멸시켜 준다고 밝히고 있다.

이것은 『金光明經』의 사천왕품에 등장하는 사천왕이 국토수호의 의지를 보여주는 호국적인 기능은 물론 人世의 왕을 옹호하는 왕권강화와도 관련이 있음을 보여주는 사례라고 하겠다. 이와 같은 내용은 한편으로 호국적인 기능과 왕권이 서로 연결되어 있음을 보여주는 것으로, 호국과 관련한 다양한 정책들이 곧 왕권강화로 이어질 수 있는 가능성을 보여주는 것이 아닌가 한다. 그것은 곧 사천왕품이 수록되어 있는 『金光明經』이 호국적인 성격의 경전임을 말하며, 아울러 사천왕품의 성격도 같은 맥락에서 살펴볼 수 있음을 알게 한다. 사천왕신앙의 근본경전인 『金光明經』이 『法華經』, 『仁王經』과 더불어 호국3부경으로 일컬어지는 것[207]도 사천왕신앙의 호국적인 성격을 설명해준다.

---

205) 대한불교천태종 구인사, 『金光明經』2, 제6 사천왕품, 1996, "世尊 是故我等名護世王 若此國土有諸衰耗怨賊侵境 饑饉疾疫 種種艱難 若有比丘 受持是經 我等四王 當共勸 請 令是比丘 以我力故 疾往彼所 國置郡縣 廣宣流布 是金光明經 微妙經典 令如是等 種 種百千衰耗之事 悉皆滅盡"
206) 대한불교천태종 구인사, 『金光明經』2, 제6 사천왕품, 1996, "我等四王及餘眷屬無量鬼 神 悉當同心 以是人王 爲善知識 同共一行 善相應行 能爲無上 大法施主 以甘露味 充足 我等 我等應當擁護是王 除其衰患 令得安隱 及其宮宅國土城邑 諸惡災患 悉令消滅"
207) 이재창, 『불교경전개설』, 동국대학교 역경원, 1982, p.222.

四天王浮彫像이 三國의 각축이 치열하던 시기에 사천왕의 힘을 빌려 적의 침입을 물리치려는 염원에서 조성되었던 사실[208]에서도 사천왕신앙의 성격을 짐작해 볼 수 있다. 또한 신라 사천왕신앙의 도량인 四天王寺의 창건과정 속에서도 사천왕신앙의 성격을 살펴볼 수 있다.[209] 唐의 침략소식을 접한 신라가 사천왕사를 건립하고 명랑에게 문두루법으로 기도하게 했던 것[210]은 국가적 위기상황 속에서 신앙의 힘을 빌려 이를 극복하고 정신적인 안정을 구하려 했던 것으로 보기 때문이다. 이는 사천왕사의 창건이 대당투쟁에 적지 않은 영향을 끼치고 있음을 말해준다.[211]

백제의 사천왕신앙이 어떠한 성격을 가지고 있었는지는 앞서 살펴본 天王寺와 관련한 기록에서도 가늠해 볼 수 있다. 앞의 사료 A에서 天王寺와 관련한 기록은 백제의 멸망을 예고하는 내용으로 구성되어 있다. 의자왕 20년은 백제가 신라와 당의 연합군에 의해 멸망하던 660년으로, 이 시기에 天王寺에 번개가 치고 있다는 것은 백제멸망을 암시하는 것으로 이해되기 때문이다. 특히, 동쪽과 서쪽에서 검은 구름이 부딪쳐 싸웠다는 내용은 장차 다가올 당과 신라의 군사와 백제군사와의 전쟁을 예고하는 것이 아닐까 한다. 의자왕 20년(660)에 해당하는 신라의 태종 무열왕 7년 3월에 唐 高宗은 左武衛大將軍 소정방을 神丘道行軍大摠管으로 삼아 백제를 치고 있으며, 신라도 이에 응하고 있는 기록이 보이고 있기 때문이다.[212] 이 기록은

---

208) 조원영, 앞의 글, 2000, pp.201~202.
209) 신라의 사천왕사는 의례 속에서는 神과 만나는 세계의 중심이며, 五方神과 四天王으로 수호되는 신라 불국토 전체를 상징하는, 특별한 불교의례의 장으로서 기능하였다는 주장이 주목된다(윤선태, 「新羅 中代의 成典寺院과 國家儀禮-大·中·小祀의 祭場과 관련하여-」, 『신라문화제학술집-신라금석문의 현황과 과제』23, 동국대신라문화연구소, 2002, p.115). 신라 중대의 왕권은 사천왕사를 중심으로 밀교의 만다라적 세계관에 귀의하여 왕경의 한 공간을 천하의 중심이면서 전체이기도 한 의례공간으로 새롭게 창출해내었다는 것이다. 그런데 이와 같은 내용은 백제에도 적용이 가능하다고 생각된다.
210) 『三國遺事』2, 文虎王法敏.
211) 김상현, 앞의 글, 1996, p.141.

天王寺가 멸망을 예고할 만큼 백제에서 중요한 사찰로 자리하고 있었음을 알게 한다. 그리고 이런 천왕사의 寺格은 사천왕신앙이 갖는 성격과 관련이 있다. 백제의 멸망을 예고하는 다음의 기사들을 통해서 그 사실을 확인해 볼 수 있다.

> C-1. 5월에 붉은 말이 北岳의 烏合寺에 들어와 울면서 佛寺를 돌기 數日만에 죽었다.(『三國史記』28, 百濟本紀 6, 의자왕 15년 5월)
>
> C-2. 6월에 王興寺 僧侶들은 모두, 마치 배의 돛과 같은 것이 大水를 따라 절 門으로 들어오는 것을 보았다.(上同, 의자왕 20년 6월)

위의 내용은 의자왕 15년에 백제의 五岳 중의 하나인 북악의 오합사에서, 그리고 의자왕 20년에는 三山 중 하나인 浮山의 왕흥사에서 각각 불길한 일들이 일어나고 있음을 기록하고 있다. 그런데 오합사에서 赤色馬가 보여주는 상서롭지 못한 행위는 백제의 멸망과 관련이 있다.[213] 오합사에 나타난 불길한 징조가 국가의 안위와 관련한 호국의 성격으로 보여지는 것은 오합사가 전사한 병졸들을 위로하기 위해 창건된 사실에서[214] 추론해 볼 수 있다. 또한 오합사의 위치가 오악 중 하나인 北岳에 위치해 있는 것도 같은 맥락에서 이해된다.

위의 기록에 등장하는 烏合寺나 王興寺는 백제의 대표적인 호국사찰이다.[215] 그만큼 이들 사찰이 갖는 성격이 백제의 운명과 함께 할 수 있는 것이라 하겠다. 따라서 이들 사찰에 나타난 변화가 국가의 안위와 관련하여 나타나고 있는 것이다. 이와 같은 내용을 통해 볼 때 앞서 살펴 본 사천왕신

---

212) 『三國史記』5, 新羅本紀5, 태종무열왕 7년.
213) 이도학, 「사비시대 백제의 4方界山과 호국사찰의 성립 -법왕의 불교이념 확대시책과 관련하여-」, 『백제연구』20, 1989, p.114.
214) 김수태, 앞의 글, 2000, pp.10~11.
215) 김수태, 「역사적 고찰」, 『성주사』, 충남대학교박물관, 1988, p.610.

앙과 관련 있는 天王寺의 경우도 오합사나 왕흥사의 경우와 같은 맥락에서 살필 수 있다고 생각한다. 천왕사가 백제의 멸망과 관련이 있다는 것은 천왕사가 호국적인 성격을 가지고 있었음을 말하는 것이며, 또한 백제에서 사천왕신앙이 매우 중요한 신앙으로 자리잡고 있음을 말해주는 것이라 하겠다.

사천왕신앙의 성격을 살펴볼 수 있는 자료로 天王寺를 가리키는 것으로 추정되는 [天王]명문의 와편이 있다. 이제까지 [天王] 銘文의 와편이 발견된 지역은 두 곳이다.[216) 舊衙里寺址와 금성산백제와적기단건물지에서 각각 와편이 발견되었다. 舊衙里寺址는 일탑식 가람배치를 보여주고 있으며, 2단 방형의 목탑심초석이 발견되었다. 구아리사지에 대한 발굴조사는 1992년에 실시되었는데, 그 당시 이 유적에서는 대평수로, 큰 우물, 건물 기단築基部인 版築層이 조사되었고 다량의 백제토기와 기와류가 조사되었다.[217)

금성산백제와적기단건물지에서는 비록 불교사찰을 입증할 만한 근거가 발견되지 않았지만,[218) 사비시대 금성산의 중요성을 고려할 때 사찰이 존재하였을 가능성이 높다고 본다. 금성산은 추정 왕경지에서 동남쪽의 방향

---

216) 정림사에서도 「天王」의 명문와편이 발견되었다는 주장이 있다(東 潮·田中俊明 編著, 『韓國の古代遺跡』2, 中央公論社, 1989, p.145). 그렇다면 天王명문와가 발견된 지역은 세 곳이 된다. 정림사는 사비 왕경지의 정남향에 위치한다. 백제가 사비천도와 더불어 도성을 계획하는 가운데 정림사를 정남향에 배치하고 있는 것은 天地에 대한 제사를 담당할 사찰로 정림사가 건립된 것으로 보인다. 이것은 종래의 토착신앙적인 성격을 지닌 天地에 대한 제사가 남쪽 방향에서 이루고 있었다는 사실에서 추론이 가능하다고 하겠다. 이것은 정림사의 창건이 기존에 이루어지던 토착적 신앙에 의한 제사가 불교식 제사로의 전환된 것을 의미하며, 백제는 사비천도와 함께 이를 계획적으로 실행했다는 얘기가 된다. 특히 정림사의 창건의 사비천도와 더불어 이루어지고 있음을 볼 때, 성왕은 기왕의 토착적 신앙의 토대 위에 이루어지고 있던 천지간의 제사는 물론 始祖神에 대한 제사도 불교식으로 전환하고 있음을 시사하는 것이라 하겠다. 그 만큼 백제에서 정림사는 중요하게 인식되었던 것으로 보인다.
217) 최맹식, 『백제 평기와 신연구』, 학연문화사, 1999, pp.96~97.
218) 신광섭·김종만, 『부여금성산백제와적기단건물지발굴조사보고서』, 국립부여박물관, 1992.

에 위치한다. 금성산 서쪽에 있는 도로와 건물지, 사찰 등은 북쪽에서 5~7°
정도 동쪽으로 기울어진 채 眞北을 향해 배치되어 있는데, 이러한 사실은
이 지역이 일정한 계획 하에 조성된 시가지임을 시사해준다.[219] 또한 이와
같은 사실은 사비도성에서 금성산이 차지하는 비중이 매우 높았음을 설명
해준다. 이런 금성산 남쪽 기슭의 절터에서 「天王」명문의 기와가 발견되었
기 때문이다. 「天王」명문은 天王寺와 관련이 있으며, 기와가 발견된 이 지
역은 백제의 3산 중 하나인 日山으로 추정될 만큼,[220] 중요한 지역이다. 특
히 3山[221] 중 능산리사지가 吳山에, 그리고 王興寺址가 浮山에 위치하고 있
는 것은 日山으로 추정되는 금성산에 백제에게 있어 중요한 사찰이 위치해
있을 가능성을 높여준다고 하겠다.[222]

　백제의 사천왕신앙은 근본경전이라 할 수 있는『金光明經』의 사천왕품이
갖는 성격이나, 사천왕을 신앙하는 天王寺가 백제의 멸망을 예고하고 있는
것, 그리고 天王寺의 것으로 추론되는 「天王」명문의 와편이 발견되는 지역
이 사비도성에서 중요한 지점으로 인식되는 만큼, 호국불교로서의 면모를

219) 서정석,『백제의 성곽 -웅진·사비시대를 중심으로-』, 학연문화사, 2002, p.162.
220) 이도학은 3산 중 吳山은 부여읍 능산리와 염창리에 걸쳐있는 해발 160m의 吳山에, 浮
　　山은 백마강 對岸인 부여군 규암면 津邊里와 新里 경계에 있는 해발 170m의 浮山에
　　해당된다고 주장하면서 日山의 위치를 금성산으로 추정하고 있다(앞의 글, 1989, p.
　　124). 유원재도 금성산을 일산으로 추정하고 있어 주목된다(「사비시대의 三山崇拜」,
　　『백제의 종교와 사상』, 충청남도, 1994, pp.82~83).
221) 3山의 문제는 도교와 관련해 주목을 받아왔다(장인성,「백제금동대향로의 도교문화적
　　배경」,『백제금동대향로와 고대 동아세아』, 백제금동대향로 발굴 10주년 기념 국제학
　　술심포지엄 발표문, 2003). 그러나 3산 중 오산과 부산에 위치한 능산리사지와 왕흥사
　　가 백제 왕권에 있어 중요한 기능을 담당하였고, 더불어 日山으로 추정되는 금성산에
　　도 사찰이 존재하였을 가능성이 많은 만큼, 3산과 불교의 관계에 대해서도 관심이 있
　　어야 하지 않을까 한다.
222) 3산과 관련해『三國遺事』2, 남부여조에서는 "又郡中有三山, 曰日山·吳山·浮山, 國
　　家全盛之時, 各有神人居其上, 飛相往來, 朝夕不絶."고 기록하고 있다. 이 같은 내용은
　　백제의 전성기에 이들 3산에 위치한 사찰의 역할과 기능이 충실히 이행되고 있었음을
　　의미하지 않을까 한다. 그것은 백제의 멸망기에 좋지 않은 징조로 나타나게 된 것이
　　이들 사찰의 기능이 제대로 이행되지 않았음을 말해준다.

보여주고 있다.

⑶ 四天王信仰의 수용과 전개

사천왕신앙이 백제에서 호국불교적인 면모를 보여주고 있다면, 백제는 언제 사천왕신앙을 수용하고 있는가. 앞서 살펴본 바와 같이 백제는 위덕왕대에 이미 사천왕이 신앙되어지고 있었을 것으로 생각된다. 그리고 백제에서 일본으로 사천왕신앙이 전해진 시기가 성왕 30년에서 위덕왕 34년 사이라면, 聖王代 梁과의 교류 속에서 사천왕신앙과 관련한 흔적을 살펴볼 수 있지 않을까 한다. 그것은 성왕이 재위 19년인 541년에 양으로부터 열반 등의 경의를 구하는 기록에서 찾아진다.[223]

그런데 백제가 양에 요구한 經義에는『涅槃』이외에도 여러 종류의 經義가 포함되어 있는 것으로 보인다. 그것은 당시 백제에『涅槃經』이외의 經典들이 유통되고 있었을 가능성을 상기시켜준다. 그러면 당시 중국의 梁에서 백제로 전해진 經義에는 어떠한 것들이 포함되어 있었는가. 다음의 내용은 이 당시 經義의 내용들을 추적하는데 실마리를 제공해준다.

> D. 河南王이 사신을 보내 조공하고 말과 方物을 바치며 釋迦像과 아울러 經論 14
> 가지를 구하였다. 이에 詔書를 내려 釋迦像과 아울러 涅槃·般若·金光明 講疏
> 103권을 주었다.(『南史』7, 양무제 大同 6년 5월)

위의 내용은 양무제가 백제에 涅槃 등의 經義를 전해주기 바로 전해인 大同 6년(540)에 梁武帝가 河南王에게 전해주고 있는 불교관련 經論과 講疏, 그리고 釋迦像 등에 대한 기록이다. 梁武帝가 河南王이 요청한 釋迦像과 經論 14가지보다 많은 經論과 註釋書를 전해주고 있는 모습이다. 그리고 전해준 내용물에는 涅槃·般若·金光明 講疏가 포함되어 있다. 여기에 열거된 경전들은 梁 佛教界에서도 중요하게 다루어졌을 것으로 보인다. 더불

---

223) 제2장 제1절 「涅槃經의 이해와 釋迦佛信仰」에서 인용된 사료 A 참조.

어 梁武帝代에 『金光明經』이 널리 읽혀지고 있음을 생각해 볼 수 있게 한다. 그리고 河南王이 요구한 經論 중에서 『金光明經』을 찾아볼 수 있지 않을까 한다. 그것은 梁武帝가 河南王에게 전하고 있는 대표경전에 『金光明經』과 관련한 내용이 포함되어 있는 것에서 추론하였다. 이와 같은 사실을 볼 때, 성왕이 541년에 梁武帝에게 요구한 經義[224]에도 『金光明經』이나 이와 관련한 註釋書가 포함되어 있을 가능성이 매우 높다고 할 수 있다.[225] 또한 聖王代에는 이미 『金光明經』이 백제에 유통되고 있었을 것으로 보아도 무난하지 않을까 한다.

『金光明經』이 중국에서 처음으로 번역된 것은 412년에서 421년 사이로, 曇無讖이 漢譯한 『金光明經』四卷本이다. 曇無讖이 漢譯한 『金光明經』四卷本은 제6 四天王品·제8 功德天品 등 19개 品으로 구성되어 있으며, 중국을 비롯해 한국과 일본에 널리 유통되고 또한 현존하고 있다.[226] 다시 말해서 聖王代에 曇無讖의 『金光明經』4권본이 이미 漢譯되어 있었던 만큼 백제에서도 유통되고 있었을 가능성이 많다.[227]

사비시대 백제에 이처럼 사천왕신앙이 수용되어 있었다면, 중국 남조 양에서의 사천왕신앙은 어떤 모습으로 백제에 전해지고 있었는가. 梁武帝代의 중국 사천왕신앙의 흔적을 보여주는 다음의 자료는 많은 참고가 된다. 다음은 『續高僧傳』 釋道仙傳의 내용이다.

224) 김동화는 經義를 중국측 기록인 『南史』에서 經疏로 나타나고 있는 점을 들어 註釋書로 해석하고 있다(「百濟時代의 佛教思想」, 『아세아연구』5권 1, 고려대 아세아문제연구소, 1962, p.68).
225) 이 때 사료 D-1에서의 經義와 관련한 해석은 주의를 요한다. 그것은 이 經義를 註224)의 김동화처럼 단순히 註釋書로만 해석할 경우 『金光明經』이 이때보다 앞서 백제에 전해졌을 가능성이 있기 때문이다. 사료 D-2에서 D-1의 經義 부분이 經疏로 표현되고 있다. 經義는 경전에 대한 해석의 의미도 있지만 經書의 의미로도 해석이 가능하다(諸橋轍借 著, 『大漢和辭典』, 大修館書店). 그리고 經疏는 불경과 註疏書로 해석될 여지가 충분하다. 그런 만큼 經義에 대한 해석이 註釋書로만 한정하여 볼 수는 없다고 생각하기 때문이다.
226) 김상현, 앞의 글, 1976, pp.2~3.

E. 天監(502~519)末年에 始興王이 양태사에 사천왕상을 조성하고 神明의 마음으로 기도하였다. 六齋마다 항상 청정하게 진설한 후 사천왕에 나아가니, 사천왕상의 頂上에서 오색의 광선이 발하였다.(『新脩大藏經』50, 續高僧傳25, 釋道仙傳)

E의 내용은 天監(502~519)末年에 始興王이 梁泰寺에 사천왕상을 조성하고 제사를 드리는 기록이다. 이 기록에서 梁武帝 때에 梁에서 사천왕신앙이 유행하고 있는 모습을 살펴볼 수 있다. 그런데 E의 내용에서도 사천왕신앙의 성격을 유추해볼 수 있지 않을까 한다. 始興王이 梁泰寺에 사천왕상을 조성하고 6齋[228] 마다 제사를 드리는 기록은 始興王의 梁武帝에 대한 공경의 의미로 보여질 수 있다고 생각한다. 그것은 6齋가 제석이 그의 권속인 사천왕과 사천왕의 태자 및 그의 使者를 매월 8일, 14일, 15일, 23일, 29일, 30일에 인간계에 파견하여 사람들의 선행을 관찰하고 누가 부모에 孝順하고 사문과 바라문을 공양하는가를 보고토록 하는 날[229]의 의미를 지니고

---

227) 그런데 『金光明經』에 대한 註釋書가 이 당시 유통되고 있었는지에 대해서는 의문이다. 『金光明經』의 註釋書로는 陳 文帝(559~566)의 『金光明讖文』, 隋 智顗(531~579)의 『金光明經疏』 3권, 『金光明經文句』 6권, 『金光明經玄義』 2권과 隋 吉藏(549~623)의 『金光明經疏』 1권, 唐 慧沼(?~714)의 『金光明最勝王經疏』 10권, 宋 遵式(953~1023)의 『金光明懺法補助儀』 1권, 宋 知禮(960~1028)의 『金光明經文句』 6권과 『金光明經玄義拾遺記』 6권, 『金光明最勝王懺儀』 1권 등이 있다(김일권, 「원효와 경흥의 『金光明經』 註疏에 나타난 신라의 天文 星宿 世界觀」, 『신라문화』17 · 18합집, 2000, p.166). 이들 『金光明經』의 註釋書 가운데 가장 이른 시기에 나타나고 있는 것이 陳代의 일인만큼, 양무제대에는 『金光明經』의 註釋書가 존재했을 가능성에 대해서는 검토가 이루어져야 한다고 생각한다. 김동화도 이 당시에는 後秦의 僧肇가 지은 『註維摩詰經』, 梁의 法雲이 撰한 『法華經義記』와 『涅槃經』의 義疏들 밖에 없다고 밝히고 있다(앞의 글, 1962, pp.12~16).
228) 6齋의 전통은 天神, 특히 제석신앙에서 유래된 것이란 주장이 주목된다(서윤길, 「제석사상과 그 신앙의 고려적 전개」, 『고려밀교사상사연구』, 불광출판사, 1993, p.78 주 36). 이는 백제의 사천왕신앙이 수용되던 시기에 이미 제석신앙도 함께 수용되었을 가능성을 말해주기 때문이다.
229) 서윤길, 앞의 글, 1993, p.78.

있는 것에서 추론해 볼 수 있다.

이와 같이 梁에서 사천왕이 널리 신앙되어 지고 있었고, 백제와 梁과의 관계가 긴밀하였던 만큼, 聖王이 梁武帝에게 『金光明經』이나 이와 관련한 註釋書를 요구했을 가능성이 크다. 즉, 이 당시 백제와 양과의 관계는 梁의 高祖가 무령왕을 "使持節都督百濟諸軍事寧東大將軍"으로 제수할 만큼 돈독한 관계를 유지하고 있었다. 특히, 『周書』百濟傳에 보이는 "深多僧尼寺塔無道師"란 기록을 梁武帝 天監 3년(504)에 "捨道歸佛"의 조칙을 내리고 있는 것230)과 관련을 지어보면 더욱 뚜렷해진다. 이러한 점들을 고려할 때, 사천왕신앙이 梁을 통해 백제에 유입되었을 것이며, 백제에서 다시 일본으로 전해졌던 것으로 보인다.231) 그리고 이 때 이미 사천왕신앙은 오방신사상과 습합되어 있었고 이 상태로 백제에 전해졌을 것으로 생각된다.

백제의 사천왕신앙은 성왕 19년(541)에 梁으로부터 『金光明經』이나 그와 관련한 註釋書가 전해지면서 본격적으로 신앙화되었을 것으로 본다. 그리고 사천왕신앙의 호국적인 성격은 앞서 살펴본 것처럼 방위와 관련한 오방신사상과 연결된다.232) 다음의 사료는 사천왕신앙과 오방신사상이 습합되어 있는 모습을 구체적으로 보여준다.

F-1. 명랑이 아뢰었다. "낭산 남쪽에 神遊林이 있으니, 그곳에 四天王寺를 세우고 道場을 개설함이 좋겠습니다." … "채색비단으로 절을 임시로 지으십시오." 이에 왕이 채색비단으로 절을 짓고, 풀로 五方神像을 만들고, 瑜伽名僧 12명으로 하여금 명랑을 우두머리로 삼아 문두루비밀법을 짓게 하니, 그 때 당나라와 신라의 군사가 서로 싸우기도 전에 풍랑이 크게 일어 당나라의 배가 침몰하였다. 그 후에 절을 고쳐 짓고 사천왕사라 했는데, 지금까지 壇席이 끊어

---

230) 蔡日新, 『漢魏六朝佛教槪觀』, 文津出版社, 2001, pp.214~215.
231) 『金光明經』이 백제에 유입되었다는 뚜렷한 기록은 보이지 않고 있지만, 앞서 살펴본 정황과 성왕과 위덕왕대에 이미 석가불신앙이 성행하고 있었고 무왕은 제석신앙을 받아들이고 있는 사실에서도 경전의 유입 가능성을 살필 수 있다고 본다.
232) 강우방은 신라의 사천왕신앙 수용배경을 오방신 사상에서 찾고 있다(앞의 글, 1990)

지지 않았다.(『三國遺事』2, 文武王法敏條)

F-2. 경명왕이 貞明 5년 무인에 四天王寺 벽화의 개가 울므로 3일간 불경을 설하여
   풀이하였는데, 大半日에 또 울었다. … 또 10월에 四天王寺 五方神의 활줄이
   모두 끊어지고 벽화의 개가 뜰로 쫓아 나왔다가 벽으로 들어갔다.(『三國遺事』
   2, 경명왕).

위의 내용은 신라의 四天王寺와 관련하여 문무왕과 경명왕대의 일을 언급하고 있다. 四天王寺에 오방신이 존재하고 있음을 확인할 수 있다. 사천왕신앙에 방위신적인 요소가 내포되어 있는 것이다. 그런데 여기서 오방신은 관정경과 밀접한 관계가 있는 만큼, 사천왕신앙이 관정경과도 밀접한 관계에 있었음을 추론해 볼 수 있다. 사천왕신앙이 관정경과 관계가 있음은 다음의 『日本書紀』 기록에서도 찾아진다.

G. 가을 7월에 신라가 불상 1구 및 금탑과 사리, 또한 큰 灌頂幡 1구와 幡 12조를
   바쳤다. 이에 불상은 갈야의 秦寺에 두고, 그 나머지 사리와 금탑, 관정번 등은
   모두 四天王寺에 들였다.(『日本書紀』22, 推古紀 31년)

四天王寺에 안치된 물건 중에 관정번이[233] 있다는 것은 사천왕신앙이 관정경과 밀접한 관계가 있다는 사실을 다시 한번 말해준다. 이런 관정경에서는 사천왕과 오방신상이 습합되고 있다. 『灌頂經』에 의하면 문두루법은 佛이 天帝釋에게 설해 준 「大仙之法」이었는데, 五方神王의 호위에 대해 설한 뒤 七神王의 호위에 관해서도 밝히고 있다. 天帝釋은 佛이 설해준 문두루법에 기뻐하면서 四天王에게 명하여 문두루법을 힘써 보좌하도록 하겠다고 요청했고, 세존은 이를 허락한다. 이처럼 『灌頂經』에서는 四天王과 五方神의 위신력이 자연스럽게 만나고 있는 것이다.[234] 명랑이 四天王寺를

---

233) 번에 대한 공덕은 『灌頂經』 권11에서 설하고 있다(김상현, 앞의 글, 1999, pp.58~59).
   그런데 『灌頂經』은 오방신앙과 연결되며 나아가 사천왕신앙과 깊은 관련을 가지고 있
   다(강우방, 앞의 글, 1990, pp.192~193).

짓는 과정에서 문두루법을 설했던 것도 이와 같은 내용에서 찾아볼 수 있지 않을까 한다.

聖王이 이 시기에『金光明經』이나 그와 관련한 註釋書를 梁으로부터 받아들이고 있는 배경은 앞서 살펴본 이 경전이 갖는 기본성격, 즉 호국적인 성격과 맞물려 살펴볼 필요가 있다. 성왕은 국토의 수호를 위해 三山과 五岳의 개념을 도입하고 있으며, 이는 5부5방의 국토재편의지로 나타나고 있는 것이 아닌가 한다. 5방성 중 북방성과 서방성이 북쪽에 위치하고 있으며, 동방성과 남방성의 위치가 동쪽에 각각 배치된 것이 고구려·신라에 대한 방어적인 개념이 도입된 것이라 생각되기 때문이다.[235]

이와 같은 성왕의 정책들은 사천왕신앙이 호국적인 성격뿐만 아니라 왕권강화와도 관련이 있다는 사실과 맥을 같이 한다. 앞서 살펴본 바와 같이, 사천왕이 국토수호의 의지를 강하게 밝히고 人世의 王을 옹호하고 있는 것은 호국의 의미뿐만 아니라 왕권강화와도 깊은 관련을 갖고 있다고 생각되기 때문이다.[236] 또한『金光明經』제6 사천왕품에서도 "사천왕들도 이 왕을 모든 왕 중에서 항상 으뜸으로 공양, 공경하며 존중과 찬탄을 받게 하겠사오며 다른 왕들로 하여금 이 왕을 흠모, 숭상하며 그의 거룩함을 찬탄하게 할 것입니다"라고[237] 밝히고 있어 사천왕신앙이 人世의 왕을 공양·공경하는 임무까지 가지고 있음을 알게 한다. 사천왕이 국토수호의 임무뿐만 아니라 人世의 王도 함께 공양 공경하고 있는 것은 호국적인 성격과 왕권이 서로 연결되어 있음을 말해주는 것이며, 이는 다른 한편으로 사천왕신앙이 왕권의 강화와 관계 있음을 밝혀준다.

---

234) 김상현, 앞의 글, 1996, pp.138~139.

235) 서정석, 앞의 책, pp.110~111.

236) 五岳이 국가적 鎭護라는 뜻을 지니고 있어 전제왕권과 관련이 있다면(이기백, 앞의 글, 1974, p.210), 사천왕신앙의 국토수호와 관련이 있는 것 또한 왕권의 강화와 깊은 관련이 있다고 하겠다.

237) 대한불교천태종 구인사,『金光明經』2, 제6 사천왕품, 1996, "我等四王 亦復當令如是人 王 於諸王中 常得第一供養恭敬尊重讚歎 亦令餘王 欽尙羨慕稱讚其善"

수도를 지키는 三山과 국토의 사방을 보호하는 五岳의 성립은 사비천도 및 도성축조, 5방제의 실시 등과 함께 성왕이 추진한 국토재편계획의 단면을 보여주는 것이라 할 수 있으며, 그 사상적 배경은 사천왕신앙과 일정한 관계를 가지고 있다고 생각한다. 사천왕신앙은 국토수호의 임무를 가지고 있으며, 또한 5방제의 실시와 같은 오방신사상과도 연결된다. 나아가 도성 축조에 나타나는 것과 같은 행정구획의 모습도 보여주고 있는 것이다. 백제의 사천왕신앙은 호국신앙을 한층 강화시켜주는 결과를 가져왔으며, 성왕의 국토재편의지를 반영한 것이라 생각된다. 그리고 이와 같은 국토재편의지는 곧 왕권의 강화와 매우 밀접하게 연결되어 있음을 알 수 있다. 따라서 백제의 사천왕신앙은 사비시대에 왕권강화의 사상적 배경으로서 수용되고 있는 것으로 보여진다.

III 佛教信仰의 社會的 擴散

1. 法華信仰의 성행

2. 藥師信仰과 呪禁師

Ⅲ. 佛敎信仰의 社會的 擴散

　백제 사비시대의 불교신앙은 계율이 강조되는 가운데 왕권과 연결되어 국가적으로 전개되고 있다. 성왕이 열반경을 통하여 계율을 강조하는 모습이나, 석가불신앙이 이러한 현상을 보여준다. 이처럼 불교신앙이 왕권과 연결되는 것은 왕권의 신성성을 강조하는 모습으로 나타나기도 한다. 석가불신앙과 제석신앙 등에서 이러한 흔적들이 찾아진다.

　백제에서의 사찰창건은 국가차원에서 이루어지고 있는 것처럼 보인다. 이러한 모습은 국가의 불교정책의 한 맥락으로 이해할 수 있다. 그렇다면 불교신앙도 같은 맥락에서 이해될 수도 있다. 사찰의 창건과 신앙이 연결되어 있다고 보기 때문이다. 그런데 이러한 이해는 자칫 백제 불교신앙에 대한 획일적인 경향을 갖게 하는 것이 아닐까 의문을 갖게 한다. 이러한 획일성은 백제의 불교신앙에서 다양성을 찾으려는 노력을 방해하는 요소로 작용한다고 본다.

　사비시대의 불교신앙은 왕권에만 머물지 않고 확산되어 가는 모습이 보인다. 비록 산견되어 있기는 하지만, 백제 불교사에서 피지배층과 관련하여 신앙되어진 불교의 모습이 일부 발견되기도 한다. 그것은 불교가 중앙에만 머물지 않고 있음을 말해준다. 그리고 이러한 신앙의 확산은 중앙에서의 보급을 통해 이루어지는 것이 아닐까 한다. 중앙에서 불교신앙을 보급하고 있는 것은 불교신앙을 통한 사회의 통합에 그 목적이 있다고 할 수 있다. 이 때 관심을 갖게 되는 것이 법화신앙과 약사신앙이다.

　법화신앙은 이제까지 왕권과 중앙의 귀족세력을 중심으로 이해되어 왔다. 법화신앙이 갖는 回三歸一의 사상이 왕권과 연결된다고 보기 때문이다. 그리고 지배층의 신앙 중에서 법화신앙적인 요소가 발견되고 있는 것도 이와 같은 연결을 가능하게 하였다. 그런데 법화신앙이 반드시 왕권과 중앙귀족에게만 고착화되어 있다고 보기는 힘들다고 본다. 당시 활동하고 있는 승려들의 움직임 속에서 이러한 모습의 추론이 가능하다.

　백제에서 활동하던 법화승려로 현광과 혜현이 있다. 이들 두 승려의 활동을 보면, 당시 승려들의 활동이 중앙에만 머물러 있지 않음을 알 수 있다. 현광의 경우 중국으로의 유학길에 사비도성에 들어가지 않고 웅주 옹산에서 교화활동을 전개하고 있다. 이러한 교화활동은 지방불교의 한 맥락에서 파악할 수 있다고 본다. 혜현의 경우, 수덕사라는 지방사찰에 주석하고 있으면서 후일 수덕사조차 번잡하다 하여 강남으로 떠나고 있는 모습이 발견된다. 혜현의 이러한 움직임은 당시의 법화신앙이 갖는 성격에서 그 원인을 찾아야 하겠지만, 그 활동이 백제에 있어 지방불교의 발전을 앞당겼다는 것에서도 의의를 찾을 수 있지 않을까 한다.

또한 법화신앙에서 주목되는 것으로 관음신앙이 있다. 관음신앙은 중생의 고난을 구제한다. 이러한 면이 백제에서는 양류관음신앙으로 발현되고 있다. 그리고 이러한 양류관음신앙은 다시 약사신앙으로 연결되는 모습을 살펴볼 수 있다.

다음으로 살펴볼 수 있는 것이 약사신앙이다. 약사신앙은 현세이익적이면서 구복적인 신앙이라 할 수 있다. 이러한 신앙의 특성은 사회적으로 광범위한 부분에서 기능할 수 있는 요소가 된다. 특히 의료와 관련하여 생각할 때, 약사신앙은 인간의 생명과 가장 밀접하게 관련하여 작용하고 있는 것이라 할 수 있다. 그리고 이러한 요소들은 지배계층과 피지배계층을 망라한다고 볼 수 있다.

백제에서 불교적인 요소로서 의학적인 기능을 담당한 것으로 주금사를 찾을 수 있다. 주금은 주술을 통하여 의료행위를 하는 것을 말한다. 이러한 주금기능의 행위는 약사신앙과 공통의 요소를 가지고 있음을 알 수 있다. 의료적인 기능을 통하여 불교신앙을 강화하는 모습이 그러하다. 그런데 당시 주금적인 기능으로 양류관음을 살펴볼 수 있다. 양류관음은 주문을 통하여 병자를 치유하는 것으로 백제에서 신앙되고 있다. 그리고 이러한 양류관음의 성격은 약사신앙과 맥을 같이한다. 이렇게 볼 때, 주금사는 약사신앙과 연결되어 있다고 볼 수 있다.

백제불교에서 보이는 주금의 기능은 巫에 그 연원을 두고 있음이 살펴진다. 이는 한편으로 피지배층, 즉 일반 백성들에게까지 그 기능이 베풀어졌을 가능성을 보여준다. 더불어 약사신앙이 불교신앙을 확산시키는 하나의 매개체로서 기능하였음을 말해주는 것이 아닐까 한다.

약사신앙이 백제에 언제 수용되었는지에 대해서는 의문이다. 이를 알려주는 기록이 보이지 않기 때문이다. 다만 백제 말기에 활동한 의영을 통하여 백제에 약사신앙이 존재하고 있었음을 추론해 볼 수 있을 뿐이다. 그리고 주금사의 기록을 통해 사비시대 초기부터 약사신앙이 존재하였을 가능성을 상정해 볼 수 있다.

여기서는 법화승려들의 활동을 살펴보고 이를 통해 불교신앙이 지방으로 침투되는 모습을 고찰해 보고자 한다. 이어 약사신앙이 갖는 사회적 성격을 통해 당시 불교신앙이 확산되는 일면을 알아보고자 하는 것이다.

1. 法華信仰의 성행

백제의 법화신앙은 왕권·귀족과 밀접한 관계 속에서 이해되어 왔다.[1] 이는 『法華經』이 호국삼부경 중의 하나로 기능하였기 때문으로 풀이된다. 나아가 지적보살이 『法華經』에 등장한 것을 근거로 귀족과 연결되기도 한다. 이러한 이유에서 『法華經』에서 설하고 있는 계율은 왕권과 연결하여 설명되어 졌다. 그리고 이런 계율적인 면은 실천적인 신앙으로 알려져 있다.

법화신앙은 왕권을 고양시키는 하나의 수단으로서 지적되었고, 그 매개체로 대통사를 살펴보기도 하였다.[2] 나아가 백제의 법화신앙은 지배세력 특히 귀족과의 관계를 고찰하는데 이용되기도 하였다.[3] 이처럼 법화신앙

1) 조경철, 「백제의 지배세력과 법화사상」, 『한국사상사학』 15-1, 한국사상사학회, 1999.
_______, 「백제 성왕대 大通寺 창건의 사상적 배경」, 『국사관논총』 98, 국사편찬위원회, 2002.
김수태, 「백제 법왕대의 불교」, 『선사와 고대』 15, 한국고대학회, 2000.
2) 조경철, 앞의 글, 2002.

을 왕권이나 귀족세력과 연결시키고 있는 것은 모두가 계율적인 면을 그 바탕에 두고 있다.

그런데 백제의 법화신앙이 왕권과 특정 귀족세력을 비롯한 중앙 불교와만 연결되어 있는 것은 아니다. 왜냐하면 중국에 유학한 玄光의 경우,[4] 왕권과는 일정한 거리를 두면서 지방에서 교화활동을 전개하는 모습이 발견되기 때문이다. 이러한 면은 惠現에게서도 일정부분 찾아진다. 그리고 현광이나 혜현 모두가 『법화경』을 신앙하고 있으면서, 지방에서 있는 사찰에 주석하고 있다.

백제 법화신앙은 실천적인 성격으로 이해되어 왔다. 그런데 이러한 법화신앙의 실천적인 성격은 玄光이 증득한 法華安樂行儀에 그 근거를 두고 있다.[5] 그런 만큼, 여기서는 「안락행품」에 그 근거를 두고 있는 『법화경』의 계율을 분석해 봄으로써 그 증거를 찾아보고자 한다. 이를 통하여 백제 법화신앙의 성격도 살펴보고자 한다.

이를 위해 여기서는 우선 현광이 법화삼매를 증득하기까지의 과정을 살펴보고자 한다. 이 과정에서 혜사의 법화삼매가 현광에게 전수되는 내용을 살펴보고, 이러한 혜사의 법화삼매가 현광에게 어느 정도 영향을 미쳤는지 알아보고자 한다. 그리고 현광이 귀국하여 백제에서 활동하는 과정에서 중앙보다는 지방에서 활동한 내력을 고찰해 보고자 한다.

다음으로 법화신앙과 관련하여 혜현과 수덕사에도 주목해 보고자 한다. 특히 혜현이 지명법사와의 세력다툼에서 밀렸다는 것에 대해 다시 한번 검토하고, 이 과정에서 법화신앙의 성격을 알아보고자 한다. 이어 관음신앙

---

3) 조경철, 앞의 글, 1999.
4) 현광이 백제불교사에 차지하는 중요성은 그가 입적한 후에 남악 조사당과 국청사 조사당의 두 곳에 모셔서 추앙받고 있는 것에서 미루어 짐작할 수 있다(『속고승전』18(『大正藏』50, 821 a)).
5) 안계현, 「삼국불교의 전개」, 『한국불교사상사연구』, 동국대출판부, 1983.
   김영태, 『백제불교사상연구』, 동국대출판부, 1985.

의 모습도 살펴보고자 한다. 그리고 백제의 관음신앙이 갖는 성격도 아울러 고찰해보고자 한다.

법화신앙이 지방불교와 밀접한 관련 속에서 발전하고 있는 모습을 살펴보는 것은 백제 사비시기의 불교를 복원하는데 큰 도움이 될 것으로 기대된다.

1) 玄光과 法華信仰

백제의 법화신앙과 관련하여 玄光이 주목된다. 玄光에 대한 기록은 고려 충숙왕대(1314~1330)에 편간된 것으로 알려진 『法華應驗傳』에 보이고 있다.[6] 또한 『조선불교통사』에도 현광과 관련한 기록이 수록되어 있으나,[7] 그 내용은 『송고승전』에 전재된 것과[8] 文脈과 章句에서 같은 것임을 알 수 있다.[9] 그 외에 현광과 관련한 기록은 『불조통기』 등에서도 찾아진다. 『송고승전』에 전재된 玄光의 전기를 살펴보면 다음과 같다.

> A. 玄光은 해동 웅천출신의 승려로, 성장하면서 바다 건너 중국에서 禪法을 구하고자 원하였다. 이에 陳으로 들어가 주유하다가 형산에 들어가 혜사대화상을 만났다. (현광은) 혜사대화상을 뵙고는 物을 開하고 化를 成하였는데 神解가 서로 맞았다. 이에 혜사는 그 所由를 살피고 은밀하게 법화안락행문을 전하여 주었다. … 현광은 이를 받아서 받들어 부지런히 행하여 조금도 어긋남이 없었다. 얼마 안되어 법화삼매를 증득하고 인가를 청하자, 혜사스님은 이를 증명해 주고, '그대의 증득한 바는 진실하여 거짓됨이 없구나. 이제 수행을 성취했으니 잘 지녀서 아무쪼록 본국으로 돌아가 훌륭한 방편으로 널리 가르침을 펴서 그곳 사람들을 일깨워 이익이 되도록 하라!' 하였다.[10]

---

6) 『법화응험전』8단, 안락행품 龍天請講.
7) 이능화, 『조선불교통사』, 1919.
8) 『송고승전』18, 陳新羅國玄光傳.
9) 안계현, 「백제불교에 관한 제문제」, 『백제연구』8, 1977, p.33.

위의 내용은 백제인[11] 玄光이 중국에 건너가 혜사법사를 만나고, 혜사로부터 법화안락행의를 은밀히 전수받고 수행하여 법화삼매를 증득하고 있는 내용이다. 여기서 법화안락행문은 혜사가 증득한 法華三昧로 보인다.

위의 내용을 통해 玄光이 혜사를 만난 시기가 위덕왕 20년(573) 이전임을 확인할 수 있다. 그것은 현광이 大建 5년(위덕왕 20, 573)에 혜사로부터 은밀히 법화안락행의를 전수받고 있는 것에서 확인할 수 있다.[12] 그리고 현광은 진에 들어가 주유하다가 혜사를 만나고 있다. 현광은 주유하는 과정에서 중국 내 여러 사찰을 들러 수행하였을 것이다. 그런데 현광은 중국에 유학하기 전부터 禪法을 구하고자 원하였다. 그렇다면 현광이 주유하던 사찰은 禪法 수행과 관련이 있는 사찰이었을 것이다. 여기서 禪法은 『법화경』과 관련이 있는 것으로 보인다. 후술하겠지만, 현광의 스승인 혜사가 선정에 깊은 관심을 가지고 있음이 확인되기 때문이다. 따라서 현광의 유학 목적은 처음부터 禪法, 즉 『법화경』을 공부하기 위한 것이었다. 이 같은 사실에서 백제는 이미 6세기 초반에 『법화경』이 널리 공부되고 있었음을 알 수 있다.

현광의 귀국에 대하여 이제까지 법화삼매를 증득한 직후로 이해되어 왔다. 그리고 스승인 남악 혜사가 현광에게 법화안락행의를 은밀히 전수한 4년 후인 太建 9년(위덕왕 24, 577)에 형산에서 임종을 맞이하고 있는 만큼,[13] 577년 이전으로 이해되어 왔다. 이러한 추론의 근거가 된 것은 『송고승전』「현광전」과 『불조통기』남악방계출세조「현광전」 등이다. 즉, 현광은 혜사를 떠나 강남으로 되돌아와 본국으로 가는 배를 만나 귀국길에 오른

---

10) 『송고승전』18, 陳新羅國玄光傳.
11) 현광과 관련한 기록들을 보면, 거의 新羅人으로 되어 있음을 보게 된다. 그러나 현광이 활동하던 시기가 백제 위덕왕대이며, 그의 고향이 웅주라는 점을 볼 때 백제인이 틀림이 없다(김영태, 「위덕왕 당시의 불교」, 『백제불교사상연구』, 동국대출판부, 1985).
12) 『佛祖統紀』38(『大正藏』49, 353a), "大建五年 海東玄光沙門 受法華安樂行儀於南岳禪師"
13) 안계현, 앞의 글, 1977, p.34.

것으로 되어 있다. 그러나 현광의 중국 제자인 혜민의 전기를 통해 볼 때, 현광의 귀국연대는 훨씬 이후의 것으로 봐야하지 않을까 한다. 이와 관련하여 다음의 내용이 참고 된다.

> B. (혜민은) 9세에 출가하여 부지런히 마음을 깨끗이 닦고 『法華經』독송을 일과로 삼아 1개월을 채우고 득도했다. 15세에 회향사에서 신라의 현광법사에게 『成論(필자 주=성실론)』을 청하여 듣고 솔선하여 문답하니 玄賓보다 빼어났고, 깊은 종지를 자세히 밝히어 노인이 함께 기뻐했다. (중략) 17세에는 청을 받아 고향으로 돌아가 혜염의 광홍사에서 『法華經』을 강의했다. (중략) 정관 말년 8월 11일 아침 마침내 은거하던 암자에서 세상을 마치니 춘추 77이었다.[14]

위의 사료에서 현광의 국적이 신라로 표기되어 있는데, 이는 앞서 살펴본 바와 같이 잘못된 것이다.[15] 위의 글을 보면 현광이 혜민의 나이 15세에 성실론을 가르치고 있음이 보인다. 그리고 혜민이 17세까지 회향사에 머물러 있는 것으로 보아 현광도 같이 회향사에서 불법을 교화하고 있었음을 알 수 있다. 그런데 위의 글에는 혜민이 정관 말년에 77세로 입적하고 있음이 기록되어 있다. 정관년도는 627년에서 649년을 말한다. 그리고 말년을 일반적으로 3년으로 계산할 때,[16] 647년에서 649년 사이가 된다. 그런데 위에서 혜민이 입적한 월과 일이 정확하게 기록되어 있는 것으로 보아 입적 연대를 649년으로 보아도 큰 무리는 없을 듯하다. 그렇다면 혜민이 15세 되던 해는 588년(위덕왕 35)이 된다. 그리고 17세가 되던 590년(위덕왕 37)까지 현광은 혜민에게 성실론을 가르치고 있다. 그렇다면 현광의 귀국연대는 위덕왕 37년(590) 이후에야 가능한 것으로 볼 수 있다.[17]

---

14) 『속고승전』22(『大正藏』50, 619c)
15) 주11) 참조.
16) 노중국, 「백제의 무왕과 지명법사」, 『한국사연구』107, 1999, p.26.
17) 이기운, 「백제 현광의 교화행에 대한 연구 -현광의 제자와 그들이 얻은 삼매를 중심으로-」, 『한국불교학』27, 2000, pp.224~225.

여기서 또 하나 주목되는 사실은 현광이 성실론을 공부하고 있는 내용이다. 백제의 성실론에 대하여는 백제멸망 이후 渡倭한 도장과 관련하여 주로 언급되어 왔다.[18] 특히 도장은 박학하고 영통한 승려로서 백제말기에 일본을 관광차 갔다고 한다. 또한 渡倭 후에는『成實論疎』16권을 찬술하였다고 한다. 그 후 東大寺學者로서 성실론을 講하는 자는 도장의 疎에 의거하지 않는 자가 없었다고 한다.

이제까지 도장과 관련한 기록이 백제 성실론의 대부분을 차지하고 있었다. 그러나 위의 사료 A를 볼 때, 백제의 성실론은 위덕왕대 이미 성행하고 있었을 가능성이 높다. 특히 현광은 중국으로 건너가기 이전에 성실론을 배웠을 것으로 생각된다. 이와 같은 사실을 추론하는데 있어 다음의 기록을 주목해 보고자 한다.

> C. 15년 2월 僧 曇慧 등 9인을 僧 道深 등 7인과 바꾸었다.(『日本書紀』19, 欽明紀15년 2월)

위의 내용은 위덕왕 1년(554) 일본에 파견되어 있던 승려와 새로운 승려가 교체되어 파견되는 장면이다. 曇慧가 일본에 파견되었던 승려 道深과 교체되고 있는 것이다. 그런데 승려 曇慧는 성실론과 삼론에 깊은 관련이 있다. 그리고 曇慧와 교대하여 다시 귀국하는 道深도 삼론과 성실론에 조예가 깊었던 것으로 보인다. 그러한 기록은 일본의『本祖高僧傳』을 통하여 찾아볼 수 있다. 다음의 기록이 그것이다.

> D. 구마라십이 중국에 들어와 크게 삼론과 성실론을 주창하였다. 일본은 당 이전부터 여러 승려들이 二論을 늘 학습하였는데, 그것을 法으로 하였다. (二論은) 일찍이 삼한에 전해졌다. 延曆 15년(796)에 官은 (이를) 成實論이라 칭하고 덧

---

18) 도장이 일본에 건너간 기록에 대하여는『日本書紀』29, 天武紀下 12년 8월,『속일본기』 양로 5년,『원형석서』,『본조고승전』백제국사문도장전 등이 참고 된다.

붙여 삼론이라 칭하고, 二師를 空宗으로 삼았음이 분명하다.(『本朝高僧傳』百濟國沙門曇慧傳(『朝鮮佛敎通史』 p.38))

위의 내용을 보면, 曇慧와 道深이 활동하던 시기에 이미 성실론과 삼론이 승려들 사이에서 공부되고 있었음을 알 수 있다. 그리고 曇慧와 道深은 기록상 위덕왕 1년에는 등장하고 있다. 이 시기는 현광이 백제에서 활동하던 시기로 볼 수 있다. 따라서 현광이 국내에서 활동하던 시기에도 백제에서는 성실론과 삼론이 크게 유행하고 있었음을 알 수 있다. 다시 말하면, 성실론은 현광이 유학하기 이전에 이미 백제에서 성행하였고, 이를 왜에 전해주고 있는 것이다. 이러한 사실을 통해 볼 때 『續高僧傳』에 보이는 혜민의 전기는 사실로 보여지며, 현광이 귀국한 연대 또한 이를 통해 추론이 가능해진다고 할 것이다. 현광이 위덕왕 37년(590) 이후에야 귀국하고 있음을 확인할 수 있다.

다음으로 관심이 가져지는 것은 현광이 귀국하는 모습이다. 다음의 기록은 현광의 귀국과 관련한 기록이다.

E. 본국의 배에 몸을 싣고 해안을 떠나는데 채운이 눈을 어지럽게 하고 아악이 하늘을 진동하였다. 진홍색 무지개 빛이 전해져 부르는 것 같은 곳에 이르니 하늘에서 말하길 "천제께서 해동의 현광선사를 부르신다."하였다. 현광이 손을 모아 사양하니 갑자기 푸른 옷을 입은 동자가 앞을 인도하여 잠깐 만에 수궁에 들어섰다. 그곳은 인간이 사는 세계가 아니었다. 의장대가 설치돼 있고 비늘 없는 것이 없으며 잡다한 귀신도 끼어 있었다. 어떤 이가 "금일 천제께서 용왕궁에 내려와 대사를 청하여 친히 법문을 증험하게 하여 우리 수부인간들은 대사의 이익을 얻습니다."하였다. 이윽고 보전에 오르고 또 고대를 걸으면서 약경(略經)을 묻고 답하기를 7일간 한 후에 왕이 친히 송별하였다. (그 동안 타고 왔던) 배는 바다에 뜬 채 그 자리에 있었다. 현광이 다시 배에 오르자 선인들은 반나절밖에 지나지 않았다 했다.[19]

19)『송고승전』18, 감통, 제6의 1, 현광전.

현광은 혜사로부터 법화삼매를 증득한 후에도 계속해서 중국에서 교학
활동을 전개하고 있었다. 그런 다음 위덕왕 37년(590) 이후에 귀국길에 오
르게 된다. 현광은 이제 스승인 혜사의 당부를 받아 해동에서 법화를 전교
할 목적을 가지고 귀국하고 있다. 그런데 현광은 이와 같은 목적을 이루기
위해 배에 몸을 싣고 고국으로 돌아오는 길에 용궁에 들르게 된다. 현광은
처음 천제의 제의를 거절하지만, 천제의 강한 청에 의해 용궁에 가게 되고
그곳 수부인간들을 위해 유학 중에 배운 불법을 전수하게 된다.[20] 여기서
관심의 대상이 되는 것은 불법과 깊은 관련이 있는 용궁에 들르는 장면이다.

『佛本行集經』 등에 의하면 釋迦가 成佛한 뒤에 가장 먼저 佛陀로부터 三
歸 五戒를 받고 세간에서 최초로 優婆塞가 된 것이 용왕이라고 한다. 석가
가 성불한 후 세간의 어느 누구에게도 佛法을 전하지 않은 상태에서 天이
나 人에 미치지 못하는 것으로 생각된 龍에게 먼저 설법을 제도하고 있는
것이다.[21] 이와 같은 내용은 구법유학생들이 귀국할 때 먼저 용궁을 찾아
그곳에 머물러 설법하는 사건과 연결된다.[22] 이러한 구조는 승려들이 유학
을 통하여 삼매의 경지에 이르렀음을 확신하는 내용이라고 할 수 있다. 즉
석가가 득도한 이후에 용에게 처음으로 설법하고 있음과 연결되는 것이다.
또한 여기서 용궁은 왕성한 弘敎와 大德의 가르침을 갈구하고 있는 공간으
로 이해되고 있다.[23] 이를 통해 볼 때, 현광이 용궁을 찾았다는 것은 유학
중 배운 불법을 홍교하기 위한 것이며, 용궁인들도 이를 적극적으로 받아들
이고 있음을 의미한다. 그것은 여기서의 용궁은 전형적으로 불전에서 취한
호불적 성격을 가진 것으로 보기 때문이다.[24]

---

20) 현광이 天帝의 제의를 거절한 것은 아마도 득도 이후의 겸손함을 강조하기 위한 것이
아닐까 한다.
21) 김영태, 「신라불교에 있어서의 용신사상 -삼국유사를 중심으로-」, 『불교학보』11, 1974,
pp.136~137.
22) 김승호, 「구법여행과 그 부대설화의 일고찰 -귀국승의 용궁체험을 중심으로-」, 『한국문
학연구』14, 동국대 한국문학연구소, 1992, p.236.
23) 김승호, 앞의 글, 1992, p.246.

다음으로 현광이 귀국 후 어떠한 활동을 전개하고 있는지 살펴보고자 한다. 현광은 혜사로부터 법화안락행의를 전수받고 있으며, 이후 부단한 노력으로 법화삼매를 증득해 인가를 받고 있다. 그리고 귀국해 백제인들을 일깨워 줄 것을 혜사로부터 당부 받기도 하였다. 그렇다면 현광이 증득한 법화삼매의 중요한 요소였던 법화안락행문에 대해 살펴볼 필요가 있다. 이를 위해서는 법화안락행의를 전수받고 있는 혜사에 대한 분석이 선행되어야 한다고 본다.

현광의 스승인 혜사는 남북조시대의 인물이다. 당시의 북조에서는 거듭된 역성혁명의 정치적 변혁과 민중의 봉기가 이어졌다. 혜사도 이러한 사회적 혼란의 중심에 있었다. 여기서 혜사가 북조를 惡性佛敎界로 보고 있는 점이 주목된다. 혜사가 北朝佛敎界를 惡性으로 보고 있는 것은 그의 경험에서 나온 것이라 할 수 있다. 혜사는 548년에 당시 중국 불교계의 중심지인 江北의 鄴都行을 시도한 적이 있으나 악성비구들의 방해가 있었으며, 이로 인해 당시 불교계를 바라보는 혜사의 시각이 변화하고 있다는 것이다. 그리고 39세 때인 553년의 강론에서 5인의 惡性論師의 生金藥 독살기도를 겪기도 하였다.[25]

혜사는 이와 같은 북조불교에 대한 인식 속에서 『대집경』에[26] 관심을 갖게 된다. 그런데 혜사가 관심을 갖게 되는 것은 曇無讖의 역본 중에서도 「虛空目分」이 아닐까 한다. 혜사가 난세에 대응하여 修禪과 持戒를 강조하

---

24) 이러한 호불적인 성격은 천제를 통해서도 확인된다. 여기서 천제는 바로 제석과 통할 수 있다고 보기 때문이다. 제석은 고대인들의 天神관념과 일정부분 사상적으로 공유된다(안지원, 「신라 진평왕대 제석신앙과 왕권」, 『역사교육』63, 역사교육연구회, 1997). 그렇다면 위의 내용은 용궁에서의 설법을 통하여 현광의 득도를 확인하고, 제석이 석가를 보호하는 것과 같이 천제가 득도한 현광을 지켜주는 것으로 이해해도 되지 않을까 한다.

25) 김영길, 「혜사의 말법설과 말세행위론」, 『불교학보』24, 1987, p.198.

26) 대방등대집경이라고도 하며, 북량의 曇無讖이 414~426년 사이에 제1 영락품에서 제13 일밀분까지에서 제12 무진의보살을 제외한 29품을 번역하여 대집경이라 했다(『불교학대사전』, 홍법원).

고 있는 것에서 추론해 볼 수 있다. 『대집경』 제10 「虛空目分」은 악성비구나 그들의 악행 내지는 淸衆의 不能治之 또는 法滅 등에 대한 내용을 담고 있기 때문이다.[27] 그리고 혜사가 修禪과 持戒에 관심을 갖게 된 동기는 바로 자신이 겪었던 수난에 바탕하고 있다. 혜사의 법화삼매는 이러한 과정을 통하여 증득되고 있다. 그렇다면 혜사가 현광에게 은밀하게 전수한 법화안락행의도 이와 무관하지는 않을 것이다. 혜사의 영향 아래에서 성립된 현광의 법화삼매는 「안락행품」을 통해 좀더 구체적으로 살펴볼 수 있지 않을까 한다.

『법화경』「안락행품」은 후세에 혼탁한 세상에서 법화보살들이 묘법연화경을 설하기 위해 행하여야 할 바(行處), 가까이할 바(親近處)로서 사법(身·口·意·誓願)에 안주해야 한다고 설하고 있다. 또한 「보현보살권품」에서는 악한 세상에서 『법화경』을 닦고 익히고자 할 때 3·7일 부지런히 一心으로 정진하면 보현보살이 六牙白象王을 타고 나타나 법을 설하여 보이고 다라니를 주게 된다고 설하고 있다. 혜사는 바로 이를 기초로 하여 『法華安樂行儀』를 완성하였다. 『法華安樂行儀』는 『법화경』의 송독과 修禪을 통하여 경설의 법화삼매를 실제로 증득한 것으로써 자기체험과 실천정신을 그대로 반영한 것이라 할 수 있다.[28] 혜사가 현광에서 은밀히 전수한 것이 바로 이와 같은 『法華安樂行儀』인 것이다.

혜사는 『法華安樂行儀』의 서문에서 "무릇 일체 新學菩薩이 일체제보살의 경지를 뛰어넘어 속히 불도를 이루고자 한다면, 모름지기 持戒·忍辱·精進하며 禪定을 부지런히 닦으며 오로지 한 마음으로 법화삼매를 배워야 한다."고 밝히고 있다.[29] 이는 불도를 이루고자 하는 자는 우선 계를 지키고, 인욕을 행하며, 禪定을 닦아야 한다는 것을 말한다. 그리고 그 수행과정

---

27) 김영길, 앞의 글, 1987, pp.201~202.
28) 이기운, 「현광의 법화삼매 연구」, 『한국불교학』21, 한국불교학회, 1996, p.340.
29) 혜사 찬, 『法華安樂行儀』(『大正藏』46, 697c), "凡是一切新學菩薩 慾求大乘超過一切諸菩薩疾成佛道 須持戒忍辱精進勤修禪定 專心勤學法華三昧"

은 "일체 중생을 부처와 같이 생각하고 합장 예배하며 부처님을 공경하듯이 하며, 또한 일체 중생을 대보살 선지식처럼 생각해야 한다."고[30] 밝힌 것과 짝을 이룬다. 이러한 혜사의 『法華安樂行儀』는 현광의 수행과 관련이 있다고 본다. 그것은 현광이 백제에 귀국하여 중앙과 연결되지 않고 공주의 웅산에 사찰을 건립하고 교화에 힘쓰고 있는 것에서 살펴볼 수 있다. 다시 말하면 현광이 귀국 후에 중앙 불교와의 관계보다는 지방에서의 교화활동을 택하고 있는 이유의 하나로 볼 수 있기 때문이다.

그렇다면 玄光이 「안락행품」을 어떻게 이해하고 있는지 궁금해진다. 그것은 「안락행품」의 내용 속에서 설명될 수 있지 않을까 한다. 다음의 내용은 『法華經』 「안락행품」이 얼마나 계율적인 면을 강조하는지 알게 한다.

F. 선행과 바른 교제범위를 지키고 세속적인 교제를 끊고 몸을 청정하게 지켜야 할 것이다.

『法華經』을 통한 계율은 선행과 바른 교제를 중시한다. 그리고 이를 실천하는 방법으로 세속적인 교제를 끊고 몸을 청정하게 지켜야 한다고 강조한다. 이는 앞서 설명한 바른 교제의 범위와 맞물려 생각해 보면, 『法華經』의 계율이 어느 정도인지 짐작하게 한다. 위에서 설하고 있는 「안락행품」의 내용을 통해 귀국한 이후 玄光의 포교활동에 대한 이해를 도울 수 있다고 본다. 그것은 앞서 살펴본 바와 같이 현광이 스승인 혜사로부터 증득한 법화삼매의 내용과도 관련이 있다. 따라서 현광이 귀국한 후의 교화활동도 이와 무관하지는 않을 것이다.

G. 현광은 귀국한 후 웅주의 웅산에 띠를 연결하여 높이 쌓아 범찰을 완성하였다.(『송고승전』 18, 陳新羅國玄光傳)

---

30) 혜사 찬, 『法華安樂行儀』(『大正藏』 46, 697c), "一切衆生 皆如佛想 合掌禮拜如敬世尊 亦觀一切衆生皆如大菩薩善知識想"

위의 사료 G는 현광이 귀국하여 사찰을 완성하고 있는 모습이다. 그런데 위의 기록을 볼 때, 玄光은 유학에서 돌아와 사비도성에 자리 잡지 않고 웅진의 웅산에 자리하고 있다.[31] 이는 처음부터 중앙 불교계와는 거리를 두고 백제에서 활동하고 있음을 말해주는 것이라 하겠다.

다음으로 현광이 사찰을 건립하는 과정에서도 중앙 불교계와 일정한 거리를 두고 있었음을 알 수 있다. 띠를 연결하여 높이 쌓아 사찰을 건립하였다고 밝히고 있는 내용은 현광이 세운 사찰이 매우 궁색하였음을 말해준다. 이는 당시의 사찰이 기와로 이루어졌다는 기록과는 대조를 보인다. 이와 같은 내용을 통해 볼 때, 현광의 사찰은 지방에서 위치하고 있었으며 중앙 불교계와는 거리가 있었다고 할 수 있다. 그리고 이 과정에서 현광은 민중을 대상으로 하는 포교활동을 전개하였을 가능성도 배재할 수 없다고 본다. 그리고 翁山이라는 이름에서 세속과 멀어지고자 했던 玄光의 태도를 엿볼 수 있지 않을까 한다.

현광의 이러한 태도는 계율에 충실한 면을 부각시키고자 하는 것으로 이해된다. 그리고 현광의 활동은 당시 유학생들과는 차이를 보인다.[32] 현광이 유학을 하였음은 결코 낮은 신분의 계층이 아니었음을 유추해 볼 수 있다. 오히려 당시 권력과 일정한 관계를 유지하고 있었을 것으로 본다. 그럼에도 불구하고 현광이 불교의 중심지인 사비로 가지 않고 웅산에 옹색한 사찰을 건립하고 포교하고 있는 것은 계율에 충실했던 현광의 자세를 그대로 드러낸 것이라 할 수 있다.

현광의 활동은 중앙 불교계와 일정한 거리를 유지하고 있다. 이처럼 현광이 지방 불교계에서 활동할 수밖에 없었던 것은, 앞서 살펴본 바와 같이 현

---

31) 여기서 웅산이 현재의 대전지역으로 비정될 때(노중국, 「백제 무왕과 지명법사」, 『한국사연구』107, 1999, p.27, 주87), 웅진이라고 해서 꼭 옛 도읍지로 보기에는 무리가 따른다. 이는 玄光이 결코 중앙무대에 활동하고자 하는 의도가 없었음을 말해준다고 하겠다.
32) 당시의 유학승들은 왕권과 일정한 관계 속에서 활동하고 있다. 이러한 예는 백제보다는 신라에서 찾아지는데, 원광이나 자장의 경우가 그러하다.

광이 혜사로부터 법화안락행의를 비밀리에 전수받고 있는 데서 출발한다. 즉, 혜사의 법화안락행의는 지계와 선정을 주로 하는 것으로서, 권력과는 거리가 있는 것이라 할 수 있기 때문이다.

그러나 이러한 현광의 교화활동은 그의 제자들에 의해 백제 전역으로 확산되었을 것이다. 그의 제자들에 대한 기록은 『송고승전』과 『불조통기』를 통해 확인할 수 있다. 다음의 기록은 『송고승전』의 내용이다.

　　H. 升堂受莂者 1人
　　　　火光三昧者 1人
　　　　水光三昧者 2人(『佛祖統紀』권24)

이들 4명의 제자들은 이름이 나와 있지 않아 구체적으로 어떤 인물인지에 대해서 파악되지 않는다. 다만 이들 4명의 제자들이 현광이 귀국한 이후에 배출한 제자들임에는 분명하다. 그리고 升堂受莂者라는 것에서 현광의 법화삼매가 제자들에게 대대로 전수되고 있으며,[33] 백제불교계에서 현광의 법화신앙이 뿌리내려가고 있음을 알려준다. 현광은 귀국 이후에 옹산사찰을 중심으로 유학 중에 증득한 법화삼매를 포교하기 위해 적극적인 교화활동을 전개하고 있는 것이다.

현광과 제자들의 활동은 백제의 법화불교가 戒律的이며[34] 懺悔的이며[35] 讀誦的인 성격으로 발전하는데 큰 역할을 했을 것이다. 그런데 이러한 현

---

33) 升堂受莂者의 의미에 대해서는 이기운, 「백제 현광의 교화행에 대한 연구 -현광의 제자와 그들이 얻은 삼매를 중심으로-」, 『한국불교학』27, 2000, pp.226~227 참조.
34) 계율은 승려들의 활동을 통제하는 수단이다. 그러나 이러한 계율이 재가신자들에게 적용될 경우 사회적으로 유지되는 일정한 질서를 의미하는 것으로도 본다.
35) 불교에 있어 참회는 매우 중요하다. 참회를 통하여 그 동안의 죄를 속죄하고 불가에 깨끗함으로 귀의할 수 있다고 보기 때문이다. 따라서 참회가 세속적인 의미로 사용될 경우 이는 정치적인 의미를 내포하게 된다고 본다. 무왕이 제석사와 관련하여 참회하고 있는 모습은 이와 같은 맥락에서 해석이 가능하다고 본다.

광의 계율강조가 백제에 뿌리내릴 수 있었던 것은 성왕대부터 이미 계율이 백제에서 성행하였던 것에서 기인한다. 성왕대는 열반경을 통하여 계율을 크게 강조하고 있으며, 위덕왕대에는 왜의 선신니가 백제에서 율학을 배워 일본으로 돌아가 그곳 율학의 시조가 되고 있는 것에서도[36] 백제불교의 계율적인 면을 찾아볼 수 있다.

그런데 『法華經』은 생명체에 대한 끊임없는 사랑과 존중을 밝히고 있다.[37] 이것은 수기의 대상으로서 남녀를 구별하지 않으며, 나아가 만물의 평등원리이자 구원의 실마리로서 一乘을 주장하고 있는 점에서 찾아진다. 玄光은 『法華經』에서 설하고 있는 평등의 사상을 널리 전파하고자 하였던 것으로 볼 수 있다.[38] 이는 불교가 기층으로 확산될 수 있는 사상적 토대가 되었다고 본다. 그리고 그러한 생각이 강하였기 때문에 玄光은 웅천의 웅산에 스스로 사찰을 창건하고 불법으로 중생을 교화하고 있었다고 본다.

그리고 이러한 불법을 통한 중생교화는 법화신앙과 관련이 있다. 법화신앙은 『법화경』을 受持, 讀誦, 書寫, 講述의 형태로 나타나고, 그 영험은 신앙형태에 따라 病苦治療, 厄難구원, 중생들의 神異한 감응, 聖賢의 감응, 자신의 神通力, 그리고 菩提成就까지 다양하게 구현되고 있다.[39]

현광의 법화삼매의 경지가 기층의 신앙으로 이어질 수 있는 것은 일체중생이 『법화경』을 수지·독송·수행하며, 법성의 공함을 觀하여 십팔계가 無所有性임을 알고서 깊은 선정을 얻으면 네 가지 安樂行을 갖추게 되고

---

36) 김두진, 「백제의 미륵신앙과 계율」, 『백제불교문화의 연구』, 충남대백제연구소 백제연구총서 4집, 1994, p.53.
37) 차차석, 「『法華經』의 歷史意識 探究를 위한 시론」, 『백련불교논집』8, 1998, pp.126~139.
38) 여기서의 평등은 해탈할 수 있는 기회의 평등을 의미하는 것으로 본다.
39) 이기운, 「신라 의적의 법화사상 연구」, 『대학원연구논집』26, 동국대 대학원, 1996, p.37. 여기서 『법화경』의 병고치료의 기능은 관음신앙과 연결되고 있다. 그렇다면 관음신앙을 통하여 기층으로 신앙이 확산되었을 가능성도 배제할 수 없다고 본다.

여기서 六神通으로 청정하고 영원한 眼을 얻을 수 있다는 것이다. 이는 성인과 중생이 不一不二하다는 것을 말해준다고 하겠다. 이러한 『법화경』의 사상은 기층세력도 불교를 통하여 불도에 이를 수 있는 가능성을 열어놓은 것이라 할 수 있다.[40] 그리고 현광이 옹산의 모옥사찰에서의 교화활동 전개는 이러한 가능성을 축적해 나가는 과정의 하나로 보여진다.

2) 惠現과 法華信仰

백제의 법화승려로서 현광을 이어 등장하는 인물이 惠現이다. 惠現은 백제의 법화신앙에 있어 玄光과는 다른 점을 보여준다. 玄光이 귀국 초기에 법화신앙을 개척하고 있다면, 惠現은 법화신앙을 적극적으로 활용하는 것으로 이해할 수 있기 때문이다. 惠現과 관련한 내용은 다음이 참고 된다.

> I. 釋 惠現은 百濟人이니, 어려서 出家하여 苦心專志하여 『法華經』을 誦함으로써
> 業을 삼고, (佛神에게) 빌어 福을 請할 새, 靈驗이 실로 많았다. 兼하여 三論을 專
> 攻하여 奧妙한 맛을 알아 神明에 通하였다. 처음에 北部 수덕사에 居住하여 衆
> 徒가 있으면 講論을 하고, 없으면 誦經을 하였으므로 四方 먼 곳에서 그 風度를
> 欽慕하여 戶外에 신발이 가득할 程度로 찾아오는 이가 많았다.[41]

위의 내용은 백제인 惠現이 『法華經』을 송독하며 수덕사에[42] 주석하고 있는 모습을 설명하고 있다.

그런데 위의 내용을 통해 惠現의 신분이 그리 낮지 않았음을 유추해 볼

---

40) 이 당시 불교는 지배세력들의 사상적 배경이 되었던 것같다. 그것은 성왕대의 대통사 창건이나 위덕왕대의 능산리사원의 창건 등으로 미루어 짐작할 수 있다. 그런데 현광의 법화신앙은 이러한 지배세력 보다는 기층세력과 연결될 가능성을 보여준다.

41) 『三國遺事』5, 피은8, 惠現求靜.

42) 수덕사와 관련한 연구는 다음의 것이 참고 된다.

　　홍사준, 「수덕사구기와 백석사고」, 『백제연구』4, 충남대 백제연구소, 1973.

　　김영태, 「백제 고찰 수덕사의 사적 고찰」, 『한국불교학』22, 한국불교학회, 1975.

수 있다. 惠現이 불가에 귀의한 내용을 出家란 용어로 대신하고 있는 것에서 추론하였다. 출가란 자의적으로 행할 수 있는 것이라 생각되기 때문이다. 그 만큼 신분적으로 낮은 계층으로 보기는 어렵다고 본다.[43]

그런데 위에서 주목되는 점은 惠現이 삼론을 겸하여 전공하고 있는 내용이다. 삼론이란 대승 반야경을 심화하는 『中論』, 『十二門論』, 『百論』의 세 論書를 총칭하는 말이다.[44] 여기서 三論은 정치적 지배자와 피지배자 사이의 대립적 국면을 용해시키고 조화시키는데 유용한 이념이라는 해석이 있다. 이는 고구려의 三論學이 왕실과 연결되고, 空을 기반으로 한 中道思想이 왕실을 중심으로 한 統合思想으로 이해되는데서[45] 찾아볼 수 있다. 이렇게 볼 때 惠現은 왕권과 일정한 관계 속에서 활동하고 있었음을 추론해 볼 수 있다.

惠現이 『法華經』과 더불어 삼론도 함께 수학할 수 있었던 것은 『法華經』과 삼론이 공통점을 가지고 있기 때문으로 보인다. 그것은 바로 空사상이 아닐까 한다. 다시 말하면 삼론이 대승 반야경을 심화하는 것이라 할 때, 『法華經』이 설하고 있는 空사상과 연결되어 있다는 점에서 설명이 가능하다는 것이다. 다음의 내용은 『法華經』 「안락행품」에서 설하고 있는 空의 내용이다.

> J. 또 보살은 모든 것을 空이라고 관찰한다. 즉 모든 것은 바르게 확립되어, 無倒錯의 상태에 있으며, 있는 그대로의 상태를 유지하며, 자타에 의해서도 움직이지 않고 역전하지 않고 변화하지 않고 언제나 있는 그대로의 상태를 유지하며, 허공과 같은 본성으로 말의 해석이나 표현을 떠나 생기지 않으며 만들어진 것도 아니며 만들어진 일이 없는 것도 아니며, 있는 것도 아니며 없는 것도 아닌, 말로

---

43) 길기태, 「백제 사비시대의 불교정책과 도승」, 『백제연구』41, 2004.
44) 삼론의 역출과정에 대해서는 김인덕, 「백제의 삼론 고승」, 『한국불교학』22, 1975, p.56 참조.
45) 이내옥, 「연개소문의 집권과 도교」, 『역사학보』99·100, 1983, p.85.

나타낼 수 없는 집착을 떠난 상태에 있는, 관념의 도착에 의해 나타내어진 것이
라고 관찰한다.

위의 내용은 惠現이 『法華經』의 송독과 더불어 삼론을 함께 하고 있는 이
유에 대한 설명을 가능하게 한다. 그런데 이런 삼론은 본질에 대한 탐구를
지향한다. 그리고 그런 내용은 『法華經』에서 추구하는 것과도 일정부분 의
미가 통한다고 본다. 그것은 玄光의 예에서 알 수 있듯이 『法華經』의 계율
이 세속적인 것과는 거리를 두고 있다는 점이다. 이러한 사상은 한편으로
惠現이 수덕사를 떠나 달나산으로 가는 동기가 되지 않았을까 한다. 다음
의 내용은 惠現이 수덕사를 떠나 달나산으로 이주하는 과정이다.

K. 차차 번요한 것이 싫어 마침내 江南 達拏山에 가서 거처하였다. 山은 높고 바위
  는 險하여 來往이 힘들고 드물었다. 現이 靜座하여 世念을 잊고자 山中에서 (一
  生을) 마치었다. 同學이 屍體를 운반하여 石室中에 安置하였던바, 범이 그 遺骸
  를 다 먹어 버리고 오직 髑舌(머리와 혀)만 남겼었다. 寒暑가 세 번 돌아와도 그
  혀는 아직 붉고 軟하였다. 그 후에 變하여 붉고 단단하기가 돌과 같았다. 道俗
  이 이를 공경하여 石塔에 간직하였다. (現의) 俗年은 58세이니 즉 貞觀初年이었
  다.[46]

위의 내용은 惠現이 번잡하고 요란한 것을 싫어해 마침내 강남의 달나산
으로 거처를 옮겼다고 설명하고 있다. 그리고 그 주변 환경이 바위는 험하
고 내왕이 매우 힘들었던 지역으로 묘사하고 있다. 이러한 설명은 惠現이
수행을 위해 자리를 옮겼음을 은연중에 설명해주는 내용이라 이해된다.
　惠現이 입적하던 해는 정관(627~649) 초년이다. 여기서 초년은 대개 1~3
년을 말한다고 할 때,[47] 늦어도 입적연도는 629년인 무왕 30년이 된다. 惠

---

46) 『三國遺事』5, 피은8.
47) 주16) 참조.

現이 57세에 입적하였다면 그의 출생은 위덕왕 17년(570)에서 19년(572) 사이가 된다. 따라서 惠現이 30세부터 본격적으로 활동하였다고 할 때 그의 활동기간은 무왕대로 추론해 볼 수 있다.[48] 그리고 그 출발점은 수덕사였을 가능성이 많다.

그런데 사료 I를 보면 혜현이 처음에 수덕사에 주석하고 있음이 주목된다. 여기서 처음이란 단어가 의미하는 것은 승려로서 본격적으로 활동한 이후를 말해주는 것이 아닐까 한다. 이를 살펴보기 위해 출가하던 시기부터의 과정을 알아보는 것도 의미가 있다.

혜현은 위덕왕대에 출가하고 있다. 사료 I의 "어려서 出家하여 苦心專志하여 『法華經』을 誦함으로써 業을 삼고, (佛神에게) 빌어 福을 請하매, 靈驗이 실로 많았다."는 기록을 통해 살필 때 그러하다. 그렇다면 법화승려 현광이 귀국하던 시기에 혜현도 출가하여 활동하고 있었으며, 현광과도 일정한 관련을 맺었을 가능성이 있다. 현광이 귀국하던 위덕왕 37년(590)은 혜현의 나이가 13세에서 15세에 이른다. 그리고 이 시기는 혜현이 출가하였을 나이로 보아도 큰 무리는 없을 듯하다. 그렇다면, 승려로서 혜현은 현광의 명성을 익히 들어서 알고 있었을 것이고, 어떤 식으로든 접촉의 가능성도 있다고 본다. 만일 이러한 접촉이 이루어졌다면 혜현의 법화신앙도 현광의 법화신앙으로부터 일정한 영향을 받았을 것으로 생각된다.

그러나 이들의 접촉을 단정하기는 힘들다. 다만 현광이 법화삼매를 제자들에게 전수하고 있는 만큼, 혜현이 현광의 제자들과 일정한 교류를 가졌을 가능성을 생각해 볼 수 있다. 그것은 혜현과 현광의 제자들이 『법화경』이라는 공통점을 가지고 한 국가에서 동시대를 살아가고 있었다는 것에서 추론이 가능하다. 혜현이 처음에 수덕사에 주석하였다는 것은 이곳의 주지가

---

48) 노중국, 앞의 글, 1999, p. 26. 승려들이 출가하여 구족계를 받는 시기는 시대가 흐를수록 낮아지는 면을 보이고 있다. 신라말의 경우 33세부터 26세, 24세, 19세 등 비교적 20세에 가까운 분포를 보이나, 고려시대에 접어들면 15세 전후로 낮아지고 있다(한기문, 「신라말·고려초의 계단사원과 그 기능」, 『역사교육논집』12, 역사교육학회, 1988).

되었음을 의미하며, 혜현은 수덕사에 주석하기 이전에 이미 여러 사찰에서 수행하였을 것으로 생각된다. 이 과정에서 『법화경』이라는 공통점으로 인해 현광의 제자들과 접촉이 있었을 것이다.

혜현은 무왕과도 일정한 관련 속에서 활동하고 있었지 않을까 한다. 그것은 惠現이 왕권과 밀접한 관계를 갖는 삼론을 전문으로 하고 있었다는 것, 그리고 당시 사찰의 중앙과 연결되어 있었다는 점에서 그러하다. 삼론은 앞서 살펴본 바와 같이 왕권과 밀접한 관련이 있으며, 수덕사 또한 중앙으로부터 통제의 대상이었을 것이기 때문이다. 이러한 통제는 왕권과 관련이 있다고 본다. 따라서 그의 활동기간 중 왕권과는 일정한 관계 속에서 포교 활동을 전개하고 있었을 것이다.

그런데 이 당시 활동하던 승려로 지명법사가 있다. 지명법사는 미륵사의 창건에 적극 관여하고 있다. 그리고 미륵사의 창건은 무왕과 깊은 관련 속에서 이루어지 있다. 이를 통해 볼 때, 지명법사는 무왕과 밀접한 관계를 맺고 있다고 본다.

미륵사는 무왕 30년인 629년에 창건이 완료된 것으로 이해되고 있다.[49] 그리고 지명법사와 무왕의 관계를 살펴, 惠現이 달나산으로 이주하게 된 것을 지명법사의 영향으로 설명되어 지기도 한다.[50] 그러나 필자는 惠現의 움직임이 자신의 판단에 의해서 이루어진 것으로 보고 싶다.

우선 신앙 면에서 살펴볼 수 있다. 지명법사의 미륵신앙은 미륵상생경에 의한 하생신앙인데 이 신앙은 持戒爲本의 신앙이라고 한다.[51] 이러한 신앙은 법화신앙과 일맥상통하는 면이 있다. 현광의 법화신앙에서 살펴보았듯이 백제의 법화신앙이 지계를 강조하면서 실천적인 성격을 띠고 있다는 점에서 그렇다.

---

49) 노중국, 앞의 글, 1999, p.8.
50) 노중국, 앞의 글, 1999, pp.27~29.
51) 홍윤식, 「백제불교」, 『박길진교수화갑기념논총』, 1975 및 김삼룡, 『익산문화권의 연구』, 원광대학교 마한·백제문화연구소, pp.74~78.

또 법화신앙과 미륵신앙이 서로 연결되어 있음을 알려주는 자료가 있어 주목된다. 『법화경』「普賢菩薩勸發品」에는 『法華經』을 受持讀誦하고 그 뜻을 이해하는 자는 임종시 千佛이 손을 내어 악도에 떨어지지 않고 미륵보살이 있는 도솔천에 갈 것이라는 대목이 있다. 그리고 중국 남북조시대에 『법화경』을 기반으로 한 미륵신앙이 발현된 금동불상이 조상되는 예에서도 『法華經』과 미륵신앙의 관계를 살펴볼 수 있다.52) 그렇다면 신앙적인 면에서 지명법사와 혜현이 달랐다는 추론은53) 무리가 따른다. 따라서 지명법사에 밀려 혜현이 수덕사를 떠났을 것이란 주장은 설득력이 떨어진다.

이는 혜현이 처음부터 수덕사에 주석하고 있다는 위의 기록에서도 살펴볼 수 있다. 그것은 혜현이 처음으로 수덕사에 주석한 이후 다른 사찰에 주석한 기록은 없고, 다만 이후에 달나산으로 들어간 것으로 되어 있다. 일연이 『三國遺事』에서 혜현을 피은조에 넣은 것도 바로 이러한 상황적 근거에 따른 것이라 할 수 있다. 다시 말하면, 혜현은 불법을 공부하면서 『법화경』을 송독하고 삼론을 공부하면서 처음으로 수덕사에 주석하게 되었는데, 이후 다른 사찰로 옮겨 다닌 것이 아니라 곧 바로 달나산으로 들어가 선정을 닦고 있는 것이다. 혜현은 수행을 위해 달나산으로 들어간 것이라 할 수 있다. 따라서 혜현의 달나산 이주는 지명법사와 직접적으로 연관이 있어보이지는 않는다.

혜현과 지명법사의 관계는 惠現이 달나산으로 이주하던 시기를 살펴봄으로써 다시 한번 확인해 볼 수 있지 않을까 한다. 앞서 살펴본 바와 같이 혜현의 입적은 무왕 30년인 629년으로 추정된다. 따라서 미륵사의 창건이 완료되던 시기(무왕 30년)는 惠現이 입적하던 시기와 거의 비슷하다. 그리고 수덕사에서 달나산으로 이거한 이후에 창건이 완성되고 있다. 그리고 惠現이 수덕사에서 달나산으로 이주한 시기는 그의 입적을 앞둔 시기로 볼

---

52) 강희정, 「중국 남북조시대의 반가사유상과 미륵신앙」, 『백제연구』33, 2001, p.210.
53) 노중국, 앞의 글, 1999, p.28.

수 있다. 이렇게 볼 때, 지명법사가 미륵사 창건을 한창 서두르던 시기에 惠現은 수덕사를 떠나고 있고, 지명법사는 미륵사에 총력을 기울이던 시기이다. 그렇다면 지명법사의 영향력이 절정에 달했다고 보기 어렵고, 당시 불교계의 재편도 쉽지만은 않았을 것이다. 지명법사는 미륵사의 창건에 깊이 개입되어 있는 만큼, 창건과정에서의 영향력 행사보다는 창건 이후의 활동에 주목해야 한다.[54]

혜현은 번잡함을 피하여 강남의 달나산으로 가고 있다. 달나산에 대해서는 전북 고산이나 충남 진산으로 보는 설과[55] 제주도 달나산라는 설이[56] 있다. 그러나 이 들 지역의 경우 모두가 번잡함을 피할 수 있는 지역이었을 것이다. 그렇다면 혜현이 그렇게 피하고자 했던 번잡함이란 무엇인가. 신도들이 많이 찾아오는 것도 이유 중의 하나가 될 수 있다. 이 지역이 불교문화가 융성하게 발전하고 있는 것에서 살펴야 한다. 선진 중국의 불교문화가 유입되는 길목에 위치한 수덕사는 불교문화의 중심으로서의 기능도 수행하였을 것이고, 그렇다면 당시 가장 번잡한 사찰 중의 하나로 인식되었을 것이다. 그렇기 때문에 이 사찰을 찾는 신도들의 발걸음이 끊이지 않았을 것이고, 혜현은 이를 피하여 달나산으로 이주하게 된 것이다.

법화신앙은 세속적인 것과는 거리가 있다. 이와 같은 법화신앙의 성격은 「안락행품」에 그 바탕을 두고 있다. 그리고 백제 사비시대의 법화신앙은 玄光·惠現과 밀접한 관련을 맺고 있으며, 이들의 신앙 속에서 이러한 법화신앙의 비세속적인 면을 발견할 수 있는 것이다.

54) 지명법사가 백제의 중앙 불교계에서 영향력을 갖게 된 것은 무왕과 밀접한 관련이 있다. 지명법사는 미륵사의 창건 이전부터 무왕과 관련을 맺고 있다. 무왕이 왕에 오르기 전에 모아 두었던 금을 신라의 진평왕에게 보내고 있는 것이 바로 지명법사인 것이다. 그러나 이 당시부터 지명법사가 무왕의 전폭적인 지지를 받은 것으로 보기는 어렵다. 오히려 미륵사의 창건이 완료된 이후가 아닐까 한다.
55) 이병도, 『역주·원문삼국유사』, 2000, p.452.
56) 홍사준, 「수덕사구기와 백석사고」, 『백제연구』4, 1973, p.38.

3) 觀音信仰의 유포

  백제 사비시대 법화신앙의 특성 중 하나는 지방을 중심으로 전개되고 있는 것이라 할 수 있다. 앞서 살펴본 현광과 혜현의 예에서 확인된다. 이를 통하여 백제에서 지방불교도 발전하고 있음을 확인할 수 있었다. 지방불교의 모습이 보이는 것은 한편으로 백제에 많은 지방사찰이 존재하였을 가능성을 갖게 한다. 이러한 점에서 볼 때 겸익이 인도에 유학한 후 귀국하자, 국내에 이름난 승려 28인을 불러 겸익과 더불어 율부 72권을 번역하게 하였다는[57] 내용은 지방사찰의 존재를 설명하는 자료로 볼 수 있지 않을까 한다.

  여기서 주목되는 것은 겸익이 인도에서 가져온 경전을 번역하기 위해 성왕이 국내의 석학 28인을 불러오고 있는 기록이다. 국내란 표현도 그렇지만, 28명의 고승이 사비도성 내에만 거주했다고 보기 어렵다. 만일 사비도성 내에만 거주하였다면, 국내란 단어 보다는 도성이란 단어를 사용하였을 것이라 생각되기 때문이다. 따라서 이들 28명의 승려가 모두 사비도성에 거주하였다기 보다는 백제의 각 지역에 위치한 사찰에서 주석하고 있었을 가능성이 있다고 본다.

  이러한 가능성은 비록 시대는 뒤지지만, 현광이나 혜현의 활동에서 뒷받침된다고 본다. 현광이나 혜현이 지방사찰에서 활동하고 있는 것은 이미 이 시기에 지방불교에 대한 사회적 분위기가 성숙되어 있었던 것으로 볼 수 있기 때문이다.

  다음으로 백제의 지방불교가 발전하고 있었을 가능성은 능산리사지에서 발견된 목간의 내용에서 추론해 볼 수 있다. 그 내용을 보면 다음과 같다.

  L. 〈전면〉 "四月七日 寶憙寺 智眞 慧"
    〈후면〉 "送塩一石"

---

[57] 이능화, 앞의 책, 1919, pp.33~34.

위의 목간은 4월 7일이라는 날짜로 볼 때, 보희사의 승려가 능산리 초기 시설에서 거행된 釋迦誕辰日 儀禮에 참석하러 온 내용으로 파악된다. 이날 행사에 참석한 승려들에 대해 날짜, 사찰별로 정리한 僧侶의 出席名單 중 하나였던 것으로 추정되기 때문이다.[58] 그런데 후면에 쓰여진 내용은 필체가 다르다. 이는 전면의 묵서 내용과 관련이 있다고 보지만, 다른 사람에 의하여 쓰여진 추기로 추정되기도 한다. 이 경우 석탄일 행사 후 의례에 참석한 승려들에게 답례로 보낸 2석을 기록한 것일 가능성이 있다는 주장이 주목된다.[59] 이러한 주장이 옳다면 중앙에서 개최되는 의례에 보희사의 승려뿐만 아니라 각지의 여러 사찰에 소속된 승려들이 참석하였을 가능성이 많기 때문이다.

또 하나 주목하고자 하는 것은 각 사찰이 필요로 하는 자원은 능산리사원의 예를 통해 볼 때 중앙에서 지방으로 공급하는 형태를 띠고 있었을 가능성이다. 이러한 과정은 지방사찰의 경우에도 중앙의 통제를 받아야 하는 형태를 띠게 된다. 이러한 내용은 성왕대 계율을 정립하면서 불교계를 정비하는 모습을 통해서 뒷받침된다고 볼 수 있다.

그런데 이러한 지방불교가 전개되는 과정에서 관음신앙의 존재가 확인된다. 그 예는 태안마애불 중 가운데 위치한 관음보살을 통해 살펴볼 수 있다. 태안마애불은[60] 북조양식의 영향을 받은 백제삼존마애불로서 600년 내지 7세기 전반에 조성된 것으로 대체적으로 의견의 일치를 보고 있다. 그리고 가운데 위치한 보살상에 대해서는 관음보살이라는 것에 이견이 없는 듯하다.[61] 다만 태안마애불의 조성시기가 6세기 3/4분기나 4/4분기로 획정되어 지기도 한다.[62]

태안마애불의 조성된 배경은 불교이념의 확산을 들 수 있다. 태안마애불

58) 이 목간이 석탄일 의례와 관련된 것이라는 점은 東野治之, 「木簡으로 본 韓日 古代文化」, 충남대 백제학교육연구단 제5회 해외전문가 초청강좌 발표요지문, 2001, p.2(윤선태, 「부여 능산리 출토 백제목간의 재검토」, 『동국사학』40, 동국사학회, 2004, 재인용).
59) 윤선태, 앞의 글, 동국사학회, 2004.

의 조성이 왕실에서 파견된 석공들에 의해 조성되었을 가능성이 높기 때문이다. 아울러 이 시기 부여와 공주, 그리고 익산을 제외한 지역에서 마애불과 불상이 발견되는 예가 흔치 않은 것도[63] 같은 맥락에서 이해된다. 이 사실은 서산을 포함한 이 지역에 불교와 관련한 문화가 확산되어 있었음을 의미한다. 다시 말하면, 태안에 마애불이 조성될 수 있는 사회적·문화적 분위기는 이미 성숙되어 있음을 말한다.

관음보살은 부처의 자비를 상징하며, 중생의 고통을 덜어주고 각종 재난으로부터 중생을 구원하기 위해 중생의 부름에 대답한다고 인식하고 있다. 그래서 관음은 현세의 고난을 구제하는 보살로 인식된다. 석존은 이미 입멸하였고 미륵의 下生成佛은 먼 미래이므로 고통스러운 현실을 구제하는 것이 아니다. 그래서 현실고난의 구세주로서 관음이 등장했을 것이다. 여기서 관음보살은 成佛을 구하는 구도자로서의 보살이 아니라 부처의 化身으로서의 중생을 교화하는 보살인 것이다. 그래서 관음보살은 중생을 구제하기 위해 여러 가지로 化身하여 이 세상에 현신한다.[64]

관음은 觀世音, 光世音, 觀自在 등 다양하게 불리운다. 이처럼 다양하게

---

60) 泰安磨崖佛과 관련한 美術史的인 연구 성과로는 다음이 참고 된다.
　　황수영, 「충남 태안의 마애삼존불상」, 『동빈 김상기교수 화갑기념 사학논총』, 1962.
　　_____, 「충남 태안의 마애사존불상 보」, 『고고미술』98 제7권 9호, 고고미술동인회, 1968.
　　문명대, 「泰安 百濟磨崖三尊佛像의 新研究」, 『불교미술연구』2, 동국대 불교미술문화재연구소, 1995.
　　_____, 「태안 백제마애삼존불상의 신연구」, 『불교미술』13, 동국대학교박물관, 1996.
　　강우방, 「태안 백화산 마애관음삼존불고 -백제관음도장의 성립-」, 『백제의 중앙과 지방』(백제연구총서5) 충남대학교 백제연구소, 1997.
61) 문명대, 앞의 글, 1995, pp.1~3 참조. 그럼에도 불구하고 문명대는 태안마애불을 법화경에 근거하고 있다고 주장하고 있다(같은 글, pp.14~16).
62) 문명대, 앞의 글, 1995, p.12.
63) 서산 보원사지에서 발견된 금동불상을 들 수 있다. 서산도 태안과 같은 문화권으로 볼 수 있 지 않을까 한다. 이때 발견된 불상은 중국 북조의 영향을 받은 6세기 후반의 것으로 알려져 있다(이은창, 「瑞山 龍賢里 出土 百濟 金銅如來立像考 -造成樣式의 諸問題를 中心으로-」, 『백제문화』3, 공주대 백제문화연구소, 1969).

불리는 것은 한역과정에서 고유명사를 원어 그대로 옮기려는 사람과 그 뜻을 번역하려는 사람 사이에 나타난 관점의 차이로 보인다.[65]

이런 관음보살의 기원은 자비와 지혜의 대자재를 신격화하는 모습에서 그 연원이 찾아진다. 그리고 관음에게서 매개신으로서의 역할이 찾아진다. 『觀無量壽經』을 비롯한 미타계 경전에서는 관음보살이 此岸과 彼岸, 인간계와 천상계, 중생과 부처의 중개자로서의 성격을 지닌 것으로 설명하고 있다.[66] 이러한 중개자적인 성격은 간단히 관세음보살의 이름만 부르면 모든 苦厄으로부터 벗어날 수 있다는 생각으로 연결된다고 본다.

관음보살의 이와 같은 성격은 관음보살의 이름만 부르면 모든 고통으로부터 해탈할 수 있다는 생각에 이르게 된다. 이는 관음신앙을 통한 해탈의 길을 모색할 수 있게 하는 대목이다. 다시 말하면, 당시 수행체계에서 승려가 아닌 일반 백성들이 관음신앙을 통하여 해탈의 경지에 도달할 수 있는 길이 있었음을 의미한다.[67] 이는 또한 그것은 관음신앙의 도량처가 교통로와 맞물려 있다는 것에서 그 관련성을 이해해 볼 수 있다.

이는 태안마애삼존불과 수덕사, 그리고 옹산에 이르기까지 교통로상에 존재하는 관음신앙의 성격을 이해하는데 도움을 준다. 다시 말하면 관음신앙은 염불로서 고통에서 벗어날 수 있다는 의미를 담고 있다는 얘기가 된다. 교통로를 이용하는 많은 일반 백성들이 관음신앙을 통하여 또 다른 종

---

64) 김선근, 앞의 글, 1996, p.56. 김선근은 여기서 『妙法蓮華經』의 제25장 觀世音菩薩普門品에는 관음보살이 사바세계의 일체중생을 제도하기 위해 여러 가지 몸을 나타내어 應身한다고 설하고 있음을 들어, 관음신앙이 계층간 차별함과 종교간 차별함, 수행의 우열함, 남녀의 차별, 장유의 次序, 그 외에 大自在天身, 阿修羅, 人非人等身 등을 구별함 없이 一切 衆生의 현장에서 제도한다는 의미로 풀이하고 있다.
65) 강희정, 『중국 관음보살상 연구』, 일지사, 2004, pp.22~26.
66) 강희정, 앞의 책, 2004, p.36.
67) 이러한 관음신앙의 성격이 백제 사비시대 초기부터 일반 백성들에게 전달되었다고 보기는 시기적으로 어려운 점이 있다. 그런데 태안마애불에 관음보살이 보이는 것을 볼 때, 이러한 성격의 관음신앙이 일반 백성들에게 전파되는 것은 시간상의 문제일 뿐이라고 본다.

교적 세계를 체험할 수 있는 것이다.[68] 이는 한편으로 불교신앙이 널리 보급되는데 큰 도움이 되었을 것으로 판단할 수 있다.

관세음보살의 威神力이 인간의 一切苦痛을 救濟하는 무한능력을 의미하는 것도 이와 같은 관음신앙의 성격에서 출발한다. 그래서 관음신앙은 他力的이고 呪術的 神秘的 요소를 가지고 있다고 하겠다.[69]

관음신앙과 관련이 있는 것이 질병의 치유이다. 이는 관음신앙이 현세의 고난을 구제하는 것과 맥을 같이한다. 관음신앙이 질병의 치유와 관련이 있다고 할 때 주목되는 것이 양류관음이다. 양류관음은 주술을 통하여 질병을 치유하는 관음이라 할 수 있기 때문이다. 백제도 이러한 양류관음을 신앙하는 모습이 보이고 있다. 호림미술관에 소장된 백제 양류관음상이 그 것이다.[70]

6세기 말에 조성된 것으로 보이는 이 양류관음상은 백제가 관음신앙을 수용하고 있음을 보여주는 자료라 할 수 있다. 그런데 여기서의 관음신앙은 『청관음경』과 관련이 있다. 백제의 『청관음경』은 「선광사연기」를 통해 확인할 수 있는데, 여기서의 관음신앙은 治病과 관련이 있다.[71] 그리고 『청관음경』의 내용이 버드나무 가지와 깨끗한 물을 관음보살에 바치고, 消伏毒害多羅尼라는 주문을 외우면, 질병에서 벗어날 수 있다는 내용이 있다.[72] 이를 통해 볼 때 관음신앙은 칭명신앙과 신주신앙의 모습을 보여준

---

68) 이와 같은 내용은 법화경이 갖는 稱名信仰을 통하여 살펴볼 수 있지 않을까 한다(김선근, 「Bhakti-yoga 패러다임으로 본 『法華經』의 觀音信仰」, 『印度哲學』6, 인도철학회, 1996, pp.40~50). 그리고 이런 稱名信仰은 일반백성과의 거리감을 좁혀 불교를 대중화하는데 크게 기여하였을 것으로 생각된다.

69) 송석구, 「법화경 관세음보살 보문품 연구」, 『한국불교학』3, 한국불교학회, 1977, pp.189~190.

70) 강희정, 「百濟 楊柳觀音像考」, 『미술자료』70·71, 국립중앙박물관, 2004. 강희정은 호림미술관에 소장된 양류관음상 2구를 백제의 것으로 보면서, 양류관음상의 원류를 중국 남조에서 찾고 있다.

71) 이러한 양류관음의 치병적인 성격은 약사신앙과 연결되고 있다. 이와 관련한 내용은 약사신앙에 대한 내용에서 설명하고자 한다.

다고 할 수 있다.

　그런데 관음신앙은 항해와도 관련이 있어 보인다.[73] 태안지역에 마애불이 조성된 것도 이와는 무관하지 않을 것으로 본다. 따라서 관음보살이 중앙에 위치한 것은 이 곳 태안이 외교적으로 대중국 교류에 있어 중요한 역할을 담당하였음을 말해주는 자료라 할 수 있다.

　彌勒, 文殊, 普賢, 觀音 등 대보살은 현재 중생을 교화하고 있는 보살로서 어떤 의미에서는 범부의 보살과 다르게 언제나 현존하여 利他行을하고 있다는 것이다. 利他의 誓願, 즉 중생을 구제하리라는 誓願은 보살에 필수적인 것으로 이것은 이 誓願에 의해 미래에 成佛할 것이라는 부처로부터의 보증, 즉 授記를 받는다는 사상과 관련되어 있다. 따라서 이런 보살들은 실존적 차원에서 신앙의 대상이기도 하지만 동시에 현세 이익적 기도의 대상이기도 하였다.[74] 관음신앙도 이와 같은 맥락에서 살펴진다.

　관음신앙은『法華經』「보문품」과『관무량수경』,『화엄경』「입법계품」에 기반을 두고 있다. 이 중에서 관음신앙의 현실적인 성격을 알려주는 경전은『법화경』「보문품」이라 할 수 있다. 「보문품」에서 언급하는 八難과 여러 가지 재난은 무력한 인간들이 극복해야 할 방법이 없는 고난들이다. 여기서 인간들이 위급한 상황에서 벗어나기 위해 구원을 요청하는 대상은 부처가 아니라 바로 관음보살인 것이다.[75] 이렇게 볼 때, 현실적인 면에서의 관음신앙은 바로『법화경』에 그 근원을 두고 있음을 알 수 있다.

　『法華經』에 나타난 觀音信仰의 실천체계인 稱名의 구조는 초기불교의 칭

---

72) 강희정, 앞의 글, 2004, p. 64.
73) 관음신앙과 항해의 관련성은 중국의 승려 법현을 통해서도 확인된다. 법현의 관음신앙은 귀국길에서 일어난 사건을 통해 짐작해 볼 수 있다. 법현이 해로를 통해 중국으로 들어오는 길에 대양에서 격심한 폭풍우를 만났을 때, 관음의 힘으로 풍랑에서 벗어나고자 가지고 있던 물건들을 바다 속에 던지며 한 마음으로 관음의 이름을 불러 풍랑을 가라앉히고 무사히 귀국하고 있는 것이다.
74) 김선근, 앞의 글, 1996, p.55.
75) 강희정, 앞의 책, 2004, pp.39~40.

명과는 다르게 재가자나 출가자 모두가 해탈할 수 있다는 것을 제시하고 있다. 『法華經』의 觀音信仰은 어느 누구나 신앙의 입문과 실천에 있어서 아주 쉬운 普遍性의 方便을 갖고 있기 때문에 대승불교가 전하는 곳마다 僧과 俗, 신분의 高下, 男女老少 관계없이 가장 보편적인 신앙의 하나로 자리매김할 수 있었던 것이다.[76]

태안과 서산지역은 한반도 남부지역에서 중국 산동반도를 연결하는 해로상에서 중요한 위치를 차지하고 있었을 것이다. 그리하여 일찍부터 중국 남북조를 비롯한 다른 지역의 해외 교통의 중심지로 타지역에 비하여 불교문화의 전래와 정착이 선행되었을 것으로 추론하는 것은 그리 어렵지 않다. 그리고 이러한 선진문화을 전해주는 도래인 집단도 형성되었을 것이란 추론도 가능하게 한다.[77] 이렇게 수입된 문물은 태안 서산(운산) 예산(덕산) 홍성을 거쳐 부여에 도달하였을 것으로 여겨진다.[78]

또한 이와 같은 이유는 어디에서 찾아볼 수 있을까. 우선 생각해 볼 수 있는 것이 교통로상에 위치해 있다는 사실이다. 그것은 당시 태안마애삼존불, 서산마애삼존불, 예산사면석불들이 모두 수도인 공주와 부여를 향해 있다는 사실에서도 확인된다.

2. 呪禁師와 藥師信仰

불교에서 현세는 苦로 인식된다. 그래서 불교에 있어 苦인 生老病死는 극복해야 할 대상이다. 불교는 인간의 나고 죽음에 많은 관심을 보여주고 있는 것처럼 질병에도 주목하고 있다. 불교가 일찍부터 질병치료에 관심을

<hr>

76) 김선근, 앞의 글, 1996, p.62. 이러한 추론은 『法華經』의 觀世音菩薩普門品에 보이는 "諸苦惱聞是觀世音菩薩一心稱名 觀世音菩薩卽時觀其音聲皆得解脫"이란 구절을 통하여도 확인된다.
77) 황수영, 「泰安磨崖三尊佛像」, 『韓國의 佛像』, 文藝出版社, 1989, pp.223~224.
78) 박성상, 「삼국시대 마애불의 특성에 관한 고찰」, 『문화사학』6·7, 1997, p.155.

가지고 있었던 것도 이와 무관하지 않다.[79)]

그런데 고대사회에서도 질병은 정치적으로 중요한 대상이 되었다. 그래서 질병치유와 관련한 巫의 활동이 주목받아 온 것이다. 이처럼 질병이 정치적으로 중요한 대상이 되었던 것은 불교수용 이후에도 지속되었을 것으로 본다. 그리고 巫에서 담당하던 기능이 불교로 이행되었을 것으로 본다. 이처럼 불교와 질병의 관계를 설명할 때 주목받는 신앙으로 약사신앙을 들 수 있다.

약사신앙은 현세이익적인 성격을 가지면서 중생들과 밀접하게 관련되어 있다. 약사신앙을 통하여 현세에 겪고 있는 고통에서 해방되고자 하는 것이다.

이러한 기능은 백제에서도 가능하였지 않을까 한다. 그럼에도 불구하고 백제의 약사신앙에 대한 연구는 많이 진척되지 못하고 있다. 백제에서 약사신앙이 성행하였다고 볼 수 있는 자료들이 한계를 가지고 있기 때문이다. 그런데 백제에서 불교의학과 관련한 기록이 있어 주목된다. 그것은 바로 呪禁師이다.

呪禁師의 활동이 불교적인 내용과 부합되고 있는 것이다. 그리고 이러한 의학적인 내용은 약사신앙과 연결될 수 있다. 약사신앙에서 추구하는 바가 바로 질병의 치유에 있기 때문이다.[80)] 특히 불교의학에 보이는 주술적인

---

79) 불교가 질병치료에 관심을 가지고 있음은 석가모니가 醫王으로 불리는 것에서 찾아진다. 실제로 석가모니는 출가 전에 의학을 배우고 있으며, 전법과정에서 이를 활용하고 있다.

80) 질병의 치유와 관련한 신앙을 모두 약사신앙과 연결시키기는 곤란하다. 불교의학과 관련한 내용은 약사신앙 보다는 계율과 관련한 경전을 통해 살펴지기 때문이다. 계율과 관련된 경전에서 설하고 있는 내용은 모두가 수행과정에서 발생할 수 있는 질병에 대한 예방의학적인 성격이 강하다고 할 수 있기 때문이다. 이에 비하여 약사신앙은 예방의학 보다는 질병의 치유, 즉 사후 조치에 더 관심을 가지고 있다. 그럼에도 불구하고 이 두 가지의 경우는 모두 질병과 관련하여 연결되고 있다는 점을 주목할 필요가 있다. 따라서 불교의학에서도 질병치유와 관련한 내용이 있으며, 이는 약사신앙적인 요소와 전혀 무관하다고 보기는 힘들다.

기능은 呪禁師와 연결되어 있다는 점이 그러하다. 그럼에도 불구하고 呪禁師와 관련하여 불교적으로 접근한 연구를 찾아보기란 쉽지 않다. 기왕에 呪禁師를 다룬 연구들은 모두가 의학적인 측면을 강조하거나,[81] 도교적인 측면에서 연구가 진행되었다.[82]

이 글은 呪禁師의 활동을 통하여 백제에서 전개된 藥師信仰을 살펴보고자 하는 것이다. 이를 위해 여기서는 불교의학이 백제에 수용되는 시기와 배경을 살펴보고, 불교의학의 한 분야인 주금의 기능이 백제에서 강조되는 과정도 알아보고자 한다. 이어 이러한 불교의학적인 면이 신앙으로 발전하여 약사신앙이 중시되는 면도 아울러 고찰해 보고자 한다.

1) 佛敎醫學의 수용

동양의학은 음양오행설을 이론적 기반으로 한다. 그리고 도교와는 서로 밀접한 관계를 가지고 있는 것으로 파악된다. 그것은 양자간에 존재하는 이론적 개념의 공통점에서 찾아진다. 그래서 도교적인 입장에서의 고대의학을 살핀 연구도 나와 있다.[83]

인도에 그 기반을 둔 불교도 의학적인 면에서 상당한 관심을 보여준다.

---

81) 呪禁師에 대해 불교의학적인 측면에서 접근한 연구로는 다음의 것들이 참고가 된다.
김두종, 『한국의학사』, 탐구당, 1981.
이규식, 「한국 고대의학의 사적 고찰」, 『원광보건전문대학 논문집』제8집, 원광보건전문대학, 1985.
손홍렬, 「삼국시대의 불교의학」, 『한국불교문화사상사』권上, 가산이지관화갑논총, 1992.
______, 「한국고대의 의료제도」, 『한국한의학연구원논문집』제2권 제1호, 한국한의학연구원, 1996.
張寅成, 「고대 한국인의 질병관과 의료」, 『한국고대사연구』20, 한국고대사학회, 2000.
______, 「고대인의 질병관과 의료」, 『백제의 종교화 사회』, 서경, 2001.
최병철, 「고려시대의 의료와 불교」, 『실학사상연구』21, 무악실학회, 2001.
82) 방인욱, 「불교의학의 형성과 한의학에 미친 영향」, 동국대학교 대학원 석사학위논문, 1997.
張寅成, 「古代東亞世界的咒禁師」, 『古今論衡』14, 중앙연구원역사언어연구소, 2006.

불교가 중국에 정착하는 과정에서 의학이 이용된 것도 불교의학적인 발전이 있었기에 가능한 것이었다. 이는 고대 인도의 의학수준을 가늠하게 한다. 인도의학의 수준은 의학서적들이 중국이나 파키스탄, 티벳 등지에서 번역되고 있는 것에서 알 수 있다.[84] 이렇게 볼 때, 불교의학의 수준 또한 매우 높았을 것으로 볼 수 있다.

불교의학은 이처럼 발달된 인도의학에 기초하면서 여기에 그 교의를 더함으로써 형성되었다고 볼 수 있다. 이러한 불교의학은 『佛醫經』, 『醫喩經』, 『療痔病經』, 『治禪病秘療經』, 『呪齒經』, 『除一切疾病陀羅尼經』, 『呪時氣病經』, 『金光明經最勝王經』, 『維摩經』, 『四分律』, 『摩訶僧祇律』, 『十誦律』 등의 경전을 통해 살펴진다.[85] 특히 석가의 제자였던 耆婆의 수많은 의료행위에 대해서는 『四分律』, 『摩訶僧祇律』, 『十誦律』 등에 상세히 기술되어 있다.[86]

이러한 불교의학의 뿌리가 인도에 있음은 그 학설을 통해 살펴진다. 불교에서는 모든 중생이 生老病死의 四大苦를 면할 수 없다는 인과관계로 설명하고 있으며, 이는 龍樹가 『大智度論』에서 밝히고 있다. 그 내용을 보면 다음과 같다.

A. 사람에게는 二種病이 있는데, 一은 外因病이고, 二는 內因病이다. 外는 寒熱 · 飢渴 · 兵刃 · 刀杖 · 墮落 · 推壓 등이고, 內는 飮食不節로서 四百四病의 內病이 일어나고, 그 病은 地 · 水 · 火 · 風의 四大不調에 의한 것이다.

여기서의 四大不調論은 다른 경전에서도 자주 보이는 불교의학의 통설

83) 下出積與, 『日本古代의 神祇와 道教』, 吉川弘文館, 1972.
   張寅成, 앞의 글, 2006.
84) 불교의학의 내용에 대해서는 방인욱, 앞의 글, 1997 참조.
85) 남진각, 『불교의학의 기본원리』, 불교통신교육원, 2004.
86) 服部敏良 著, 이경훈 역, 『佛教醫學』, 경서원, 1987, pp.45~55.

이라 할 수 있다. 그리고 이처럼 불교의학이 인도에서 발달할 수 있었던 것은 불교의 집단생활과 고행으로 인한 각종 질병의 예방과 치료, 그리고 석가의 대자대비사상의 실천, 현세이익의 차원에서 질병으로 인한 고통의 경감, 포교의 수단 등을 들 수 있다. 그런데 이러한 불교의학은 인도의학에 바탕을 두고 있어 단순한 呪術이나 祈禱에만 의존하지 않는 과학적 색채가 강한 의학이었다고 할 수 있다.[87]

그렇다면 이러한 내용의 불교의학이 경전에서는 어떻게 반영되고 있는가. 먼저 『범망경술기』를 보면 불가에서 五辛採나 술 등도 약물로 사용할 수 있음을 밝히고 있다.[88] 즉, 이러한 경계의 음식물이 약물로 이용되는 경우에는 사용될 수 있으며, 다만 대중과 같이 거처하지만 않으면 되는 것이다.[89] 이는 『四分律』에서 밝히고 있는 "마늘을 먹지 말라"는 내용과 상충한다.

인도에서 발달한 불교의학은 중국으로 전해지고 있다. 그런데 중국 초기의 불교는 격의불교로 알려지고 있다. 격의불교는 노장적인 사상이 담겨있는 도교적인 불교를 이름한다. 이러한 격의불교는 불교의학과도 관련이 있다. 이는 당시 포교승들이 중국적 사상과 전혀 다른 불교를 전파하기 위해 노장사상이나 음양오행사상, 그리고 참위사상 등 주술적인 것과 혼합하여 접근하였는데, 포교의 매개로 삼았던 의술 또한 이와는 전혀 무관하지 않았다. 즉 당시 중국으로 건너 온 인도의 승려들은 五明을 이수하였으며, 이러한 五明에는 醫方明이 포함되어 있다. 그리고 거기에는 呪禁·針·艾灸術의 내용이 담겨 있기 때문이다.[90]

---

87) 손홍렬, 앞의 글, 1992, p.119.
88) 『범망경술기』五辛戒(동국대부설 동국역경원, 1994, p.122).
89) 『摩訶僧祇律』에는 마늘은 종기 등의 질병에 사용했으나, 평상시에는 먹어서는 안되며 마 늘을 발랐을 때는 대중과 같이 거처해서는 안된다는 기록이 보인다.
90) 손홍렬, 앞의 글, 1992, p.120. 五明과 불교의학의 관계는 龍樹의 『五明論』에 잘 나타나 있다.

초기 중국에서 불교의학을 통해 포교한 승려로는 東晉에서 神呪로 많은 사람의 질병을 고친 竺法曠, 석가의 제자였던 耆婆를 종조로 하여 의술에 통달하였던 于法開 등이 있다. 그리고 진대에 활동한 訶羅竭·安慧則 등도 의술에 뛰어난 승려로 알려져 있다. 이러한 승려들은 주술로서 병을 치료하며 포교하고 있다.

이 중 동진시기에 활동한 승려의사로 于法開가 주목된다.[91] 于法開는 당시 "九候를 조절하여 風寒病을 치료했다."는 기록이 『고승전』에 보이고 있다. 여기서 "調九候"는 『皇帝內經素問·三部九候論』의 진단법으로 추정되는 만큼, 서역인이라기 보다는 漢人이었을 것으로 추론해 볼 수 있다.[92] 于法開는 升平 5년(361)에 晉穆帝를 진찰한 후 그의 죽음을 예언한 것으로 유명하다. 이런 于法開는 耆婆를 의학의 종으로 삼으면서 치료하고 있다.[93] 『고승전』을 보면, 于法開가 産科에도 능통하였던 것으로 보인다.

다음으로 주목해볼 인물로 도홍경을 들 수 있다. 양무제대에 활동한 도홍경은 스승인 葛洪의 영향을 받아 초기에는 도교를 위주로 의론을 전개하였으나, 결국은 佛과 道의 합일론을 주장하고 있다. 이는 도홍경이 지은 道經인 『眞誥』제42장에서 찾아볼 수 있다.

불교의학과 관련하여 주목되는 점은 불전에 보이는 약물이다. 불전 중 율부에는 의술에 관한 내용이 많이 담겨 있다. 율부에 의술에 관한 내용이 많이 보이는 것은 계율과 의술의 관련성을 말해준다. 인도에서 발달한 불교의학이 당시 승려들의 집단적인 생활과 관련이 있다고 보기 때문이다. 집단생활로 인한 질병의 예방과 고행으로 인해 발생한 질병의 치유, 무엇보다도 부처의 자비로움을 실천해야 하는 점 등이 의학과 계율의 관련성을 갖게 한다. 이러한 면들이 중생들을 위한 현세이익으로 발전하는 과정에서도

---

91) 우법개와 관련한 내용은 『고승전』 于法開傳이 참조된다.
92) 방인욱, 앞의 글, 1997, p.9.
93) 그런데 『紹興府志』를 보면 도교에도 긍정적이었던 것으로 보인다. "于法開 好仙釋 從 支遁避居剡"

의학과 계율은 서로 연결되어 있는 것이다.

　이와 같은 이유에서 불교에서 말하는 藥의 개념은 음식물로 인식되고 있다.[94] 특히 병자가 복용하는 약 뿐만 아니라 일상의 식품 일체를 약이라 하고 있다. 따라서 일반적인 식품의 보관 시기에 따라 약을 분류하기도 한다.

　율부에 나오는 약물은 통틀어서 時藥·更藥·七日藥·盡壽藥 등 4종류로 분류된다. 이러한 분류는 『根本薩婆多部律攝』에 "言諸藥者 總有四種 一時藥 二更藥 三七日藥 四盡壽藥"이라 한데서 찾아진다. 그리고 『四分律』, 『十誦律』, 『摩訶僧祇律』 등에서도 살펴볼 수 있다. 이렇게 볼 때, 약물은 단순히 질병에 대한 方劑가 아니라 생명유지에 필요한 자료를 망라한 것이라 할 수 있다.

　불교의학에서 밝히고 있는 의학의 중요한 목적은 그 치료법에 業으로부터 고통 받는 인간 자체를 구하는 부처님의 자비로움이 담겨 있다는 것이다. 다시 말하면, 外邪를 퇴치하는 것 보다는 인간의 본질을 구하는데 더 큰 목적을 두고 있는 것이다. 이런 면에서 병자의 간호가 불교의학에서 가장 중시되었다고 할 수 있다.[95] 그리고 이러한 불교의학의 치료목적은 주술을 통한 치료와도 연결된다.

　이러한 관점에서 볼 때, 백제에 영향을 준 중국의 불교의학은 시사하는 바가 크다. 먼저 이러한 중국 승려들의 불교의학을 보면 주술적인 면을 강조하는 도교와 밀접한 관련 속에서 불교의학을 전개하고 있음을 알게 한다. 우법개의 경우 도교와 불교에 긍정적이었으며, 양대의 도홍경도 초기 도교의 영향아래 의술을 전개하던 것을 불교에 흡수하여 의학을 발전시키고 있다. 이러한 움직임은 백제에도 영향을 미쳤을 것이다.[96] 그리고 이 는 계율을 강조한 백제에 있어 불교의학도 함께 발전하였을 것이란 추론을 가

---

94) 律과 관련한 경전에 수록된 藥의 개념이 음식물로 인식되는 것은 예방의학적인 관점이 강하게 부각되는 것이라 생각된다.
95) 『범망경』(동국대학교부설 동국역경원, 1993, p.134)

능하게 한다. 사비시대 초기에 백제에 불교의학이 전해졌을 가능성은 다음
의 내용을 통해서도 확인할 수 있다.

B. 백제가 涅槃 등의 經疏 및 醫工畵師 毛詩博士를 구해 이를 허락하였다.(『南史』
7, 양무제 大同 7년 12월)

위의 기록은 백제 성왕이 재위 19년(541)에 양으로부터 열반 등의 경의
등을 요구하는 내용이다. 그런데 위의 기록에서 주목되는 내용이 바로 醫
工畵師와 관련한 내용이다. 위의 내용에 醫는 의학과 관련이 있다. 그렇다
면 이 시기에 백제는 양으로부터 의학을 수입하고 있음을 확인할 수 있다.
그런데 여기서 醫와 관련하여 주목된다. 여기서의 醫에는 불교와 관련이
무관하지 않을 것으로 보기 때문이다. 이 당시 백제의학은 발전해 있었고,
그 안에 불교의학적인 요소도 담겨 있을 것이라 보기 때문이다.[97] 그것은
불교의학이 律과 관련이 있는 것에서 뒷받침 된다.[98] 그리고 위의 사료에
보이는 『열반경』은 계율을 강조한다. 그렇다면 위에서 밝히고 있는 醫는
불교의학적인 면과 연결될 수 있는 가능성이 있다.
앞서 중국의 의학은 불교의학적인 요소를 많이 가지고 있음을 살펴보았
다. 그렇다면, 양으로부터 수입하고 있는 의학에는 불교의학적인 요소도

---

96) 백제의 醫藥術이 발달하였음은 중국에 익히 알려져 있다. 『周書』백제전에서 '解醫藥'
이라 한 것이나 『北史』와 『隋書』에서 각각 '知醫藥'이라 한 것에서 알 수 있다. 이런 백
제의 의약은 도교적인 영향을 무시할 수는 없다. 백제에는 독자적인 의약서로 『新集
方』이 있는데, 이 책에는 『抱朴子』의 저자인 葛洪의 『肘後方』이 인용되어 있다고 한다
(김두종, 앞의 책, 1981, p.30).
97) 백제의 의학은 약학을 중심을 발전하고 있는 것으로 보인다. 채약사의 존재도 그러하
고, 백제의 인삼이 중국에 알려져 있는 것에서도 뒷받침 된다(김두종, 앞의 책, 1981,
p.42). 여기서 불교의 律과 관련한 경전에 의학적인 내용이 많이 수록되어 있다는 것과
연결시켜 볼 때, 위의 B내용에 보이는 醫가 불교와 전혀 관련 없다고 보기는 힘들다.
98) 불교의학과 계율의 관련성은 의학과 관련된 내용이 주로 계율과 관련된 경전에서 언급
되고 있는 것에서 찾아진다.

포함되어 있을 것이다. 이렇게 볼 때 백제의 불교의학은 사비시대 초기에는 이미 형성되어 있을 것이다. 특히 주금과 불교의학이 서로 관련되어 있는 만큼, 이 부분을 중심으로 불교의학의 수용을 살펴보는 것은 의미가 있을 것이다. 주금이란 용어가 말하고 있듯이 주술적인 부분은 불교가 수용되기 이전부터 巫에서 강조하던 것으로, 불교의학이 수용될 사회적 분위기가 조성되어 있었음을 말해주는 것이라 할 수 있기 때문이다.

2) 呪禁師의 활동

불교의학에서 중요한 기능을 하고 있는 것이 呪禁이다. 중국으로 건너 온 인도의 승려들은 五明을 이수하였으며, 이러한 五明에 呪禁의 기능이 포함되어 있는 것이 이를 말해준다. 그리고 이러한 주금의 기능을 소유하고 있는 呪禁師가 있다. 백제에도 이러한 呪禁師의 존재가 보인다. 백제에 있어 呪禁師와 관련한 내용을 보여주는 자료로는 다음의 것이 주목된다.

> C. 還使 大別王들에 딸려서 經論 약간 권과 아울러 律師·禪師·比丘尼·呪禁師·造佛工·造寺工 6인을 보냈다. 이들은 難波의 大別王의 절에 안치시켰다.(『日本書紀』20, 敏達紀 6年 11月).

위의 내용은 威德王이 재위 24년(577)에 倭의 사신 대별왕 등이 본국에 돌아갈 때에 律師는 물론 禪師와 比丘尼, 呪禁師, 造佛工, 造寺工 등 6인을 딸려 보내고 있는 내용이다. 위에서 열거된 6인은 모두 대별왕의 절에 안치되고 있다. 그런데 여기서 呪禁師가 불교적인 용례로 쓰이고 있음을 알 수 있다. 律師와 禪師, 그리고 比丘尼와 造佛工, 造寺工은 모두 불교와 연관되어 있기 때문이다.

呪禁師가 불교적인 용어로 사용이 가능한 것은 주금의 유래를 살펴봄으로써 그 실마리를 찾아볼 수 있다. 呪禁의 유래와 관련하여 다음의 기록이 참고 된다.

D. 呪禁博士는 呪禁生을 교습하여 呪禁으로 사매에 기인하여 해가되는 것을 제거
   하는 일을 관장한다. 道禁이 있는데, 이는 산에 거처하는 方術之士로부터 비롯
   되었으며, 禁呪는 釋氏에서 나왔다.[99]

위의 내용은 주금의 기능에 대해 설명하고 있다. 여기서 釋氏는 불교를
말하는 것으로 생각된다. 그런데 주금 기능에 대하여 도교와 불교에서 부
르는 용어가 각각 다르다는 사실이 설명되어지고 있다.

주금박사는 주금생의 교육을 담당하고 있으며, 주금을 통하여 나쁜 귀신
을 쫓아냄으로써 치료를 담당한다는 내용이 보인다. 여기서 주금생의 교육
을 담당하고 있다는 기록에서 생각해 볼 수 있는 것은 당시 주금사를 배출
하는 시스템이 체계적으로 이루어져 있다는 것이다. 이러한 체계적인 시스
템은 주금의 기능이 당시 중요한 역할을 수행하고 있었음을 의미하는 것이
라 하겠다. 이는 백제에 있어서도 가능한 것이 아닐까 한다.

앞서 살펴본 사료에서 백제는 주금사를 일본에 보내고 있다. 그런데 주금
사는 율사, 선사 등과 함께 보내지고 있다. 여기에 열거된 승려들은 모두가
전문분야를 수행하고 있는 승려들이라 할 수 있다. 전문적인 수행이라는
것은 전문적인 교육을 받았음을 말하는 것이며, 이를 통해 볼 때 백제에서
도 주금사를 배출하는 전문적인 시스템이 마련되어 있었을 가능성이 있다.

그런데 이러한 주금의 기능이 백제에서는 불교적인 용어로만 보이고 있
다. 앞서 중국에서는 초기 불교를 포교하는 과정에서 도교와 같은 성격의
불교적 요소를 많이 이용하고 있음을 살펴보았다. 이러한 분위기는 주술을
주로 하는 주금의 기능도 포함되어 있다. 특히 인도에서 건너온 승려들이
五明을 익히고 왔으며, 이 五明에는 주금의 기능이 포함되어 있다. 따라서
이러한 주금의 기능이 불교와 도교에 만연된 중국의 분위기가 위의 사료에
그대로 반영된 것으로 보인다.

99)『大唐六典』14, 太常寺太醫署條, "呪禁博士掌教呪禁生以呪禁拔除邪魅之爲厲者 有道禁
   出於山居方術之士 有禁呪出於釋氏"

이러한 분위기가 굳이 중국에서만 적용될 수 있는 것인가에 대해서는 회의적이다. 백제도 도교적인 요소가 불교수용 초기부터 공존하고 있었다는 사실이 이를 뒷받침 한다. 백제는 침류왕의 뒤를 이은 진사왕대 도교를 장려하고 있으며, 그 이전의 근초고왕대에도 도교가 성행하였음이 사료에서 찾아지기 때문이다. 그렇다면, 백제에 있어 주금의 기능도 도교의 영향이 전혀 없다고는 할 수 없을 것이다. 다만 이러한 현상은 道禁과 관련한 내용을 기록상에서 찾아볼 수 없기 때문으로 풀이된다.

그렇다면 주금은 어떠한 기능을 하고 있는가. 위의 자료에서 주금의 기능이 질병의 치유에 있음을 찾아볼 수 있다.[100] 그리고 주금은 주술을 통한 치료를 말한다. 그런데 주술을 통한 치유기능은 굳이 불교에만 국한된 것은 아니다. 불교와 도교 모두가 주술을 통하여 질병을 치료하는 기능을 가지고 있다.

그런데 이러한 양자의 기능은 구분되어 설명되고 있다. 그리고 그러한 기능은 각각의 연원이 차이점을 갖는 것에서 출발한다. 그것은 위의 내용에서 禁呪가 釋氏, 즉 불교에서 유래하고 있음을 밝히고 있고, 아울러 道禁이라 하여 도교에도 주금의 기능이 있음을 분명히 밝히고 있는 것이 그것이다. 이는 唐代에는 도금과 주금의 명칭이 엄연히 구분되어 사용되고 있었음을 의미하는 것이다.[101] 또한 道禁은 道呪로써, 呪禁은 經呪로써 의료적인 기능을 하였던 것이다.[102] 이를 통해 볼 때, 주술을 통해 치료하는 기능은 불교와 도교에 공히 존재하고 있었음을 찾아볼 수 있다.

그렇다면 주금의 연원은 어디에 찾을 수 있는가. 呪禁이 呪術과 관련이 있다는 것이 주목된다. 주술은 巫와도 관련이 있다. 그것은 불교의학이 수용되기 이전에도 주술을 통한 치유기능이 있었음을 말해준다. 그것은 巫가

---

100) 呪禁의 기능과 관련하여서는 장인성, 앞의 글, 2000이 참조된다.
101) 이는 당대에 도교와 불교가 공존하고 있었던 사실과 무관하지 않을 것으로 본다.
102) 下出積與, 앞의 책, 1972, p.256.

發病의 근원을 밝혀내고 冤魂을 위안함으로써 의료의 역할을 하고 있는 데서도 확인된다. 남들이 알지 못하는 병의 원인을 알아내어 그 치료방법까지 제시함으로써 巫醫로서의 기능을 담당하고 있기 때문이다.[103)]

그렇다면 百濟에 있어서의 巫의 의료 활동도 불교에서의 呪禁의 기능과 맥을 같이 한다고 보아도 큰 무리는 없다고 생각한다. 따라서 巫의 의료 활동과정을 살펴봄으로써 불교적 의료행위인 주금기능이 백제에 어떻게 정착해 나가는지 이해할 수 있다고 본다. 佛敎에서의 의료행위와 관련한 내용은 백제에서보다는 신라의 기록에서 찾아진다. 다음의 내용이 그것이다.

<blockquote>
E. 미추왕 3년에 성국공주가 병이 들었는데 巫醫가 치료해도 효험이 없으므로 사람을 보내어 의원을 구하게 하였다. 아도법사가 급히 대궐로 들어가 치료하니 그 병이 나았다.(『三國遺事』3, 홍법 3, 阿道基羅)
</blockquote>

위의 사료에서 알 수 있는 것처럼 고대사회의 의료인으로서 巫醫가 찾아진다. 그리고 이런 巫醫는 앞서 살펴본 바와 같이 주술을 통한 치료행위를 하였을 것으로 생각된다. 그와 같은 사실은 신라의 선덕왕이 병이 들자 의술과 기도로 효과가 없으므로 황룡사에 백고좌회를 열고 승려를 모아 인왕경을 강론케 하며 100명을 度僧함으로써[104)] 질병을 치유했다는 내용에서[105)] 유추가 가능하다. 선덕왕은 巫醫의 기도를 통해 질병을 치유하고자 하였으나, 효과를 보지 못하고 그 질병치유의 기회를 불교적인 행사로 전환하고 있는 것이다.

따라서 위의 미추왕 기사에서의 巫醫 질병치유방법도 기도를 통한 방법으로 이해해도 큰 무리는 없을 듯하다. 그런데 위의 사료에서 주목되는 것

---

103) 임동권,「삼국시대의 巫 · 占俗」,『한민족의 신화연구』, 백산학회 편, 1999, p.66.
104) 이 당시 도승을 통한 왕의 질병치유관련 기사가 보이고 있다. 이에 대해서는 길기태,「사비시대 백제의 도승과 불교정책」,『백제연구』41, 백제연구소, 2005 참조.
105)『三國史記』5, 新羅本紀5, 선덕왕 5년.

은 불교의학적인 내용이다. 그리고 그것은 주술에 의해 전개되는 것으로
보인다. 그렇다면 이러한 기능은 주금이라 표현해도 큰 무리는 없을 듯하
다. 이렇게 볼 때, 佛敎와 巫에서의 치료활동은 주술이라는 공통점을 갖고
있음을 살펴볼 수 있다. 이는 백제에서도 마찬가지가 아니었을까 한다.

　佛敎와 巫의 의료 활동이 모두 주술과 관련이 있다고 할 때, 주술의 대상,
질병치유의 대상 또한 공통점을 가진다고 하겠다. 呪와 관련 있는 것으로
鬼가 있다.106) 이는 呪禁師의 중요한 임무가 "祓除爲厲者"라는 것에서107)
확인된다. 여기서 厲는 악질이라고 했는데 귀신을 뜻하기도 한다.108) 즉 呪
禁師는 주문과 기도를 통하여 병자를 치료하는데, 그것은 귀신을 쫓는 행위
를 말한다. 이러한 점은 백제의 呪禁師가 呪禁專業의 승려로서 神呪를 지
송하여 질병과 災厄을 물리치고, 또 그러한 의식을 전문적으로 담당하였던
神呪密行의 승려라고 한 것에서 찾아진다.109) 呪禁師가 의술보다는 주문과
기도로 병을 치료하는 승려라는 설명이다.

　呪禁師의 활동에 대해서는 일본측 자료를 통해서도 확인된다. 일본측 기
록에 의하면, 呪禁師는 불법의 呪를 唱하여 病災를 물리치는 사람으로, 일
본의 율령제도에서는 宮內省 典藥寮에 呪禁師 2인과 呪禁博士 1인을 두었
다.110) 이를 통해 볼 때 呪禁師가 의료적인 기능을 담당하는 전문인으로 파
악된다고 하겠다. 더욱이 이러한 呪禁師의 의료인으로서의 역할은 『고려
사』에서도 찾아볼 수 있다. 다음의 내용이 그것이다.

　F. 典醫寺에 呪噤博士 1인과 아울러 從九品 醫針史 1인, 注藥 2인, 藥童 2인, 呪
　　噤師 2인, 呪噤工 2인을 두었다.(『高麗史』76, 志 30, 百官 1, 典醫寺)

106) 張寅成, 앞의 글, 2001, pp.105~114.
107) 『新唐書』48, 百官3, 太醫署條.
108) 張寅成, 앞의 글, 2001, pp.105~114.
109) 김영태, 『삼국시대 불교신앙 연구』, 불광출판부, 1990, p.58.
110) 일본고전문학대계 68, 『日本書紀』하(암파서점, 1965) p.141, 주22.

고려시대에 의료를 담당하는 기관에 呪禁博士, 呪禁師, 呪禁工을 두고 있음을 위의 내용을 통하여 확인할 수 있다. 이는 백제의 呪禁師가 의료인으로서의 역할을 하고 있음을 아울러 설명해주는 자료라 할 수 있다.[111]

그런데 呪禁師가 앞서 살펴본 "佛法의 呪를 唱하여 病災를 물리치는 사람"이라는 대목을 상기할 필요가 있다. 여기서 佛法을 呪한다는 것은 불법의 誦讀을 말하는 것으로 보인다. 그리고 이를 통하여 病災를 물리치는 것은 불법의 神異性을 부각시켜 주는 것이라 할 수 있다. 이러한 내용은 佛典에서도 찾아진다. 즉, 呪師나 呪比丘라는 용어가 佛典에 보이고 있는 것에서 확인된다.[112] 이는 呪禁師가 주술을 통하여 질병을 치유하면서 백제불교계에서 활동하였을 가능성을 말해준다.

승려들은 주금기능을 가진 것 이외에도 약을 제조하는 능력도 함께 가지고 있었던 것으로 보인다. 다음의 내용이 그것이다.

G. (686년) 겨울 10월 계유삭 병자(4일), 백제의 승려 常輝에 30호를 주었다. 이 승은 100세였다. 병진(8일)에 백제의 승려 법장, 우바새, 益田直金鍾을 미농에 보내 白朮을 다리게 하였다. 이로 인하여 굵은 비단, 솜, 피류을 주었다.(『日本書紀』29, 天武紀下, 14년)

위의 내용이 전해진 시기는 백제의 멸망 이후이다. 그런데 백제의 승려라 하고 있는 것으로 보아 이들 승려들이 백제의 멸망 이후 왜로 건너간 승려가 아닐까 한다. 그런 승려들이 백출을 다리는 모습이 찾아진다. 백출은 胃의 병을 다스리는 약으로 승려의 의약적인 기능을 살필 수 있는 대목이다.[113]

---

111) 呪禁師가 의료인으로서 기능한 것에 대해서는 중국의 수당대에 呪禁의 치병효과를 중시하고 의료기구에 呪禁師를 둔 것에서도 확인할 수 있다.
112) 「十誦律」2, 明四波羅夷法2(『大正藏』23, p.9b-c), 「佛說優婆塞五戒相經」, 殺戒 1(상동 24, p.940b)(김영태, 『삼국시대 불교신앙연구』, 불광출판부, 1990, p.58 재인용)

그렇다면 백제불교의 呪禁 기능이 백제의 제도권 내에 정착하게 된 시기는 언제인가. 이는 22부의 정착과 관련이 있지 않을까 한다. 그것은 22부의 내용 중에 약부의 존재에서 찾아진다. 다음은 『周書』 백제전에 보이는 22부의 내용이다.

- 內官 : 前內部, 穀部, 肉部, 內　部, 外　部, 馬部, 刀部, 功德部, 藥部, 木部, 法部, 後宮部
- 外官 : 司軍部, 司徒部, 司空部, 司寇部, 點口部, 客部, 外舍部, 綢部, 日官部, 都市部

이들 22부의 직능에 대해서는 명기된 바가 없기 때문에 명칭으로서 그 직무를 추론해 볼 수 있을 뿐이다. 이 중에서 주목을 끄는 것은 藥部의 존재이다. 藥部는 명칭에서 추론할 수 있는 것처럼 醫藥과 관련이 있다.

藥部에서의 의료기능을 상정할 때 주목되는 것이 채약사이다. 채약사에 대한 기록은 일본에 파견되고 있는 것에서 찾아볼 수 있다. 특히 채약사는 약부의 명칭에서 유추할 수 있는 것처럼 醫藥과 관련한 업무를 담당하는 약부에 존재하였을 것이다. 그리고 이런 채약사는 제도권 내에 흡수되어 활동하고 있었을 것이다. 그것은 신라 진흥왕대 새겨진 마운령비를 통해서도 확인된다. 진흥왕대 신라는 藥師를 관리로 등용하여 왕을 隨駕하도록 하고 있는 것이다.[114] 여기서 당시 의약체계에서 채약사의 위치가 있음을 알 수 있다.[115]

그러면 呪禁師의 경우는 어떠한가. 呪禁師는 백제가 왜에 파견하는 승려

---

113) 797년 일본에서 저술된 『三敎指歸』에 보면 백출이 도사들의 선약과 방술로 사용되는 장면이 나온다(下出積與, 『日本古代の 神祇と 道敎』, 吉川弘文館, 1972, p.257). 그렇다면 불교에서 어느 정도 도교적인 요소를 흡수하고 있음을 말해주는 것이 아닐까 한다.
114) 『眞興王巡狩 磨雲嶺碑』, "藥師沙喙部篤支小舍" 여기서 藥師는 왕을 隨駕하는 扈從職이라 할 수 있는데, 이러한 직무는 후대 供奉職(供奉卜師·供奉醫師)이 된다(신종원, 「고대의 日官과 巫」, 『신라초기불교사연구』, 일조각, 1992, p.50).

들 가운데 포함되어 있는 것을 알 수 있다. 그리고 이들이 왜에 파견되었다면 채약사와 마찬가지로 제도권 내에 포함되어 있었을 것이다. 즉 일정한 기관에서 훈련을 거쳐 呪禁師로서의 역할을 수행하였던 것으로 본다.

비록 고려시대의 경우이기는 하지만, 呪禁師가 제도권 내에 흡수되어 있음은 앞의 사료 F에서도 확인된다. 그리고 일본의 예를 더한다면, 呪禁師의 위치는 더욱 확연해 질 것이다. 呪禁師는 일본의 율령제하에서 典藥寮에 소속되어 병의 祓除를 전담하였는데, 정원은 2인으로 관위는 正8位上이었다. 呪禁師 가운데 법술이 우수한 자를 선발하여 呪禁博士로 채용하여 呪禁의 전문가를 양성토록 하고 있다는 것이다.[116] 그런 만큼 백제에서도 呪禁師를 제도권 내에 흡수하였을 가능성은 있다고 본다.

그러면 이러한 呪禁의 기능이 제도권에 흡수된 시기는 언제인가. 이를 알아보기 위해 먼저 呪禁 기능을 담고 있는 불전이 언제 백제에 전해지고 있는지를 살펴볼 필요가 있다. 불전 상에서의 呪禁과 관련한 내용은 앞서 살펴본 바와 같이 『十誦律』에서 그 흔적을 찾아진다. 그런데 『五部律』 중 有部의 『十誦律』 法藏部의 『四分律』, 大衆部의 『摩訶僧紙律』은 대표적인 佛敎醫書로 알려져 있다.[117] 그런 만큼 백제 『五部律』의 수입시기를 통해 呪禁 기능의 관직화 가능성을 찾아볼 수 있다고 생각한다. 백제에 『五部律』이 수입된 시기와 관련해서는 다음의 이능화의 「미륵불광사사적기」의 내용이 주목된다.

H. 백제성왕 4년 丙午에 沙門 겸익은 矢心으로 求律코자 하여 항해로 轉行하면서 중인도의 常伽那大律寺에 이르렀다. 범문을 배우기 위해 五載만에 竺語에 洞曉

---

115) 채약사의 존재를 곧 의약의 분리로 보는 것은 위험하다. 당시의 의학교육체계를 명확히 알 수는 없지만, 다양한 교육 속에 채약과 관련한 내용이 들어 있는 것으로 본다.

116) 일본고전문학대계 68, 『日本書紀』하(암파서점, 1965) p.141, 주22.

117) 손홍렬, 「삼국시대의 불교의학」, 『가산이지관화갑기념논총 한국불교문화사상사』상, 1992, pp.130~131.
   최병철, 앞의 글, 무악실학회, 2001, p.75.

하였고, 律部를 深功하여 戒體를 莊嚴하였다. 梵僧 倍達多三藏과 함께 梵本의 阿毘曇藏과 五部律文을 가지고 본국에 돌아오니, 백제왕은 새깃으로 장식한 깃발을 세우고, 북치고 피리 불게 하면서 교외까지 나아가 맞이하였다. 興輪寺에 안주케 하고, 국내의 이름난 釋門 28인을 청해서 겸익법사와 함께 율부 72권을 번역케 하였으니, 이로써 百濟律宗의 鼻祖가 된다.[118]

겸익은 귀국하면서 五部律文을 가지고 온다. 여기서 五部律文은 앞서 살펴본 바와 같이 『十誦律』 등 불교의학과 관련한 내용이 담겨 있다. 따라서 위의 내용이 정확하다면, 백제의 呪禁師는 겸익이 오부율문을 국내에 반입한 시점을 전후해서는 이미 알려져 있었을 것으로 본다. 그리고 이런 呪禁의 기능이 본격적으로 제도권 내에 진입하게 된 것도 성왕대 22부가 정립되면서가 아닌가 싶다. 그것은 呪禁의 기원, 즉 佛醫에 있어서의 呪禁의 내용이 『十誦律』에서 찾아지며, 이 『十誦律』은 겸익의 인도유학을 통하여 백제에 전해진 것이라 생각되기 때문이다.[119]

앞서 살펴본 바와 같이 呪禁師는 주술을 통한 치병의 기능을 갖고 있다. 이 때 呪禁의 대상이 되는 것은 厲鬼이며, 이는 전염병을 말하는 것임도 살펴보았다. 그런데 여귀 즉 전염병은 개인적인 문제가 아닌 집단의 문제로 보아야 한다. 그리고 전염병은 신분과는 거리가 있다. 다시 말하면, 呪禁師의 활동은 신분과 관계없이 전개되었을 것으로 생각해 볼 수 있다. 그렇다면 呪禁師 위에 좀 더 상급의 의료인이 존재할 가능성이 있다고 하겠다. 그러한 기능을 담당한 의료인이 존재하였을 가능성은 다음의 자료를 통해서도 유추해 볼 수 있다.

I. 좌우대신, 백관 및 百濟의 왕족 풍장, 그 아우 새성, 충승, 고구려의 侍醫 毛治,

118) 이능화, 『조선불교통사』 상편, 1919, p.33.
119) 백제가 불교의학과 관련한 경전을 수입하고 있는 시기는 성왕 재위 19년인 541년으로 유추해 볼 수 있다. 이 때 성왕은 양에 열반 등의 경의를 요구하고 있으며, 이의 내용에는 율부와 관련한 내용도 포함되었을 가능성이 있다고 보기 때문이다.

신라의 侍學士들을 거느리고 뜰에 나왔다.(『日本書紀』25, 孝德紀 백치원년 2월
갑신)

위의 내용에서 등장하는 인물 중 주목되는 것은 高句麗의 侍醫이다.[120)]
侍醫는 侍御醫, 즉 王醫를 의미하는 것으로서 隋에서 侍御醫는 尙藥局 소속
으로 皇帝를 비롯한 고관의 치료를 담당하는 醫官이었다.[121)] 隋의 侍醫는
곧 奉醫를 지칭하는 것이다. 여기서 侍醫는 왕의 곁에서 의료를 담당하는
관리다. 다시 말하면, 백제에도 왕의 가장 가까운 곳에서 질병을 치유하는
시의와 대등한 등급의 의료인이 존재하였을 가능성이 있다는 얘기다. 百濟
의 22부 가운데 藥部가 내관에 속해 있는 것도 이를 말해준다.

　이 때 의료기능과 관련하여 관심을 끄는 것은 의박사의 존재다. 백제가
성왕대에 醫博士를 왜에 파견하고 있다.[122)] 이러한 醫博士와 관련한 博士
의 존재는 아울러 呪禁 기능에도 적용될 수 있다고 생각한다. 앞서 살펴본
『高麗史』의 기록이나 중국 당의 의료기구를 살펴보면 呪禁博士의 존재가
찾아진다. 唐의『大唐六典』에 보면 다음과 같은 기록이 나온다.

　J. 呪禁博士는 呪禁生에 대한 교육을 담당하고, 呪禁으로써 사악한 귀신이 든 厲者
　　를 拔除한다.(『大唐六典』14, 太常寺太醫署)

---

120) 여기에 등장하는 고구려의 侍醫에 대하여는 侍醫 毛治가 일본의 改元儀式에 참석하기
　　위하여 渡日한 것으로 보는 견해(김두종, 『한국의학사』, 탐구당, 1981, p.58)와 일본의
　　왕실의식에 삼한인 모두 入朝한다는 것을 과시하기 위하여 일찍이 渡日하여 일본에서
　　侍醫를 하고 있던 毛治를 고구려인의 대표로 동원한 것이란 견해(이홍직, 「삼국시대
　　의 문헌학적 연구」, 고려대 博士학위논문, 198, pp.144~145)가 있다.
121) 『隋書』28, 百官 下, 門下省條.
122) 왜국은 성왕 31년(553)에 醫博士, 易博士, 曆博士 등의 교대를 원하고 있으며, 백제는
　　이듬해 易博士 施德 王道良 등을 보내고 있다(『日本書紀』19, 흠명기 14년 6월조 및 15
　　년 2월조). 이를 통해 볼 때 백제에서 의료와 관련하여 醫博士, 呪禁師, 採藥師 등의 존
　　재를 확인할 수 있다.

위의 기록은 呪禁生을 가르치는 呪禁博士는 呪禁으로 邪魅로 인하여
에 들린 자를 祓除하는 것을 관장한다는 내용이다. 여기서 呪禁博士는 교
육의 기능을 담당하고 있다. 아울러 呪禁博士가 치료할 수 있는 진료영역
이 邪魅로 인하여 발병한 厲病이고, 그 치료방법이 呪禁임을 다시 한번 확
인할 수 있다.

그리고 이제까지 백제에서 확인된 呪禁師 외에 呪禁博士가 거론되고 있다.
『日本書紀』 천무기에는 주금박사 사택만수가 보이고 있다.[123] 사택만수
역시 백제 멸망 이후 왜로 건너간 백제인이다. 한편 백제에서 넘어온 주금
기능의 보유자들이 민간에서 활동하였을 가능성도 찾아진다.[124]

주금기능을 가진 승려들이 제도권에서 활동하였을 가능성을 살펴보았
다. 그렇다면 주금기능의 보유자는 약부로부터 관련된 교육을 받고, 이는
다시 국가의 통제 하에 두었을 것이다.[125] 이를 통하여 한편으로 불교를 통
제할 수 있는 기능도 하였을 것이다.[126] 呪禁의 기능을 왕권의 통제아래 놓
음으로써 왕권의 신성성을 더욱 고양시킬 수 있었다고 생각한다.

이러한 신성성의 고양을 위해 이들 기능을 제도권 내에 두고, 그것은 선
진문화인 불교를 정치적으로 비호함으로써 가능하였다고 생각한다. 아울
러 이러한 비호의 목적은 선진문물과 사상을 왕권이 독점함으로써 통치에

---

123) 주금기능을 승려들이 독점하였던 것은 아니었던 것 같다. 사택만수가 주금박사의 지
　위에 오를 수 있었던 것은 주금의 기능을 가지고 있었기 때문일 것인데, 그 이름에서
　승려였을 가능성을 찾아보기 힘들다고 보기 때문이다. 따라서 사씨가 당시 귀족세력
　으로서 대표되는 점을 아울러 고려할 때 주금기능은 귀족도 함께 공유하는 기능이 아
　니었다 싶다.
124) 張寅成, 앞의 글, 2004, p.9.
125) 이러한 내용은 일관부에서 술수의 교육을 독점하고 있는 모습에서도 유추가 가능하지
　않을까 한다(張寅成, 「백제의 술수」, 『백제연구』24, 충남대 백제연구소, 1994, p.140
　및 「술수와 생활」, 『백제의 종교와 사회』, 2001, pp.90~93.).
126) 주금의 기능이 왕권의 통제아래 놓여 있다고 하더라도 귀족세력과의 일정한 관계는
　유지하고 있었을 것이다. 그것은 백제 멸망 이후 왜로 건너간 사택만수가 주금박사로
　되어 있는 것에서 추론이 가능하다. 사씨는 대성팔족의 하나로 사비시대 정국에 있어
　왕권과의 중요한 파트너였기 때문이다.

이용하기 위한 것이 아니었을까 생각한다. 이를 통해 볼 때, 불교는 巫가 가진 신성성을 종교적으로 그대로 이어 받으면서, 새로운 불교의학적인 입지를 넓혀나가게 되었다고 생각한다. 이 때 함께한 불교신앙으로 약사신앙을 들 수 있다.

3) 藥師信仰의 전개

의학이 발달하지 않은 고대사회에서 의료 활동은 神聖性을 내포한다. 앞서 살펴본 바와 같이 주술에 의한 치료활동은 厲鬼와 관련이 있다. 귀신을 내쫓는다는 것은 그 활동에 신성성이 부여되며, 어떠한 권능이 주어진다고 보기 때문이다.

불교에서도 귀신으로 인한 질병이 언급되고 있다. 그리고 이러한 질병을 치유하는 방법이 언급되기도 한다. 그렇다면 이러한 내용은 불교에서 어떻게 이해될 수 있는가. 석가모니는 의왕으로 알려져 있다. 석가모니가 일찍부터 의학을 공부한 연유도 있지만, 그의 제자를 거느리는 과정에서 예방의학을 전개하는 모습들이 불전에서 발견되는 것에서 확인된다. 그렇다면 석가불신앙이 전개되는 과정에서 불교의학과 관련한 내용도 포함되었을 가능성이 있다. 그리고 이러한 분위기는 자연스럽게 약사신앙과 연결되었다고 본다. 이는 불교의 藥王觀音信仰과도 관련되어 있다.

藥王觀音信仰은 중국 劉宋代에 畺良耶舍가 한역한 『觀藥王藥上二菩薩經』을 소의경전으로 하였는데, 경전에는 藥王菩薩과 藥上菩薩이 다루어지고 있다. 그리고 이러한 藥王觀音信仰은 양류관음과 관련이 있다. 『望月佛教大辭典』 楊柳觀音條를 보면, 양류관음은 약왕관음이라고도 한다. 또한 病難을 없애기 위해 楊柳枝手를 한다고 한다.[127] 양류관음은 백제에서도 그 실체가 보이고 있다. 호림미술관에 소장된 백제 양류관음상이 그것이다. 그리고 이러한 양류관음은 『청관음경』과 관련이 있다.

---

127) 강희정, 『중국 관음보살상 연구』, 일지사, 2004, p.157.

그런데 양류관음신앙에는 버들가지를 이용하여 병을 고치는 과정에서
물을 뿌리면서 주문을 외는 장면이 있다. 여기서 버들가지를 써서 물을 뿌
리는 과정이 반드시 관음보살과 관계가 있는 것은 아니다.[128] 다만 앞서 살
펴본 약왕관음신앙과 연결되어 있는데, 이는 약사신앙과의 연결을 가능하
게 한다.

이러한 藥王觀音信仰이 약사신앙과 연결되어 있음은 두개의 신앙이『法
華經』과 관련이 있는 것에서 살펴볼 수 있다. 약왕관음신앙이 양류관음과
연결되어 있으며, 이러한 관음신앙은 바로『法華經』과 관련이 있는 것이
다. 그리고 이들 신앙은 주술을 사용하고 있다는 공통점이 있다. 약왕관음
신앙이 청관음경과 관련하여 주술을 통하여 질병을 치유하고 있는 것이나,
약사신앙적인 요소가 서로 공통점으로 지적되는 것이다. 이러한 면들은 나
아가 현실적인 면에서 고난한 삶을 구제한다는 점도 공통점이라 할 수 있다.

藥師信仰은 현세이익적, 현세구복적인 성격을 지니고 있다. 질병이나 도
적, 기근으로부터 구제되는 것 등 약사여래의 12대원에 보이는 내용이 현
세에서 겪게 되는 고난과 연결되어 있는 것이다.[129]

이러한 藥師信仰의 연원은 초기불교에까지 올라간다. 그리고 초기불교
의 교단에서 주문을 공식적으로 금하고 있지만, 治病이나 護身을 목적으로
한하여 주문을 인정하고 있다. 이와 관련된 경전을 보면,『十誦律』과『四分
律』을 찾을 수 있다. 이것은 약사신앙의 치병과 관련한 사상적 태동이 원시
불교까지 거슬러 올라감을 말해준다.[130]

그러면 백제에 藥師信仰이 전래된 시기는 언제인가.[131] 먼저 중국에서

---

128) 강희정, 앞의 책, 2004, p.179.
129) 한편『藥師經』에 의하면 국가적으로 큰 질병이나 타국의 침입, 반란, 천재지변이 있을
   때 죄인을 사면해 주고 약사여래를 공양하면 순조롭게 된다고 설하고 있다. 이런 면을
   볼 때 약사신앙은 호국신앙의 일면도 담고 있다고 하겠다. 그리고 사천왕신앙과도 일
   정한 맥을 같이하고 있음을 발견할 수 있다.
130) 정성준,「신라 약사신앙 연구」,『불교대학원논총』제1집, 동국대 불교대학원, 1993,
   p.330.

성행한 약사신앙의 흔적을 찾아보는 것이 순서일 듯싶다. 중국에서 藥師信仰과 관련한 문헌기록 중 가장 오래된 것이 송효무제(453~463) 시기이다. 이 때 僧祐의 『出三歲記集』에 慧間이 『拔除過罪生死得度經』을 역출한 것으로 기록되어 있으며, 당시 『拔除過罪生死得度經』이 續命法으로 인해 크게 유행하였다고 한다. 또한 남조시기에 龍問石窟의 하나인 古陽洞에 孝昌元年銘(525) 약사상이 현존하고 있다. 따라서 중국에서 약사신앙은 5세기 중엽부터 성행하기 시작하여 6세기 중엽에는 전역으로 확산되었을 것으로 본다.[132]

이는 『藥師經』의 傳譯科程을 통해서도 살펴볼 수 있는데, 『藥師經』은 송효무제(453~463) 시기부터 당대에 이르기까지 총 4번의 전역과정을 거치게 된다.[133] 그런데 여기서 관심을 갖게 되는 것은 『灌頂經』이다. 宋本 『藥師經』은 일찍부터 『灌頂經』12권의 末卷으로 편입되어 梁代를 전후해 크게 유행하게 된다.[134] 그렇다면 宋本 『藥師經』이 백제에까지 영향을 미쳤을 것으로 볼 수 있다. 특히 백제에서 사천왕신앙이 나타나는 시기가 사비시대와 맞물려 있고,[135] 약사신앙이 『灌頂經』과 관련이 있다면 이 시기에 藥師信仰이 유입되었을 가능성이 많다고 본다.

다음으로 살펴볼 수 있는 것이 이러한 藥師信仰의 사상은 초기 대승불교 경전인 『法華經』에 오면 구체적으로 나타난다는 것이다.[136] 『法華經』에서

---

131) 그런데 앞서 주금기능과 관련하여 겸익에 주목해 보았다. 겸익이 귀국하면서 가져온 오부율문의 내용 중에서 『十頌律』의 존재를 찾아본 것이다. 그렇다면, 당시의 주금의 기능은 불교에서의 律과 깊이 관련되어 있음을 알 수 있다. 그리고 이러한 겸익의 오부율문과 더불어 중국으로부터의 한역경전의 유입을 함께 생각해 볼 수 있다.

132) 정성준, 앞의 글, 1993, p.338.

133) 『藥師經』의 전역과정에 대해서는 조원영, 「신라 중고기 불교의 밀교적 성격과 『藥師經』」, 『부대사학』23, 1999, p.487 및 정성준, 앞의 글, 1993, pp.329~333 참조.

134) 조원영, 앞의 글, p.487.

135) 길기태, 「백제의 사천왕신앙」, 『백제연구』39, 2004. 특히 『灌頂經』이 신라 명랑의 문두루법의 소의경전이 되고 있는 것도 사천왕신앙과의 연계성을 보여준다.

136) 정성준, 앞의 글, 1993, p.330.

藥王菩薩과 月光菩薩이 등장하고 있는 勸持品, 法師品, 藥王菩薩本師品, 多羅尼品을 보면 약왕보살이 주체가 되어 각 품들이 설해지고 있는데, 약왕보살과 월광보살은 모두『약사경』에 등장하는 보살의 명칭들이다.

그런데『法華經』의 藥王菩薩本師品은 다른 품들과는 내용적 연계성이 떨어지는 것을 볼 수 있다. 이러한 현상은『法華經』이 성립하던 시기 이전에 藥師信仰이 하나의 독립적인 신앙으로 존재하다가 후에 단독경전으로 성립된 후『法華經』으로 편입되었을 가능성을 보여준다.[137] 이는 藥師信仰이 원시불교에서 그 모습을 보여주다가, 대승불교경전인『法華經』에 이르러 구체적인 신앙형태로 나타나게 되었음을 말해준다.

이렇게 볼 때, 백제에서 藥師信仰이 본격적으로 수용되는 시기는 법화신앙이 성행하던 사비시대 초기에서 그 연원을 찾을 수 있다고 본다.[138] 백제에서 법화신앙은 靈異性을 가지고 있으며, 誦讀이라는 신앙을 가지고 있다. 여기서 誦讀은 주금의 기능 중 경전을 외운다는 주문의 기능과 의미가 통할 수 있다고 본다.

그렇다면 이러한 약사신앙은 어떠한 내용으로 백제사회에서 적용되어가고 있는지 궁금하다. 우선 참고가 되는 것이 주술의 사용이다. 앞서 살펴본 바와 같이 약사신앙의 초기모습에서도 주술이 사용되고 있기 때문이다. 주술에 의한 치료목적의 불교신앙은 수용초기부터 존재하였을 것이다. 그런데 모든 대상이 약사신앙이라 할 수는 없다. 주술을 통한 신앙은 다양한 모습으로 나타날 수 있기 때문이다.

그렇다고 해도 주술에 의한 일반대중의 병구제가 얼마나 중요하였는가를 상기할 때, 특히 불교에 있어 이러한 면이 특히 강조되고 체계화되어 신앙되는 부처님은 바로 약사여래라 할 수 있다.[139] 이러한 大醫王인 藥師如

---

137) 平川彰 著, 이호근 譯,『인도불교의 역사』하, 민족사, 1991, pp.304~307.
138) 약사신앙이 수용되는 시점은 성왕 19년에 양으로부터 열반 등의 경의를 구하는 기록 속에 포함되어 있을 수 있으며, 현광의 법화신앙보다 앞서 수용되었을 가능성은 있다.
139) 김춘실,「삼국시대의 금동여래입상 연구」,『미술자료』36, 국립중앙박물관, 1985, p.5.

來의 공덕을 설해 놓은 경전이 바로 『藥師經』이다. 『藥師經』의 핵심내용은 약사여래가 보살도를 닦을 때 서원한 12대원이라 할 수 있는데, 이 중 중생을 질병과 빈궁으로부터 벗어나게 하고자 하는 현세이익적인 내용이 주목된다. 약사여래를 믿음으로써 모든 질병으로부터 벗어날 수 있다는 내용이다. 바로 이러한 내용이 약사신앙이 대중들에게 중시된 이유가 아닌가 한다.

그리고 呪禁의 經呪는 경전을 통한 주술을 의미한다고 할 때, 주금의 기능은 약사신앙적인 요소와 공통점이 발견된다고 볼 수 있지 않을까 한다. 우선 약사신앙이 경전을 통하여 치료의 기능을 하고 있는 것이 공통점으로 이해된다. 그리고 주술을 행한다는 점에서도 공통점이 찾아진다. 그러나 무엇 보다고 약사신앙이 질병으로부터 몸을 보호하기 위한 수단으로 사용되었다는 점에서 이 둘은 상관성을 가지고 있다고 할 것이다.[140] 그렇다면 주금의 기능을 담당하는 것은 약사신앙적인 요소의 하나로 보아도 크게 무리가 없다고 생각한다.

주금의 기능과 약사신앙이 연결되는 점은 다음의 기록이 주목된다.

K-1. 善德王 德曼이 병환이든지 오래 되었다. 興輪寺 僧 法惕이 불리어 병환을 볼 새 오래도록 效果가 없었다. 때에 密本法師의 德行이 國內에 알려졌으므로 左右의 신하가 바꾸기를 청하였다. 王이 宮中에 불러들이니 그는 宸仗 밖에서 藥師經을 읽었다. 經을 다 읽자마자 가졌던 六環杖이 寢室內에 날아 들어가 늙은 여우 한 마리와 法惕을 찔러 뜰아래에 거꾸로 내던지매 王의 병환이 나았다. 때에 密本의 頂上에 五色神光이 비치어 보는 사람이 모두 놀랬다.(『三國遺事』5, 신주 6, 密本摧邪)

<hr>

140) 백제불교의 呪禁 기능은 약사신앙 이외에서도 발견된다. 백제의 승려 중 呪禁기능을 가진 승려로 유마경을 통하여 질병을 치유한 백제승 법명이 보이고 있다. 법명은 維摩偈句를 암송함으로써 병을 치유하고 있다. 이와 같은 질병의 치유는 일본에 維摩會의 기원을 낳았으며, 그 후 질병이나 재해가 있을 때 즉시 승려에게 명하여 誦經토록 하게 하였다는 것은(富土川游, 『일본의학사』, 일본사연표, 1941, p.9(최병철, 앞의 글, 2001, p.73 재인용)) 呪禁의 기능이 백제의 呪禁승려에 의해 일본에서도 자리 잡게 되었음을 말해준다.

K-2. 또 承相 金良圖가 어렸을 때 갑자기 입이 붙고 몸이 굳어져 말을 못하고 몸을 쓰지 못하였다. 매양 보매 한 大鬼가 小鬼를 거느리고 와서 家中의 모든 飮食物을 맛보는데 무당이 와서 祭祀지내면 (귀신) 무리가 모이어 다투어 侮辱하였다. 良圖가 (그 무리를) 물러가도록 命令하려 하였으나 (입이 붙어) 말을 할 수 없었다. 家親이 法流寺의 僧을, 그의 이름은 傳치 않지만, 청하여 經을 轉讀케 하니 大鬼가 小鬼를 命하여 鐵槌로 중의 머리를 쳐 땅에 넘어뜨리니 피를 吐하고 죽었다. 數日後에 使喚을 보내어 密本을 맞아 오게 하였다. 使喚이 돌아와 말하되 密本法師가 우리 請을 들어 장차 올 것이라 하니 衆鬼가 듣고 모두 失色하였다. 小鬼가 말하되 "法師가 오면 避하는 것이 좋다." 하였다. 大鬼는 侮慢自若하여 "무슨 害가 있으랴." 하였다. 조금 있더니 四方에서 金甲과 長戟으로 武裝한 大力神이 나타나 群鬼를 잡아 결박하여 가고 다음엔 無數한 天神이 둘러서서 기다렸다. 얼마 안되어 密本이 와서 經을 펴기도 전에 (良圖는) 病이 나서 말이 통하고 몸도 풀리어 事實을 자세히 말하였다. 良圖가 이로 인하여 부처를 篤信하여 一生토록 게을리 하지 아니하였다. (上同)

위의 내용을 보면, 『藥師經』을 통하여 귀신을 물리치고 있음을 알 수 있다. 그리고 K-2에서 볼 수 있는 것처럼, 무당의 기도나 다른 경의 轉讀이 아니라 『藥師經』의 효력만이 강조되고 있다. 呪禁의 기능에 있어 다른 경보다 약사경이 우위에 있음을 말해주는 자료라고 하겠다.

呪禁師의 약사경신앙의 흔적을 살펴볼 수 있는 또 하나의 자료로는「新羅法師流觀秘密要術方」이 있다. 이 신라법사방은 일본 고대의 의서인 丹波康賴의 『醫心方』에 기록되어 있다. 『醫心方』은 984년에 완성된 것으로 수당 이전의 의서들을 정리해서 편찬한 것이다. 여기에는 4개의 『신라법사방』이 수록되어 있는데, 경덕왕대의 승려인 혜충법사전을 기록한 것으로 보아 경덕왕 전후의 시기에 신라법사방이 이루어진 것으로 추측된다.[141] 다음은 신라법사방의 하나인 服藥誦의 내용을 적시하고 있다.

141) 張寅成, 앞의 글, 2001, p.122.

ㄴ. 服藥頌 新羅法師方云 凡服藥呪曰 南無東方藥師瑠流光佛 藥王藥上菩薩·耆婆
醫王·雪山童子 惠施阿竭 以療病者 邪氣削除 善神補助 五臟平和 六府調順 七
十萬脈 自然通張 四體强健 壽命延長 行住坐臥 諸天衛護 莎訶(向東誦一遍乃服
藥)

위의 기록은 그 내용은 복약시에 동쪽을 향해서 한 번 외우고 복약하게
되어 있는 주문이다. 그 내용은 약사불, 약사보살 등이 병자를 치료하니 오
장육부가 조화를 이루어 건강하게 해달라는 것이다. 주문은 불교의 내용이
나 의학이론은 중국 전통의 장부이론인 점으로 보아 치료방법은 중국 전통
의학으로 보인다.[142] 위의 내용에서 살펴본 바와 같이 佛醫에게 있어 藥師
信仰이 중요한 신앙적 요소가 되고 있음을 알 수 있다. 醫王 耆婆의 존재가
이를 말해준다. 耆婆는 석가모니의 제자이다.

그렇다면 백제의 藥師信仰은 어떠한가. 앞서 살펴본 주금의 기능을 통해
백제의 약사신앙의 모습을 찾아볼 수 있다. 그러나 주금기능 외에 약사신
앙의 흔적을 밝힐 수 있는 기록은 쉽게 찾아지지 않는다. 다만 백제말기에
들어서 약사신앙이 유행하였을 것으로 보는 기록들이 보이고 있다. 백제에
서 약사신앙이 유행하였음은 『東域傳燈錄』에 백제승 義榮이 『藥師經疏』1
권을 찬술하고 있는 것에서도 확인된다.[143] 이를 통해 백제에서 약사신앙
이 유행하고 있음을 설명하는데 무리가 없다고 본다.

이제까지 義榮에 대한 관심은 소홀하였다. 그래서 의영과 관련한 논고도
빈약한 실정이다.[144] 그것은 의영과 관련한 기록이 극히 일부만 남아있는
것에서 찾아볼 수 있다. 의영과 관련하여 부딪히는 첫 번째 문제는 그의 출
신이다. 의영의 출신이 백제가 아니라 신라로 나타나는 경우가 보이기 때

142) 張寅成, 앞의 글, 2001, pp.122~123.
　　여인석, 「삼국시대의 불교교학과 치병활동의 관계」, 『醫史學』5권2호, 1996, p.200.
143) 고익진, 『한국고대불교사상사』, 동국대학교출판부, 1989, p.128.
144) 의영과 관련한 논고는 그의 유식사상을 살펴본 이만, 「백제 의영의 유식사상 -佛乘說
　　을 중심으로-」, 『한국불교학』19, 1994가 유일하다.

문이다.145) 그러나 이러한 표기는 의영의 활동이 백제멸망 이후까지 이어지면서 발생한 것으로 풀이된다.146) 즉, 백제에서 출생한 의영은 의자왕 20년 백제 멸망 이후 그의 출생지가 백제가 아닌 신라로 표기된 것이다. 이는 그의 출신이 백제임을 보여주는 저술상의 기록을 통해 확인할 수 있다.

현재까지 알려진 그의 저서로는 『藥師本願經疏』(1권)147)와 『瑜伽師地論義林』(5권)148) 등이 있다. 그런데 『약사경』의 주석서 밑에 '百濟義榮師述'라 표기하고 있어서 의영이 본래는 백제인이었음을 알 수 있는 것이다. 그렇다면 의영은 그 활동시기가 백제가 신라에 병합된 7세기 말엽이었을 것으로 추측해 볼 수 있다. 이는 백제 말기에 약사신앙이 성행하였을 가능성을 말해준다.

그런데 이 시기 백제승려들의 활동은 주로 『日本書紀』나 『本朝高僧傳』 등 일본측 자료에서 찾아진다. 그 중 주목되는 승려가 다상이다. 다상은 誦經으로 병자를 고친 백제인으로서 일본에 귀화하여 和州 法器山寺의 승려로 있었다.149) 다상은 神呪를 誦함으로써 중생을 제도하는 것을 전업으로 삼고 있었는데, 그가 誦經하면 죽어가던 사람도 소생하였기 때문에 병자가 문에 넘쳐나고 기이한 일이 많았다고 한다. 여기서 신주를 誦함으로써 질병을 치유하고 있음은 다상이 呪禁의 기능을 가지고 있었음을 말해준다고 하겠다. 여기서의 신주가 약사경의 송경을 말하는지에 대해서는 확인할 수 없으나, 적어도 주금기능이 행해지고 있음은 분명하다.

백제에서의 약사신앙은 사비시대 초기에는 이미 전개되고 있었던 것으로 보인다. 주금사의 활동이나 약사신앙의 연원을 『法華經』에서 찾아볼 수 있는 것들이 그 배경이 된다.

---

145) 最澄撰, 『守護國戒章』 下之中(『大正藏』74, 224a)에 "大唐諸師 潤賓等 新羅曉榮等 ……." 및 上同, 卷下之上(『大正藏』74, 222b)에, "靈潤師 義榮師 元曉師 七寶臺 ……."
146) 이만, 앞의 글, 1994, p.3.
147) 永超集, 『東域傳燈目錄』(『大正藏』55, 1152b)
148) 永超集, 『東域傳燈目錄』(『大正藏』55, 1156c)
149) 이능화, 『조선불교통사』, 신문관, 1919, p.45.

結論

結論 -古代 동아시아사에서의 百濟佛教-

百濟의 사비시대는 동아시아사에서 6~7세기에 해당된다. 이 시기 백제사는 급변하는 동아시아 국제질서와 긴밀한 관련 속에서 전개되고 있다. 百濟는 中國의 南北朝와 뒤를 이은 隋·唐, 그리고 高句麗와 新羅, 倭 등과 국제환경의 변화에 따라 다양한 형태의 외교관계를 맺으면 발전을 꾀하고 있는 것이다.

百濟는 위덕왕대에 이르러 南朝에 치우쳐 있던 외교관계를 北朝로까지 확대하게 된다. 이후 隋가 건립된 이후에는 삼국 중 처음으로 隋에 사신을 파견하는 기민함도 보여준다. 제주에 표류한 隋의 선박을 송환하면서 隋의 통일을 축하하는 사절을 보내고 있는 모습이 이를 말해준다. 그 후 百濟는 高句麗의 정벌을 요구하는 등 隋와의 관계를 적극적으로 전개해 나가고 있다.

백제가 唐과 관계를 맺은 것은 武王이다. 武王은 당이 건국한 3년 뒤인 재위 22년(621)에 당으로 사신을 파견하고 있다. 그런데 백제가 당과의 외교관계를 성립시킨 것은 고구려나 신라에 비해 시기적으로 늦다. 백제가 수의 통일을 축하하는 사절을 보내는 등 발 빠르게 움직이고 있는 것과는 대조적이다. 그러나 무왕은 외교관계의 성립시기와는 달리 당과의 외교에 적극성을 보이고 있는 것이 주목을 끈다.[1]

그런데 의자왕대에 들어서서 백제와 당의 관계는 변화하고 있다. 의자왕은 당과의 긴밀한 외교관계에서 벗어나 독자적인 외교노선을 걷고 있는 것이다. 백제 의자왕은 신라를 압박하기 위해 고구려와의 관계를 긴밀히 하면서 당과는 독자적인 외교관계를 전개해 나가고 있다.

이처럼 6~7세기 동아시아는 국가간 외교관계가 급변하는 시기이다. 백제는 高句麗와 新羅, 倭, 그리고 隋, 唐과 다양한 외교관계를 수립하고 있는

---

1) 김수태, 「백제의 멸망과 당」, 『백제연구』22, 1991, pp.152~158. 이하 백제와 당의 관계도 참조하였음.

것이다. 백제가 다양한 외교관계를 성립해 나갈 수 있었던 것은, 이 시기가 중국의 경우 南北朝의 혼란함을 극복하고 隋와 唐이라는 통일된 국가의 출현으로 이어지는 것에서 찾아진다. 사비시대 동아시아는 이처럼 혼란을 극복하고 통합으로 나아가는 격동의 시대에 걸쳐있었던 것이다.

이러한 6~7세기 동아시아의 시대적 분위기 속에서 백제불교는 어떠한 모습으로 나타나고 있는가. 백제는 南北朝에 이어 隋·唐과도 불교관계를 맺고 있다. 당시 隋와 唐의 불교가 어떠한 양상으로 전개되고 있으며, 또한 백제에 영향을 미치고 있는 구체적인 모습이 어떠하였는지 살펴보기는 힘들다. 다만 불상을 통하여 隋代의 불교가 백제에서 전개되고 있음이 찾아진다.

隋代의 불상양식이 7세기 백제의 불상에 투영되어 있다.[2] 익산 연동리 석불좌상은 수대 후기의 여래좌상 양식을 반영하고 있으며, 일본에 건너간 규암출토 금동보살입상도 隋末唐初의 양식을 반영하고 있다. 이를 통해 볼 때 백제는 수의 불교와 일정한 관련을 가지고 있음을 알 수 있다. 그리고 이러한 교류는 당대에 까지 연결되고 있는 것으로 보인다.

그렇다면 隋의 불교는 어떠한가. 중국 북조의 불교는 北周 武帝의 폐불에 의하여 대탄압을 받았던 불교교단이 隋에 이르러 급속히 부흥하는 모습을 보여준다. 이러한 불교의 부흥은 隋 文帝가 북주로부터 선양을 받아 즉위한 다음 달인 開皇 元年(581) 3월에 칙령을 내려 한족이 명산으로 신성시하던 五岳에 절을 한군데씩 세우고 있는 모습이 주목된다.

그리고 開皇 3년(583)에도 칙령을 내려 "살리는 것을 좋아하고, 죽이는 것을 싫어함은 王政의 本이다."라고 하여 불교정신에 입각하여 京城과 諸州의 官立寺院에서 정월과 5월, 9월에 각각 8일부터 15일까지 行道케하여 行道日에 살생을 금하였다는 것[3]에서 그 특징이 찾아진다.

이러한 隋代의 불교적 성향은 토벌했던 지역에 사원을 1개소씩 건립하여

---

2) 김춘실, 「백제 7세기 불상과 중국불교」, 『선사와 고대』15, 2001.
3) 鎌田茂雄 著, 鄭舜日 譯, 『中國佛教史』, 경서원, 1985, p.155.

보살을 머물게 하였다는[4] 기록을 살펴봄으로써 이해할 수 있다. 토벌하였던 지역에 불교사원을 건립함으로써 불교적인 통치기반을 갖추고자 하는 의도를 분명히 하고 있는 것이라 보기 때문이다. 그리고 여기에는 토벌하였던 지역에 대하여 사찰을 중심으로 한 치국의 모습도 살펴볼 수 있지 않을까 한다. 이러한 통제는 모든 사회구성원들이 불교에 귀의할 수 있는 길을 열어놓는 것으로 가능한 것이라 할 수 있다. 그래서 수대의 불교에서 불교적 의례를 자주 찾아볼 수 있다. 특히 의례는 王公이하 서민들까지도 포섭의 대상으로 하는 것이다.

이러한 수의 불교는 백제에서도 그 유사성을 발견할 수 있다. 이는 법왕의 예에서 발견된다. 法王은 五岳 중 하나인 北岳에 烏合寺를 창건하고 있다. 그리고 법왕은 금살생령도 내리고 있다. 여기서 오합사의 창건은 오악에 사찰이 창건되는 것으로 유일하게 기록에 남아 있는 것이라 할 수 있다. 그런데 이러한 예는 일찍이 중국에서도 수대에 이르러 처음 그 예가 보이는 장면이다.[5] 그렇다면, 법왕의 오합사 창건 실례는 수의 불교에서 찾을 수 있지 않을까 한다. 이는 한편으로 불교가 지방으로 확신되어 갈 수 있는 토대가 되기도 한다.

법왕의 이러한 의도는 금살생령을 통해서도 확인할 수 있지 않을까 한다. 隋 문제가 칙령을 내려 살리는 것을 좋아하고, 죽이는 것을 싫어하는 것을 王政의 本으로 삼았다는 것은 법왕의 의도와 부합되는 면이 있기 때문이다. 이 당시 수와 백제는 외교적으로 서로 긴밀하게 연결되어 있었다는 것은 이러한 가능성을 보완해 준다고 할 수 있다.[6]

---

4) 『廣弘明集』28.
5) 신라의 경우 오악을 크게 강조하고 있는데, 이는 삼국 통일 이후의 현상으로 보아야 할 것이다.
6) 법왕이 수 문제의 불교정책을 인지하였을 가능성은 있다고 본다. 당시 외교관계 속에서 수가 불교에 많은 관심을 가지고 있었고, 백제 또한 불교에 깊은 관심을 가지고 있었다고 보기 때문이다. 따라서 양국은 불교적인 면에서 서로 영향을 미치고 있었을 가능성이 많다고 하겠다.

백제불교와 수 불교의 공통점은 사리탑 건립과 관련하여서도 살펴볼 수 있지 않을까 한다. 隋는 仁壽年間(601~604)에 사리탑 건립사업을 추진하고 있는데, 이는 중국 불교사상 획기적인 사실로 후세에 큰 영향을 미치고 있다.[7] 수의 문제는 仁壽年間에 전국에 걸쳐 똑같은 사리탑 111기를 동시에 세우도록 하고 있다. 이는 인도 아소카왕이 84,000탑 조영의 고사를 본 뜬 것으로 알려져 있다.[8]

이 당시 사리탑 건립의 과정에서 나타난 반응을 보면, 사리탑 조성의 배경을 짐작해 볼 수 있다. 수의 王邵가 文帝의 명을 따라 인수사리탑을 세우고, 그 과정을 기록한 「舍利感應記」의 내용은 당시 사리탑 건립과정을 상세히 보여주고 있다. 다음의 내용이 그것이다.

A. 사리를 장차 석함에 넣으려 할 때, 대중이 그 주위를 에워싸자 沙門이 寶瓶(사리를 봉안한 瓶)을 높이 들어 사부대중에게 돌려가며 보여주었다. 사람들은 저마다 눈을 비비고 쳐다보았는데, 함께 광명을 목도하였다. 그러자 사람들은 슬퍼하며 울음을 터뜨리니 그 소리가 마치 우레와 같았으며, 천지가 변동하는 것처럼 보였다. 무릇 이처럼(사리감을) 안치하는 곳마다 모두가 이와 같았다.

위의 내용을 보면, 사리탑을 봉안하는 과정에서 감정적인 대응이 구체적으로 표현되어 있다. 그리고 이러한 반응은 모든 인수사리탑이 봉안되는 과정에서 나타나는 현상으로 밝히고 있다. 그렇다면, 수의 문제는 인수사리탑의 조성과정에서 일체의 인민들의 마음을 불교를 통해 흡수하고자 하였던 의도가 반영되었던 것으로 볼 수 있다. 그리고 이러한 사리탑의 건립은 隋가 추진하는 불교치국책의 철저함을 보여주는 예라 할 수 있다. 불교를 통한 신념의 확고함을 가져올 수 있기 때문이다. 이는 수의 문제가 밝히고 있는 다음의 조칙을 통해 확인된다.

---

7) 山崎宏,『支那中世佛敎の展開』, 淸水書店, pp.331~345.
8) 신대현,『한국의 사리장엄』, 혜안, 2003, pp.80~81.

B. 朕은 三寶에 귀의하니, 불교를 중흥하고, 四海 안에 있는 일체의 人民과 더불어 생각하고 함께 보리심을 발현하기를 바란다(『광홍명집』권17).

　위에서 수의 문제는 불교에 귀의하고 四海 안의 모든 인민들 또한 불교에 귀의하길 바라고 있다. 이와 같이 수의 문제가 모든 인민들이 보리심을 발할 수 있기를 바라고 있는 것은 바로 사리탑의 건립과 관련하여 생각해 볼 수 있는 것이다. 사리탑의 건립은 왕권의 고양과 관련이 있다. 그리고 이러한 왕권의 고양은 불교를 통해 전개되고 있는 것이다. 이러한 수의 불교는 백제에 일정한 부분 영향을 주었을 것으로 본다.

　이처럼 백제는 수의 불교와도 밀접하게 연결되어 있었을 가능성은 많다. 그러한 영향은 백제의 불교에서 그 모습이 투영되어 있었을 가능성이 있는 것이다. 그리고 수대의 불교가 국가종교로서 색채를 농후하게 가지고 있었다면,[9] 백제 또한 불교를 국가불교의 위치까지 격상시키려 하였을 것으로 본다. 법왕이 칠악사를 찾아 기우제를 지내고 있는 것은 기존의 토착신앙적인 기우제에서 탈피하여 불교적인 의례로 고착화 되고 있음을 말해주는 것이라 할 수 있다. 이러한 의례가 가능하였던 것도 이 당시에 이미 불교가 기층세력에게까지 확대되어 있었음을 말해주는 것이라 할 수 있다. 그렇기 때문에 법왕의 칠악사 기우제가 가능하였다고 본다. 그리고 이는 법왕이 불교를 국가불교화 하려는 의도를 보여준 것이라 할 수 있다.

　백제가 唐代 불교와도 관계하고 있음은 백제의 學問僧이 자유롭게 唐에 출입하고 있는 것에서 찾아진다. 그리고 백제승 智照의 귀국을 허락하고 있는 내용도[10] 백제와 당의 불교교류가 진행되고 있었음을 말해준다.

　그런데 동아시아 불교는 7세기 중반에 들어서서 위축되고 있다. 중국에 있어 唐은 기존 북조세력들의 불교적 전통을 억제하기 위해 서역에서 공부하

---

9) 鎌田茂雄 著, 鄭舜日 譯, 앞의 책, 1985, p.156.
10) 주보돈, 「『文館詞林』 소재 外交文書」, 『금석문과 신라사』, 지식산업사, 2002, pp.374~375.

고 돌아온 玄奬을 전면을 내세우고 있다.[11] 이는 다분히 정치적인 고려에서 기인한 것으로 보인다. 이러한 唐의 입장은 초기부터 도교의 입장에서 폐불론이 제기되었던 것에서 읽어볼 수 있다. 실제로 불교계는 이러한 폐불의 움직임도 감지하고 있었다고 한다. 唐代의 불교는 도교중심으로 전개되면서 위축되고 있는 모습이다.

그런데 이러한 모습은 고구려에서도 찾아지고 있다. 고구려는 연개소문이 등장하면서 도교를 숭상하고 불교를 멀리하는 경향까지 보이고 있다. 고구려의 普德이 고구려를 떠나 백제로 향하고 있는 것도 이와 관련이 있다. 7세기 중반 삼국의 통일기에 활동한 普德은 고구려 불교에서 중요한 위치를 차지하고 있다. 그럼에도 불구하고 고구려를 떠나 백제로 이동하고 있는 것은 당시 고구려 불교계가 상당히 위축되어 가고 있음을 말해주는 것이라 하겠다.

그러나 백제에 있어 불교가 위축되는 있는 내용을 찾아볼 수 없다. 다만 普德이 고구려를 떠나 백제로 이동하고 있는 것은 당시 백제가 불교에는 관대하였기 때문이 아닐까 추론해 볼 수는 있다고 본다. 그렇지만 의자왕대에 불교와 관련한 기록이 보이지 않는 것은 당시 백제도 불교를 크게 장려하지 않았던 것으로 추론할 수 있게 한다.[12] 이러한 내용은 천왕사와 왕흥사 등 사찰에 災異와 관련한 기록들이 보이는 것에서 찾아진다. 그러나 道琛의 활동은 백제 말기에 있어 불교가 여전히 중요한 사상적 위치를 점하고 있음을 말해준다.

그렇다면 이처럼 격변하던 시기에 百濟의 불교는 동아시아 역사에서 어떠한 기능을 하고 있는가. 이는 百濟 佛敎信仰이 당시 동아시아 佛敎의 흐름 속에서 어떻게 전개되고 있는가 하는 의문과 함께한다. 聖王이 중국의

---

11) 정선여, 「고구려불교사연구」, 충남대 대학원 박사학위논문, 2005, pp.110~111, 주 137 · 138 참조.
12) 의자왕대에 나타나는 사찰과 관련한 災異의 기록은 비록 장려는 아니지만 여전히 불교가 중요한 사회적 기능을 담당하고 있음을 말해준다.

梁으로부터 『涅槃經』을 수용하고 있는 내용은 동아시아 불교의 흐름 속에 전개되는 백제불교의 면면을 보여준다. 특히 이 당시 釋迦佛信仰이나 彌勒信仰은 동아시아 佛敎信仰의 흐름 속에서 백제불교의 특성을 찾아볼 수 있는 좋은 자료이다.

釋迦佛信仰은 당시 동아시아에서 공통적인 신앙으로서 자리하고 있었던 것으로 보인다. 중국의 梁이 釋迦佛信仰을 동아시아의 각국에 전파하고 있는 것에서 찾아진다. 백제는 또한 釋迦佛信仰을 일본에 전하고 있는데, 그 기록이 『日本書紀』를 통해 확인된다. 이를 통해 볼 때, 백제의 佛敎는 당시 동아시아 불교의 흐름과 맥을 같이하면서 전개되고 있음을 찾아볼 수 있다. 백제는 중국에서 수용한 佛敎를 독자적으로 발전시킨 후, 다시 일본으로 전하고 있다.

이 당시 백제불교는 일본에 전해지고 있는데, 그것은 경론을 바탕으로 한 사상적 이해와 불상이나 사원 조영 등 다양한 양상으로 전개된다. 이러한 영향이 가능했던 것은 백제불교가 중국과의 빈번한 교류를 통해 여러 가지의 경전을 받아들여 불교에 대한 이해의 폭을 넓히고 있었던 것에서 찾아진다. 특히 성왕대에 계율에 대한 강조는 일본 불교에 영향을 미치고 있다.

百濟佛敎가 日本에 전해지는 모습은 여러 곳에서 발견된다. 특히 善信尼 등이 百濟에서 戒律을 배워 일본불교의 도대를 닦고 있는 것이 주목된다. 이는 당시 백제불교의 발전 정도를 보여준다고 할 수 있다.

백제는 지속적으로 일본에 승려를 파견하고 있다. 554년에 曇惠 등 9인을 道深 등 7인과 교대하여 보내고 있으며, 577년에는 經論과 律師, 禪師, 比丘尼, 呪禁師, 造佛工, 造寺工 등을 보내고 있다. 이 외에 미륵석상 등 불상을 보내고, 瓦博士 등 사찰건립에 필요한 기술인력도 보내고 있다.

百濟僧 惠聰은 法興寺가 창건되면서 이곳에 주석하고 있다. 또한 觀勒은 일본 불교계가 승정제를 실시할 수 있도록 해주고 있다. 나아가 『法華經』, 『三論學』과 『成實論』 등 교학적인 전파는 당시 백제불교가 동아시아 불교에서 차지하는 비중을 짐작케 한다. 특히 의자왕대에 일본으로 건너간 道藏은 기우제를 지내는 등 왕성하게 활동하고 있다. 그런데 이러한 불교의

전파는 백제가 멸망한 이후에도 지속됨으로써 일본불교가 기틀을 마련하는데 큰 역할을 하고 있다.

백제불교는 日本 뿐만 아니라 신라에도 영향을 미치고 있다. 위덕왕대에 이미 眞慈를 통하여 彌勒信仰이 신라와 관련되어 있음이 확인된다. 신라의 彌勒信仰이 일정한 부분에 있어 백제의 영향을 받고 있음을 보여준다. 그러나 신라와의 관계는 彌勒信仰에만 국한되지 않는다. 彌勒信仰에서 보여주는 淨土信仰의 모습은 阿彌陀信仰과 연결되어 있을 가능성이 그것이다.

실제로 백제가 멸망당한 이후에 阿彌陀信仰의 흔적이 찾아진다. 연기 지방에 은거한 백제의 유민들 사이에 나타난 淨土信仰의 흔적이 그것이다. 문무왕 13년(673)과 신문왕 9년(689)에 백제유민인 眞氏와 全氏 등에 의해 조성된 「癸酉銘阿彌陀三尊石佛造像記」와 「己丑銘阿彌陀佛及諸佛菩薩石像造像記」가 이를 잘 말해준다. 이러한 阿彌陀信仰은 백제가 멸망하기 이전부터 전개되고 있었던 신앙이다.

이러한 백제불교의 흐름은 憬興을 통해서도 살펴볼 수 있다. 憬興은 웅천주 출신으로 18세에 승려가 되어 經 論 律 三藏에 통달하였다. 681년에는 文武王의 유언에 따라 神文王에 의해 당시 신라불교의 최고직인 國老가 되었다. 이런 憬興은 三郎寺에서 저술에 정열을 쏟으며 法相宗을 비롯한 불교의 발전에 힘을 쏟고 있다. 여기서 憬興의 활동은 당시의 백제불교의 흐름을 파악할 수 있는 중요한 단초가 된다고 본다. 이는 당시의 백제 교학수준이나 彌勒信仰 등의 신앙적인 면이 통일신라에 영향력을 미치고 있음이 살펴지기 때문이다. 이와 같은 이유에서 新羅는 백제유민의 포섭정책과 함께 백제불교도 흡수하려는 노력을 전개하고 있는 것으로 보인다.[13]

이러한 백제유민 승려의 활동은 신라 하대에 이르러서도 그 움직임이 보이고 있다. 그 대표적인 승려로 眞表를 들 수 있다. 백제유민으로 자처했던

---

13) 김수태, 「烏合寺」, 『성주사와 낭혜』, 서경, 2001. 이하 眞表와 관련한 내용도 참조하였음.

眞表는 彌勒信仰에 바탕을 둔 계율을 강조함으로써 이상국가의 건설을 꿈꾸고 있다. 眞表의 彌勒信仰은 백제의 彌勒信仰과 밀접한 관련 속에서 전개되고 있다. 이는 眞表의 활동이 단순한 백제의 전통계승에 머물지 않고 백제의 정신을 부흥시키려는 시도까지로 이해할 수 있는 부분이다. 이러한 이유에서 신라왕실은 眞表를 회유하려 하였을 것이다.

그러나 멸망 이후 백제불교의 흐름을 살펴볼 때, 무엇보다 강조되는 것이 『涅槃經』이다. 普德과 元曉의 관계는 백제불교가 동아시아 속에서 어떠한 위치를 차지하고 있는지를 간접적으로 설명해 준다고 할 수 있다. 이는 元曉의 사상이 당시 동아시아에서 중요한 사상적 맥락을 이어갔다고 할 때 더욱 설득력을 갖는다. 元曉는 普德으로부터 『涅槃經』을 수업하고 있으며, 이런 普德은 고구려에서 백제로 이주하고 있는 것이다. 이러한 이주는 백제지역에서 당시 『涅槃經』에 대한 연구가 이루어지고 있었기 때문에 가능한 것이라 본다.

이러한 사실에서 百濟의 불교가 통일신라시대에도 그 중심사상으로 자리하고 있음을 살펴볼 수 있다. 이는 백제의 불교가 멸망 이후 그 흐름이 끊긴 것이 아니라 유민들의 활동에 의해 꾸준히 그 맥을 이어가고 있음을 말해주는 것이라 할 수 있다.

이처럼 6~7세기 동아시아에서 전개되는 불교의 한 흐름을 담당하였던 百濟의 佛教는 멸망 이후에도 주변국에 꾸준히 영향을 미치고 있다. 그리고 앞서 내용에서 살펴본 바와 같이 백제의 佛教信仰은 동아시아 불교흐름 속에서 독자적으로 발전하면서도 국제적인 성격을 가지면서 전개되고 있는 것이다. 그렇기 때문에 백제불교는 멸망 이후에도 그 생명력을 가지고 지속되고 있는 것이라 볼 수 있다.

이제까지 백제 사비시대의 불교신앙을 고대 동아시아사의 관점에서 살펴보았다. 이제까지의 내용을 요약하면 다음과 같다.

제1장에서는 百濟佛教의 신앙적 토대에 대해 알아보았다. 백제의 불교신앙이 독자적으로 발전하는 모습 이면에는 중국의 불교신앙이 전해져 영향

을 미치고 있음을 살펴본 것이다. 이는 중국의 불교신앙이 전개되고, 백제
와 중국과의 외교관계 속에서 불교관계 또한 밀접하게 연관되어 있기에 가
능하였다. 그리고 중국의 불교신앙을 찾아봄으로써 비교적 자료가 적은 백
제 불교신앙의 면면을 찾아볼 수 있었다.

특히 南朝의 불교문화는 백제와 깊은 관련이 맺고 있다. 백제가 중국 남
조의 문화에 경도될 만큼, 불교문화의 수용에 적극적이었던 것이다. 그러
나 백제의 불교는 북조와도 관계를 가지면서 발전하고 있다. 위덕왕대 이
후 성립된 외교관계를 토대로 불교문화를 적극적으로 받아들이고 있다.

중국불교의 수용이 백제 불교신앙의 외적인 토대가 된다면, 내적으로 제
도적인 측면을 살펴볼 필요가 있다. 이는 도승제를 통해서 살펴진다. 백제
사비시대의 도승은 불교신앙의 확산에 크게 기여하였을 것으로 본다. 도승
은 출가와는 달리 왕권의 통제와 관련이 있다. 그런데 그 대상은 귀족층뿐
만 아니라 일반인까지도 관련되었을 가능성이 있기 때문이다. 따라서 도승
제의 실시는 백제의 불교신앙이 확산되어 가는 과정으로 이해할 수 있다.
그리고 백제불교의 신앙적 토대로 작용하고 있다.

그런데 이런 度僧은 정치적인 면과도 연결된다. 威德王代에 실시된 度僧
은 威德王과 諸臣간의 타협으로 이루어지고 있다. 그리고 諸臣 가운데는
불교옹호세력과 聖王代에 전제왕권의 구축과정에서 활동한 측근세력도 포
함되어 있는 것으로 생각된다. 威德王은 또한 度僧과 더불어 능산리 사원
을 창건하고 있으며, 이 과정에서 사리감을 안치하고 있다. 佛舍利信仰과
연결되는 사리감은 威德王이 왕권회복을 위해 노력한 모습이다. 이처럼 度
僧과 능산리 사원의 창건이 연결되고 있는 만큼, 度僧은 威德王이 왕권의
회복을 위한 노력의 과정 중에서 실시한 것으로 생각될 수 있다.

法王代 실시된 度僧은 威德王代에 실시된 것과는 성격을 달리한다. 法王
代의 度僧은 法王의 결정으로 실시되었기 때문이다. 法王代의 度僧은 禁殺
生令・왕흥사의 창건과 일정한 관계를 가지고 있다. 그리고 法王이 칠악사
에서 기우제를 지내고 있는 것은 일반 백성들까지도 기우제의 형식에 대한
공감대를 형성하고 있었기 때문으로 풀이된다. 그것은 이미 이 시대에 佛

敎가 많이 확산되어 있었음을 의미한다. 度僧은 佛敎의 확산과정에서 일정한 역할을 하였을 것이다. 度僧이 일반 백성들을 대상으로 하였을 가능성이 이를 뒷받침해준다.

제2장 불교신앙의 국가적 전개에서는 먼저, 성왕대 사비천도 이후 진행된 개혁정책의 사상적 중심으로 열반경이 갖는 의미를 고찰해 보았다. 성왕의 사비천도는 불교사적으로도 하나의 분기점이 되었을 것으로 보았기 때문이다. 성왕은 사비천도 이전에 彌勒信仰을 바탕으로 하는 戒律에 깊은 관심을 보여주고 있으나, 사비천도 이후에는 『涅槃經』에 기초한 계율에 큰 관심을 보여준다. 그리고 釋迦佛信仰에도 관심을 갖고 개혁정책을 추진하고 있는 것으로 보인다. 이 과정에서 성왕은 彌勒信仰도 함께 추구해, 귀족세력과의 조화 속에서 불교를 신앙하고 있다. 그리고 이러한 신앙은 『涅槃經』의 계율을 강조하는 경향으로 이어지고 있는 것이다. 성왕대의 『涅槃經』은 사비천도 이후 개혁정책을 추진하는 과정에서 사상적으로 뒷받침해주고 있다.

미륵신앙의 상생신앙과 하생신앙은 별개의 신앙으로 존재하지 않는다. 두개의 신앙은 서로 분리되어 있는 것처럼 보이지만, 실제적인 면에서는 양자의 요소를 모두 가지고 있다.

백제 사비시대의 미륵신앙은 지역을 달리하면서 각각의 특성을 보여준다. 웅진지역의 경우 백제 미륵신앙이 수용된 지역으로서의 특성을 보여준다. 신라 眞慈가 웅진을 찾고 있는 것도 이와 무관하지 않다. 또한 웅진지역은 미륵상생신앙적인 요소를 강하게 가지고 있다. 사비지역의 미륵신앙은 공덕신앙적인 요소를 가지고 있다. 이는 왕흥사를 통해서 살펴진다. 왕이 行香하기 위해 왕흥사를 찾는 과정은 사비지역의 미륵신앙이 갖는 성격을 말해준다. 익산지역의 미륵신앙은 상생신앙적인 요소도 가지고 있지만, 하생신앙이 매우 강조되는 모습이다. 이것은 익산에서의 미륵신앙이 웅진지역에서 왕권이 귀족세력과 조화를 꾀하고 있는 것과는 달리 왕권 우위의 신앙적인 모습을 보여주고 있음을 말해준다. 이는 왕권의 전제화와 관련이 있다.

호국불교의 신앙으로 인식되는 帝釋信仰과 四天王信仰의 흔적은 백제불교의 천신신앙의 관점에서 찾아진다. 여기서 帝釋信仰은 효와 관련이 있다. 무왕이 帝釋寺를 창건한 배경은 모후에 대한 효의 관념이 깔려 있다. 이는 무왕이 익산을 강조하는 것과 맥을 같이 한다.

백제의 四天王信仰은 『三國史記』의 기록을 통해 확인된다. 더욱이 「天王」이 새겨진 기와를 통해 四天王信仰의 존재를 찾아볼 수 있다. 이런 四天王信仰은 호국불교와 상관성을 가지고 있다. 호국불교적인 성격은 신라나 일본의 예에서 찾아볼 수 있다. 그리고 「天王」이 새겨진 기와가 발견되는 지역을 통해서도 뒷받침된다고 볼 수 있다. 여기에 四天王信仰의 근본경전이라 할 수 있는 『金光明經』의 성격에서도 유추가 가능하다. 『金光明經』은 사비시대 초기에는 이미 수용되었을 것으로 본다. 중국의 양에서 이미 『金光明經』이 중요한 경전으로 자리하고 있었던 것도 이의 가능성을 높게 한다.

四天王信仰이 호국불교적인 성격을 가지고 있는 것은 왕권과 밀접한 관계 속에서 국토 재편성의 사상적 뒷받침이 된다. 이러한 국토의 재편성은 국방과 밀접한 관련을 맺으면서 호국신앙의 강화된 면모를 보여주고 있다. 이러한 호국신앙은 왕권의 강화와도 맥을 같이 한다. 국토방위와 관련한 일련의 조치들이 곧 왕권을 중심으로 전개되고 있는 것이 왕권과의 관련성을 말해준다.

제3장 佛敎信仰의 社會的 擴散에서는 法華信仰과 藥師信仰에 대해 살펴보았다. 法華信仰의 유행이 지방에서 일어나고 있는 이유를 살피고, 이러한 영향으로 불교가 확산됨을 아울러 알아보았다. 玄光은 혜사로부터 법화안락행의를 은밀히 전수받고 수행하여 법화삼매를 증득하게 된다. 玄光의 법화삼매는 혜사의 법화삼매와 깊은 관련이 있을 것으로 보인다. 그것은 혜사의 법화안락행의와 연결되기 때문이다. 혜사의 법화안락행의는 자신이 수행 중에 겪었던 북조불교와 관련되어 있다. 혜사는 북조불교에서 말세를 보았고, 이러한 말세사상이 법화안락행의에 투영되어 있는 것이다. 이러한 혜사의 사상은 그대로 玄光에게로 전해진 것으로 볼 수 있다.

그런데 이 당시 백제는 북조와 매우 밀접한 관련을 맺어가고 있다. 위덕왕은 북조와의 외교관계를 성립하면서 빈번한 접촉을 전개하고 있는 것이다. 이러한 백제의 북조와의 관계는 玄光에게도 일정한 영향을 미치게 된 것으로 보인다. 玄光의 스승인 혜사가 玄光의 법화삼매를 인가해주면서 귀국하여 교화활동을 전개할 것을 당부하고 있으나, 혜사의 입적 이후에도 한참 동안 중국에서 활동하는 것에서 추론하였다.

이제까지 玄光의 귀국은 법화삼매의 증득과 가까운 시기로 인식되어 왔다. 그러나 玄光의 제자인 혜민의 전기를 보면, 玄光의 귀국연대는 위덕왕 37년 이후로 보인다. 이는 앞서 설명한 바와 같이 백제가 북조와의 관계가 빈번해지면서 귀국 이후에도 교화활동에 있어 걸림돌이 될 수 있다는 판단에서 기인한 것이 아닌가 한다. 玄光이 귀국 후 웅산에 모옥사찰을 건립하고 있는 것도 이와 같은 맥락에서 이해된다.

이러한 玄光의 교화활동은 그의 제자들에 의해 확산되어 갔을 것이다. 그리고 이러한 교화활동의 과정에서 惠顯과의 접촉 가능성도 상정해 볼 수 있지 않을까 한다. 이는 惠顯의 교학이 현광과 일정한 관련이 있을 것이란 추론을 가능하게 한다.

惠顯은 처음부터 수덕사에 주석하면서 『法華經』을 송독하고 있다. 그런데 惠顯은 번잡함을 피하여 강남의 달나산으로 옮기고 있다. 그것은 앞서 살펴본 玄光의 사상적 맥락에 닿아 있는 것이 아닌가 한다. 玄光의 수행이 지계와 선정에 있는 만큼, 개인적인 계율의 강조와 수행방식을 택하고 있기 때문이다. 그렇다면, 이러한 惠顯의 달나산 이주도 지명법사와의 주도권 다툼에서 비롯된 것이 아니라고 생각된다.

백제 사비시대의 法華信仰은 觀音信仰과도 관련이 있다. 백제 觀音信仰은 태안의 마애삼존불을 통해 확인된다. 그리고 일본에서의 「선광사연기」와 楊柳觀音像을 통해 확인되는데, 이는 질병의 치유와 관련이 있다.

이어 藥師信仰과 呪禁師에서는 불교의학이 백제에 수용되면서 주금기능이 강화되는 모습, 그리고 이러한 과정은 약사신앙의 전개로 이어지고 있음을 함께 고찰해 보았다.

이러한 주금의 기능이 楊柳觀音信仰과 연결되어 있음이 발견된다. 楊柳

觀音信仰은 주술을 통하여 질병을 치료하는 기능을 가지고 있기 때문이다. 백제는 이러한 楊柳觀音을 신앙하고 있었다. 그런데 이러한 楊柳觀音은 약사신앙과도 연결된다. 이는 두 신앙이 『法華經』에 근거하고 있는 공통점에서 발견된다. 이렇게 볼 때 약사신앙이 사비시대 초기에는 신앙되고 있음을 살펴볼 수 있다. 따라서 백제 불교신앙에서의 약사신앙의 존재도 살펴볼 수 있었다.

이제까지 백제 사비시대의 불교신앙의 내용을 요약해 보았다. 이제 백제 불교신앙에 대한 연구에서 미진하다고 생각되는 점을 살펴보고자 한다.

우선 살펴볼 수 있는 것이 백제 불교신앙에 있어 연구과제이다. 이는 연구 대상의 확장문제와 관련이 있다. 백제불교의 경우 신라와는 다르게 그 주제가 한정되어 있음이 살펴진다. 이제까지의 법화신앙 · 미륵신앙 등 극히 일부분에 대한 연구가 진행되었을 뿐이다. 그러나 앞으로의 연구에 있어서는 대상이 되는 신앙의 폭을 넓힐 필요가 있다고 본다. 그것은 경전뿐만 아니라 고고미술사적인 측면에서 함께 고려되어야 한다.

그 중에 미술사적인 측면에서의 접근이 확대되어야 한다. 문헌사적인 한계를 극복하고, 새롭게 백제불교의 흔적을 찾아볼 수 있는 분야로서 백제불교에 대한 미술사적인 접근이 필요한 것이다. 백제불교는 관련된 자료가 영성함이 누누이 지적되고 있다. 따라서 미술사학의 입장에서 백제불교를 천착하고 있는 현상은 매우 반가운 사실로 받아들여진다.

다음에 살펴볼 수 있는 것이 교학적인 측면에서의 백제불교에 대한 접근이다. 교학적인 접근이 이루어질 수 있는 충분한 자료가 확보되어 있다고 볼 수는 없지만, 교학적인 면에서의 접근을 통하여 백제불교의 모습을 복원해 낼 수 있다고 본다.

불교신앙이 확산되어 가는 과정에 대한 연구도 진행되어야 한다. 고대사회의 지배이데올로기로 작용하였던 불교는 피지배층에도 상당한 영향을 미쳤을 것이란 것에는 이의가 없다. 다만 시기적으로 불교가 지배층에서 피지배층으로 확산되어 가는 시점을 살피는 작업이 진행되어야 할 것으로 본다. 이제까지의 연구는 불교에 대한 이해를 교학적인 면에 치중함으로써 불교신앙의 확산에 대한 관심을 갖지 못하였다. 이제는 불교신앙의 확산에 대하여 그 연구의 폭을 넓혀가는 것이 바람직하다고 본다.

백제 불교신앙을 연구하는데 있어 살펴야 할 것 중에서 빼놓을 수 없는 것이 당시의 불교정책과 관련한 연구이다. 국가차원에서 전개된 정책의 추진과정에서 불교신앙이 영향을 받을 것이란 추론이 가능한 만큼, 정책의 입안에서 추진과정까지 추적해 봄으로써 백제 불교신앙의 성격을 더욱 분명히 할 수 있어야 한다.

백제 불교에 대한 연구는 아직도 미답지로 남아있는 부분이 많다. 따라서 아직 접근이 이루어지지 못한 연구주제를 찾아내고, 이를 천착함으로써 백제역사에서의 불교의 역할과 그 기능을 살펴야 할 것이다. 이러한 작업은 불교를 통한 백제사의 복원을 가능하게 할 것으로 본다.

1. 자료

『三國史記』, 『三國遺事』, 『高麗史』, 『海東歷史』, 『新增東國輿地勝覽』, 『晉書』, 『梁書』, 『陳書』, 『魏書』, 『隋書』, 『南史』, 『新唐書』, 『唐六典』, 『日本書紀』, 『續日本記』, 『大正新修大藏經』, 『宋高僧傳』, 『佛祖統紀』, 『本朝高僧傳』, 『元亨釋書』, 『朝鮮佛敎通史』, 『韓國佛敎全書』, 『韓國金石遺文』, 『朝鮮金石總覽』, 『大漢和辭典』, 『佛敎學大辭典』, 『시공 불교사전』

2. 研究書

James Frazer 著, 김상일 역, 『황금의 가지』, 을유문화사, 2005.

강희정, 『중국 관음보살상 연구』, 일지사, 2004.

鎌田武雄 著, 장휘옥 譯, 『중국불교사』1, 1992.

鎌田武雄 著, 장휘옥 譯, 『중국불교사』3, 장승, 1996.

鎌田茂雄 著, 鄭舜日 譯, 『中國佛敎史』, 경서원, 1985.

고익진, 『한국고대불교사상사』, 동국대출판부, 1989.

권오영, 『고대 동아시아 문명교류사의 빛 무령왕릉』, 돌베개, 2005.

金三龍, 『한국고대미륵신앙연구』, 동화출판사, 1983.

金英美, 『新羅 佛敎思想史 研究』, 민족사, 1994.

김두종, 『한국의학사』, 탐구당, 1979.

김영태, 『백제불교사상연구』, 동국대출판부, 1982.

______, 『삼국시대불교신앙연구』, 불광출판사, 1990.

노중국, 『백제정치사연구』, 일조각, 1988.

東潮 · 田中俊明 編著, 『韓國の古代遺跡』2, 中央公論社, 1989.

末松保和, 『任那興亡史』, 吉川弘文館, 1956.

문명대, 『韓國彫刻史』, 열화당, 1980.

服部敏良 著, 이경훈 역, 『佛敎醫學』, 경서원, 1987.

서윤길, 『고려밀교사상사연구』, 불광출판사, 1993.

서정석, 『백제의 성곽-웅진 · 사비시대를 중심으로-』, 학연문화사, 2002.

신광섭 · 김종만, 『부여금성산백제와적기단건물지발굴조사보고서』, 국립부여박물

                        관, 1992.
신대현, 『한국의 사리장엄』, 혜안, 2003.
신종원, 『신라초기불교사연구』, 민족사, 1992.
신형식, 『백제의 대외관계』, 주류성, 2005.
______, 『三國史記研究』, 일조각, 1981.
안계현, 『한국불교사상사연구』, 동국대출판부, 1983.
顔尙文, 『양무제』, 東土圖書公司, 1999.
尹武炳, 『定林寺址發掘調査報告書』, 충남대학교박물관·충청남도, 1981.
이기동, 『신라골품제사회와 화랑도』, 일조각, 1984.
이기백, 『한국고대정치사회사연구』, 일조각, 1996.
이병도, 『역주·원문삼국유사』, 2000.
이재창, 『불교경전개설』, 동국대학교 역경원, 1982
張寅成, 『백제의 종교와 사상』, 서경, 2001.
장지훈, 『한국고대미륵신앙연구』, 집문당, 1997.
정경희, 『한국고대사회문화연구』, 일지사, 1990.
蔡日新, 『漢魏六朝佛敎槪觀』, 文津出版社, 2001.
塚本善隆, 『支那佛敎史硏究』北魏篇, 淸水弘文堂, 1969.
최맹식, 『백제 평기와 신연구』, 학연문화사, 1999.
平川彰 著, 이호근 譯, 『인도불교의 역사』하, 민족사, 1991.
下出積與, 『日本古代の 神祇と 道敎』, 吉川弘文館, 1972.
『譯註 三國遺事』(이회)
『譯註 韓國古代金石文』

3. 研究論文

姜友邦, 「四天王寺址출토 채유사천왕부조상의 복원적 고찰 - 오방신과 사천왕상의
        조형적 습합현상 -」, 『원융과 조화』, 열화당, 1990.
______, 「泰安白華山 磨崖觀音三尊佛攷」, 『백제의 중앙과 지방』, 백제연구총5,
        1997.

강희정, 「中國 南北朝時代의 半跏思惟像과 彌勒信仰」, 『백제연구』33, 2001.
______, 「百濟 楊柳觀音像考」, 『미술자료』70·71, 국립중앙박물관, 2004.
鎌田茂雄, 「百濟佛敎の日本傳來」, 『마한·백제문화』7, 1984.
郭東錫, 「百濟 佛像의 蛟龍文系 火焰光背」, 『신라문화』17·18, 2000.
久野健, 「百濟佛의 服制와 그 源流」, 『백제연구』13, 1982.
권오영, 「古代 韓國의 喪葬儀禮」, 『한국고대사연구』20, 2001.
______, 「漢城百濟期 기와의 製作傳統과 發展의 劃期」, 『古代 東亞細亞 文物交流
　　　　의 軸 -中國 南朝, 百濟, 그리고 倭-』, 충남대 백제연구소, 2002.
______, 「백제의 對中交涉의 진전과 문화변동」, 『강좌 한국고대사』4, 2003.
近藤浩一, 「부여 능산리 나성축조 목간의 연구」, 『백제연구』39, 2004.
______, 「백제시기의 효사상 수용과 그 의의」, 『백제연구』42, 2005.
길기태, 「백제의 사천왕신앙」, 『백제연구』39, 2004.
______, 「百濟 泗沘期의 佛敎政策과 度僧」, 『백제연구』41, 2005.
______, 「백제 사비시대의 법화신앙」, 『대구사학』81, 2005.
______, 「百濟 聖王代의 涅槃經 이해」, 『한국고대사연구』41, 한국고대사학회,
　　　　2006.
김덕원, 「新羅 眞興王代 王權强化와 彌勒信仰」, 『사학연구』76, 2004.
金東華, 「百濟佛敎의 日本傳播」, 『백제연구』2, 1971.
______, 「백제시대의 불교사상」, 『아세아연구』5-1, 고려대 아세아문제연구소,
　　　　1962.
김두진, 「백제의 미륵신앙과 계율」, 『백제사의 비교연구』, 백제연구총서 제3집, 충
　　　　남대 백제연구소, 1993.
______, 「신라 중고시대의 미륵신앙」, 『한국학논총』9, 국민대 한국학연구소, 1986.
______, 「신라 진평왕대의 석가불신앙」, 『한국학논총』10, 국민대 한국학연구소,
　　　　198.
金理那, 「백제초기 불상양식의 성립과 중국불상」, 『백제연구총서』3, 충남대백제연
　　　　구소, 1993.
______, 「三國時代 佛像樣式硏究의 諸問題」, 『韓國古代佛敎彫刻史硏究』, 일조각,
　　　　1989.

金三龍, 「彌勒寺 創建에 對한 彌勒信仰的 背景」, 『마한·백제문화』창간호, 1975.

______, 「百濟彌勒思想의 歷史的 位置」, 『마한·백제문화』4·5, 1982.

김상현, 「고려시대의 호국불교 연구 -金光明經 신앙을 중심으로-」, 『학술논총』1, 단국대 대학원, 1976.

______, 「四天王寺의 창건과 의의」, 『신라문화제학술발표회논문집』17, 동국대학교 신라문화연구소, 1996.

______, 「백제 위덕왕의 父王을 위한 추복과 夢殿觀音」, 『한국고대사연구』15, 1999.

김선근, 「Bhakti-yoga 패러다임으로 본 『法華經』의 觀音信仰」, 『印度哲學』6, 인도철학회, 1996.

김수태, 「역사적 고찰」, 『성주사』, 충남대학교박물관, 1988.

______, 「백제의 멸망과 당」, 『백제연구』22, 1991.

______, 「백제 의자왕대의 태자책봉」, 『백제연구』23, 충남대백제연구소, 1992.

______, 「백제 의자왕대의 정치변동」, 『한국고대사연구』5집, 1992.

______, 「百濟 威德王代 夫餘 陵山里寺院의 創建」, 『백제문화』27, 1998.

______, 「백제 무왕대의 정치세력」, 『마한·백제문화』14, 1999.

______, 「百濟 法王代의 佛敎」, 『선사와 고대』15, 한국고대학회, 2000.

______, 「烏合寺」, 『성주사와 낭혜』, 서경, 2001.

______, 「百濟 聖王代의 郡令과 城主」, 『백제문화』31, 공주대 백제문화연구소, 2002.

______, 「백제 성왕대의 군령과 성주」, 『백제문화』31. 공주대 백제문화연구소, 2002.

______, 「백제 위덕왕의 정치와 외교」, 『한국인물사연구』2호, 한국인물사연구소, 2004.

______, 「백제의 천도」, 『한국고대사연구』36, 2004.

김승호, 「구법여행과 그 부대설화의 일고찰 -귀국승의 용궁체험을 중심으로-」, 『한국문학연구』14, 동국대 한국문학연구소, 1992.

金煐泰, 「百濟의 觀音信仰」, 『마한·백제문화』3, 1979.

______, 「선광사연기를 통해 본 백제의 청관음경신앙과 그 일본전파」, 『불교학보』

19, 1982.

______, 「百濟 日羅 考」, 『마한 · 백제문화』6, 1983.

______, 「百濟 古刹 修德寺의 史的 考察」, 『한국불교학』22, 1997.

______, 「彌勒寺創建緣起說話考」, 『마한 · 백제문화』1, 1975.

______, 「백제 고찰 수덕사의 사적 고찰」, 『한국불교학』22, 한국불교학회, 1975.

______, 「백제의 미륵사상」, 『마한 · 백제문화』4 · 5, 1982.

______, 「삼국시대 서민들의 불교신앙」, 『한국불교학』12, 한국불교학회, 1987.

______, 「신라불교에 있어서의 용신사상-삼국유사를 중심으로」, 『불교학보』11, 1974.

______, 「위덕왕 당시의 佛敎」, 『백제불교사상연구』, 1985.

______, 「朝鮮前期의 度僧 및 赴役僧의 문제」, 『불교학보』32, 동국대 불교문화연구원, 1995.

김영길, 「혜사의 말법설과 말세행위론」, 『불교학보』24, 1987.

김영미, 「원효의 여래장사상과 중생관」, 『선사와 고대』3, 1992.

김영배, 「부여발견 반가사유석상 삼례」, 『백제문화』3, 공주대 백제문화연구소, 1969.

김영하, 「고대 천도의 역사적 의미」, 『한국고대사연구』36, 2004.

金仁德, 「百濟의 三論 高僧」, 『한국불교학』22, 1997.

김일권, 「원효와 경흥의 『金光明經』註疏에 나타난 신라의 天文 星宿 世界觀」, 『신라문화』17 · 18합집, 2000.

김재경, 「신라불교와 천신신앙」, 『논문집』13, 경일대학교논문집, 1996.

金正基, 「考古美術史 側面에서 본 益山彌勒寺의 創造性」, 『마한 · 백제문화』16, 2004.

______, 「百濟系石塔의 特徵」, 『마한 · 백제문화』10, 1987.

______, 「경주 四天王寺 가람고」, 『윤무병박사 회갑기념논총』, 윤무병박사 회갑기념논총간행위원회, 1984.

金鍾萬, 「扶餘 陵山里寺址에 대한 小考」, 『신라문화』17 · 18, 2000.

金周成, 『사비시대 백제정치사 연구』, 전남대 대학원 박사학위논문, 1991.

______, 「백제 무왕의 사찰건립과 권력강화」, 『한국고대사연구』6, 1993.

참고
문헌

————, 「백제 법왕과 무왕의 불교정책」, 『마한 · 백제문화』15, 2001.

————, 「백제 사비시대의 익산」, 『한국고대사연구』21, 2001.

————, 「연기 불상군 명문을 통해 본 연기지방 백제유민의 동향」, 『선사와 고대』15, 한국고대학회, 2000.

김춘실, 「삼국시대의 금동여래입상 연구」, 『미술자료』36, 국립중앙박물관, 1985.

————, 「百濟 7세기 佛像과 中國 佛像」, 『선사와 고대』15, 한국고대학회, 2000.

————, 「百濟 瑞山磨崖三尊佛像」, 『서산지역의 백제문화』, 공주대 백제문화연구소 백제문화 학술회의, 2004.

남동신, 「한국 고대불교의 국가관 · 사회관」, 『역사비평』, 1993 겨울호, 1993.

————, 「자장정율과 사분율」, 『불교문화연구』4, 1995.

————, 「元曉의 大衆敎化와 思想體系」, 서울대학교 박사학위논문, 1995.

————, 「신라의 승정기구와 승정제도」, 『한국고대사논총』9, 2000.

남재우, 「신라상고기의 '國人' 層」, 『한국상고사학보』10, 한국상고사학회, 1992.

노용필, 「普德의 佛敎守護運動과 涅槃思想」, 『보덕화상과 경복사지』, 전북대 전라문화연구소, 2003.

노중국, 「백제의 무왕과 지명법사」, 『한국사연구』107, 1999

————, 「新羅와 百濟의 交涉과 交流」, 『신라문화』17 · 18, 2000.

道端良秀, 「梁武帝의 斷酒肉文」, 『中國佛敎思想史の硏究』, 平樂寺書店, 1979.

末松保和, 「新羅佛敎傳來傳說考」, 『新羅史諸問題』, 동양문고, 1954.

문명대, 「태안 백제마애삼존불상의 신연구」, 『불교미술』13, 동국대학교박물관, 1996.

————, 「백제 서산마애삼존불의 도상 해석」, 『미술사학연구』221 · 222, 1999.

박경준, 「일천제의 성불에 관한 연구」, 동국대학교 대학원 석사학위논문, 1982.

————, 「대승열반경에 나타난 일천제 성불론」, 『한국불교학』17, 1992.

————, 「전륜성왕에 관한 몇 가지 문제」, 『동국논총』35, 동국대 인문과학연구소, 1996.

박성상, 「삼국시대 마애불의 특성에 관한 고찰」, 『문화사학』6 · 7, 1997.

박순발, 「사비도성과 익산 왕궁지」, 『고대도성과 익산 왕궁지』, 익산 고도지정 기념 제17회 마한백제문화 국제학술회의 자료집, 2005.

방인욱, 「불교의학의 형성과 한의학에 미친 영향」, 동국대학교 대학원 석사학위논문, 1997.

芳賀登, 「百濟における 彌勒信仰と益山彌勒寺」, 『마한·백제문화』8, 1985.

上田正昭, 「百濟와 飛鳥文化」, 『백제연구』21, 1990.

石上善應, 「6~7世紀の東における 彌勒菩薩信仰の動向」, 『마한·백제문화』16, 2004.

成周鐸, 「백제승 도침의 사상적 배경과 부흥활동」, 『백제의 사상과 문화』, 서경문화사, 2002.

小玉大圓, 「백제구법승겸익とその주변」, 『한국사상사학』6, 1994.

손홍렬, 「삼국시대의 불교의학」, 『한국불교문화사상사』권上, 가산이지관화갑논총, 1992.

______, 「한국고대의 의료제도」, 『한국한의학연구원논문집』제2권 제1호, 한국한의학연구원, 1996.

송석구, 「법화경 관세음보살 보문품 연구」, 『한국불교학』3, 한국불교학회, 1977.

신광섭, 「陵山里寺址 發掘調査와 伽藍의 特徵」, 『百濟金銅大香爐와 古代東亞細亞』, 국립부여박물관 백제금동대향로 발굴 10주년 기념 국제학술심포지엄, 2003.

신성현, 「대승열반경의 계율관-정법호지의 계를 중심으로-」, 『한국불교학』17, 한국불교학회, 1992.

신종원, 「6세기 신라불교의 남조적 성격」, 『신라초기불교사연구』, 민족사, 1992.

______, 「삼국불교와 중국의 남조문화」, 『강좌 한국고대사』9, 가락국사적개발연구원, 2003.

신형식, 「삼국사기에 나타난 백제사회의 성격」, 『백제연구』17, 1986.

심경순, 「6세기 전반 謙益의 求法活動과 그 의의」, 『이대사원』33·34, 2001.

심영신, 「통일신라시대 사천왕상 연구」, 『미술사학연구』216, 한국미술사학회, 1997.

심효섭, 「新羅 四天王信仰의 受容과 展開」, 『동국사학』30, 2000.

안계현, 「백제불교에 관한 제문제」, 『백제연구』8, 1977.

______, 「삼국불교의 전개」, 『한국불교사상사연구』, 동국대학교출판부, 1983.

참고
문헌

안지원, 「신라 진평왕대 제석신앙과 왕권」, 『역사교육』63, 역사교육연구회, 1997.
______, 「고려시대 제석신앙의 양상과 그 변화」, 『국사관논총』78, 1998.
梁起錫, 「百濟 威德王代 王權의 存在樣態와 性格」, 『백제연구』21, 1990.
______, 「백제 성왕대의 정치개혁과 그 성격 -전제왕권의 성립과 관련하여-」, 『한국고대사연구』4, 1991.
______, 「백제 성왕대의 정치개혁과 그 성격 -전제왕권의 성립문제와 관련하여-」, 『한국고대사연구』4, 한국고대사학회, 1991.
______, 「사회구조」, 『한국사』6 -삼국의 정치와 사회II-백제-, 1995.
______, 「백제 위덕왕대의 대외관계 -對中關係를 중심으로-」, 『선사와 고대』19, 2003.
여인석, 「삼국시대의 불교교학과 치병활동의 관계」, 『醫史學』5권2호, 1996.
阮榮春, 「初期 佛像傳來의 南方 루트에 대한 研究」, 『미술사연구』10, 1996.
위 영, 「신라 초기불교의 전개과정 검토」, 『신라문화』20, 동국대 신라문화연구소, 2002.
柳南相, 「百濟思想의 研究」, 『백제연구』13, 1982.
______, 「百濟精神의 歷史的 考察」, 『백제연구』3, 1972.
유원재, 「사비시대의 三山崇拜」, 『백제의 종교와 사상』, 충청남도, 1994.
윤선태, 「新羅 中代의 成典寺院과 國家儀禮 -大·中·小祀의 祭場과 관련하여-」, 『신라문화제학술집 -신라금석문의 현황과 과제-』23, 동국대신라문화연구소, 2002.
______, 「부여 능산리 출토 백제목간의 재검토」, 『동국사학』40, 동국사학회, 2004.
이규식, 「한국 고대의학의 사적 고찰」, 『원광보건전문대학 논문집』제8집, 원광보건전문대학, 1985.
이기동, 「신라 화랑도의 기원에 대한 일고찰」, 『역사학보』69, 1976.
李基白, 「삼국시대 불교 전래와 그 사회적 성격」, 『역사학보』6, 1954.
______, 「삼국시대 불교 수용과 그 사회적 의의」, 『신라사상사연구』, 일조각, 1986.
______, 「신라 초기불교와 귀족세력」, 『신라사상사연구』, 일조각, 1986.

______, 「百濟 佛敎 受容 年代의 檢討」, 『진단학보』71·72, 1991.

______, 「三國時代 佛敎 受容의 實際」, 『백제연구』29, 1999.

______, 「삼국시대 불교수용의 실제 -불교하사설 비판-」, 『백제연구』29, 1999.

이기운, 「신라 의적의 법화사상 연구」, 『대학원연구논집』26, 동국대 대학원, 1996.

______, 「현광의 법화삼매 연구」, 『한국불교학』21, 한국불교학회, 1996.

______, 「백제 현광의 교화행에 대한 연구 -현광의 제자와 그들이 얻은 삼매를 중
       심으로-」, 『한국불교학』27, 2000.

李南奭, 「水源寺와 水源寺址」, 『호서사학』32, 2002.

이내옥, 「연개소문의 집권과 도교」, 『역사학보』99·100, 1983.

李道學, 「泗沘時代 百濟의 方界山과 護國寺刹의 成立」, 『백제연구』20, 1989.

______, 「百濟 武王代 益山 遷都說의 再檢討」, 『경주사학』22, 2003.

이 만, 「백제 의영의 유식사상 -佛乘說을 중심으로-」, 『한국불교학』19, 1994.

이병도, 「미륵사 창건의 연대에 대하여」, 『마한·백제문화』1, 1975.

이은창, 「瑞山 龍賢里 出土 百濟 金銅如來立像考 -造成樣式의 諸問題를 中心으로-
       」, 『백제문화』3, 공주대 백제문화연구소, 1969.

이재중, 「고구려·백제·신라의 중국미술 수용」, 『한국고대사연구』32, 200301

이홍직, 「삼국시대의 문헌학적 연구」, 고려대 博士학위논문, 1969.

이희덕, 「三國史記에 나타난 天災地變記事의 성격」, 『동방학지』23-24합집, 1980.

______, 「고려시대 기우행사에 대하여 -「고려사」오행지를 중심으로-」, 『동양학』
       11-1, 1981.

임동권, 「삼국시대의 巫·占俗」, 『한민족의 신화연구』, 백산학회 편, 1999.

張寅成, 「백제의 術數」, 『백제연구』24, 1994.

______, 「고대 한국인의 질병관과 의료」, 『한국고대사연구』20, 한국고대사학회,
       2000.

______, 「백제금동대향로의 도교문화적 배경」, 『백제금동대향로와 고대 동아세
       아』, 백제금동대향로 발굴 10주년 기념 국제학술심포지엄 발표문, 2003.

______, 「古代東亞世界的呪禁師」, 『古今論衡』14, 중앙연구원역사언어연구소,
       2006.

장지훈, 「불교의 정치이상과 전륜성왕」, 『사총』44, 1995.

______, 「三國時代 彌勒信仰流行의 社會的 背景 -百濟·新羅를 중심으로-」, 『진단학보』79, 1995.

全榮來, 「燕崎 碑岩寺石佛碑像과 眞牟氏」, 『백제연구』24, 1994.

______, 「香爐의 起源과 型式變遷」, 『백제연구』25, 1995.

田村圓澄, 「百濟佛敎傳來考」, 『洪淳昶紀念史學論叢』, 형설출판사, 1977.

______, 「百濟의 彌勒信仰」, 『백제연구』21, 1990.

______, 「百濟の 彌勒信仰」, 『마한·백제문화』4·5, 1982 및 「百濟의 彌勒信仰」, 『백제연구』21, 1990.

정병삼, 「보덕의 불교와 7세기 삼국 사회」, 『보덕화상과 경복사지』, 전북대 전라문화연구소, 2003.

정선여, 「고구려불교사연구」, 충남대학교대학원 박사학위논문, 2005

정성준, 「신라 약사신앙 연구」, 『불교대학원논총』제1집, 동국대 불교대학원, 1993.

鄭永鎬, 「日本 觀松院所藏 金銅半跏像」, 『마한·백제문화』8, 1985.

______, 「考古·美術을 통해본 韓·日關係硏究試論」, 『백제연구』24, 1994.

______, 「百濟佛像의 原流試論」, 『사학연구』55·56, 1998.

______, 「益山地域 佛敎美術과 그 意義」, 『마한·백제문화』16, 2004.

鄭恩雨, 「燕崎 佛碑像과 충남지역의 백제계 불상」, 『백제문화』32, 2004.

______, 「예산 백제 사면석불의 미술사적 검토」, 『예산 백제 사면석불의 검토』, 공주대 백제문화연구소 백제문화 재조명 심포지엄, 2004.

趙景徹, 「百濟의 支配勢力과 法華思想」, 『한국사상사학』12, 1999.

______, 「百濟 聖王代 儒佛政治理念」, 『한국사상사학』15, 2000.

______, 「백제 한성시대 불교수용과 정치세력의 변화」, 『한국사상사학』18, 2002.

______, 「백제 성왕대 대통사 창건의 사상적 배경」, 『국사관논총』98, 2002.

______, 「한성백제시대의 불교문화」, 『향토서울』63, 2003.

______, 「백제 사택지적비에 나타난 불교신앙」, 『역사와 현실』52, 2004.

조법종, 「삼국시대 民·百姓의 관념과 성격에 대한 검토」, 『백제문화』25, 공주대백제문화연구소, 1996.

조원영, 「신라하대 사천왕부조상의 조성과 그 배경」, 『부대사학』19, 1995.

______, 「신라 중고기 불교의 밀교적 성격과 『藥師經』」, 『부대사학』23, 1999.

趙源昌,「公州地域 寺址 研究」,『백제문화』28, 1999.

주보돈,「『文館詞林』 소재 外交文書」,『금석문과 신라사』, 지식산업사, 2002.

中井眞孝,「7世紀の日韓佛敎交涉」,『마한·백제문화』7, 1984.

秦弘燮,「百濟寺院의 伽藍制度」,『백제연구』2, 1971.

______,「百濟美術의 硏究」,『백제연구』15, 1984.

______,「百濟佛像의 새로운 注目」,『마한·백제문화』7, 1984.

차차석,「『法華經』의 歷史意識 探究를 위한 시론」,『백련불교논집』8, 1998.

蔡印幻,「百濟佛敎 戒律思想 研究」,『불교학보』28, 1991.

채인환,「신라초기 불교의 사상과 문화」,『불교대학원논총』2, 동국대학교, 1994.

최광식,「한국고대의 제의연구」, 고려대학교 박사학위논문, 1989.

최병철,「고려시대의 의료와 불교」,『실학사상연구』21, 무악실학회, 2001.

최원식,「신라의 보살계 수용과 그 유포」,『신라보살계사상사연구』, 민족사, 1999.

出口常順,「御手印椽起-四天王信仰の展開」,『佛敎藝術』59, 1965.

판키즈 모한,「신라 중고기의 사리신앙과 왕권의 정당화」,『2004 금강대학교 국제
        학술회의 발표요지문』, 2004.

__________,「6세기 신라에서의 아소카상징의 수용과 그 의의」,『한국사상사학』
        23, 2004.

한기문,「신라말·고려초의 계단사원과 그 기능」,『역사교육논집』12, 역사교육학
        회, 1988.

홍사준,「백제의 칠악사와 오합사 소고」,『백제문화』3, 공주대 백제문화연구소,
        1969.

洪思俊,「修德寺舊基와 白石寺考」,『백제연구』4, 1973.

______,「虎岩寺址와 王興寺址考」,『백제연구』5, 1974.

홍윤식,「백제불교」,『박길진교수화갑기념논총』, 1975.

______,「百濟의 帝釋信仰攷」,『마한·백제문화』2, 1977.

______,「益山彌勒寺創建背景을 通해본 百濟文化의 性格」,『마한·백제문화』6,
        1983.

______,「三國時代의 佛敎受容과 社會發展의 諸問題」,『마한·백제문화』8, 1985.

황수영,「충남 태안의 마애삼존불상」,『동빈 김상기교수 화갑기념 사학논총』,

      1962.

______, 「충남 태안의 마애사존불상 보」, 『고고미술』98 제7권 9호, 고고미술동인회, 1968.

______, 「백제의 불교조각」, 『백제연구』1, 1970.

______, 「百濟의 建築美術」, 『백제연구』2, 1971.

______, 「百濟帝釋寺址의 研究」, 『백제연구』4, 1973.

______, 「백제의 불교조각」, 『백제문화』7 · 8, 1975.

______, 「百濟의 半跏思惟像」, 『백제연구』13, 1982.

黃仁德, 「천방사전설과 백제말기 역사상황」, 『백제연구』32, 1990.

찾아
보기

찾아
보기

● 지은이

吉基泰 _ 길기태

충남 금산에서 태어나 충남대학교 사학과를 졸업하고 같은 학교 대학원 국사
학과에서 석사학위와 박사학위를 받았다. 현재 충청남도역사문화원 백제사연
구소 연구원으로 재직하고 있다.

주요논문
「백제의 사천왕신앙」(2004)
「백제 사비기의 불교정책과 도승」(2005)
「백제 사비시기 법화신앙」(2005)
「백제 사비시대의 미륵신앙」(2006)
「백제 성왕대의 열반경 이해」(2006)
「백제의 주금사와 약사신앙」(2006) 등이 있다.

百濟 泗沘時代의 佛教信仰 研究

초판인쇄일 : 2006년 10월 25일
초판발행일 : 2006년 10월 30일

지 은 이 : 길기태
발 행 인 : 김선경
발 행 처 : 도서출판 서경문화사
인　　쇄 : 한성인쇄
제　　책 : 반도제책사
등 록 번 호 : 제 1 - 1664호
주　　소 : 서울 종로구 동숭동 199 - 15(105호)
전　　화 : 743 - 8203, 8205
팩　　스 : 743 - 8210
메　　일 : sk8203@chollian.net

ISBN 89-6062-002-5　　93900

＊ 파본은 본사나 구입처에서 교환하여 드립니다.

정가　14,000원